知识产权发展与区域经济研究

葛 莉 ◎ 著

RESEARCH ON
INTELLECTUAL PROPERTY
DEVELOPMENT AND
REGIONAL ECONOMY

中国社会科学出版社

图书在版编目(CIP)数据

知识产权发展与区域经济研究 / 葛莉著 . —北京：中国社会科学出版社，2016.7

ISBN 978 – 7 – 5161 – 9143 – 9

Ⅰ.①知… Ⅱ.①葛… Ⅲ.①知识产权 – 保护 – 关系 – 区域经济发展 – 研究 – 中国 Ⅳ.①D923.404②F127

中国版本图书馆 CIP 数据核字（2016）第 252535 号

出 版 人	赵剑英
责任编辑	任　明
责任校对	冯英爽
责任印制	何　艳

出　　版	中国社会科学出版社
社　　址	北京鼓楼西大街甲 158 号
邮　　编	100720
网　　址	http：//www.csspw.cn
发 行 部	010 – 84083685
门 市 部	010 – 84029450
经　　销	新华书店及其他书店

印刷装订	北京市兴怀印刷厂
版　　次	2016 年 7 月第 1 版
印　　次	2016 年 7 月第 1 次印刷

开　　本	710×1000　1/16
印　　张	16.25
插　　页	2
字　　数	262 千字
定　　价	58.00 元

凡购买中国社会科学出版社图书，如有质量问题请与本社营销中心联系调换
电话：010 – 84083683
版权所有　侵权必究

目 录

第一章 知识产权理论概述 ………………………………………… (1)
  第一节 知识产权的基本概念 ……………………………………… (1)
    一 知识产权的概念 ………………………………………… (1)
    二 知识产权理论与制度的演变 …………………………… (2)
    三 我国知识产权制度的发展 ……………………………… (3)
  第二节 知识产权的主要特点 ……………………………………… (4)
  第三节 知识产权的范围 …………………………………………… (6)
    一 工业产权 ………………………………………………… (7)
    二 著作权 …………………………………………………… (12)
    三 工业产权与著作权的重叠 ……………………………… (13)
    四 工业产权与著作权的区别 ……………………………… (15)
  第四节 知识产权的法律限制与特征 ……………………………… (16)
  第五节 知识产权的作用 …………………………………………… (17)
  第六节 知识产权国际组织 ………………………………………… (18)
    一 知识产权保护的国际组织 ……………………………… (19)
    二 知识产权保护的区域性国际组织 ……………………… (22)
  第七节 知识产权国际公约 ………………………………………… (23)
    一 为设立促进知识产权国际保护政府间国际组织签订的
       国际公约 ………………………………………………… (23)
    二 涉及工业产权保护的公约 ……………………………… (23)
    三 涉及著作权及著作邻接权保护的国际公约 …………… (29)
    四 因国际贸易产生的知识产权国际保护协定 …………… (33)

第二章 知识产权的发展与战略 …………………………………… (38)
  第一节 知识产权战略的作用 ……………………………………… (38)

一　知识产权在国际竞争中的作用 …………………… (38)
　　二　知识产权在国际贸易中保护本国经济的作用 ……… (41)
第二节　知识产权战略 ……………………………………… (43)
　　一　知识产权战略的概念 ……………………………… (43)
　　二　知识产权战略的基本特点 ………………………… (43)
第三节　知识产权战略的层次结构 ………………………… (46)
第四节　知识产权战略的种类 ……………………………… (48)
　　一　专利战略 …………………………………………… (48)
　　二　商标战略 …………………………………………… (54)
　　三　商业秘密保护战略 ………………………………… (55)

第三章　知识产权政策与标准化 ……………………………… (60)
第一节　知识产权与标准的关系 …………………………… (61)
　　一　标准与知识产权结合的原因 ……………………… (61)
　　二　标准与知识产权结合的方式 ……………………… (66)
　　三　标准战略与知识产权战略的结合 ………………… (67)
　　四　标准化与知识产权战略的关系 …………………… (68)
　　五　专利标准化的意义 ………………………………… (70)
第二节　ISO/IEC 标准的知识产权政策 …………………… (71)
　　一　ISO 组织简介 ……………………………………… (71)
　　二　IEC 简介 …………………………………………… (72)
　　三　ISO 和 IEC 的关系 ………………………………… (72)
　　四　ISO/IEC 关于标准制定过程中对专利技术的政策 … (73)
第三节　ITU 的知识产权政策 ……………………………… (76)
　　一　ITU 简介 …………………………………………… (76)
　　二　ITU 关于标准制定过程中对专利技术的政策 …… (77)
　　三　ISO/IEC/ITU 共同的专利政策 …………………… (78)
第四节　其他标准化组织的专利政策 ……………………… (79)
第五节　我国专利标准化进程目前面临的问题 …………… (80)
　　一　我国专利的现状 …………………………………… (80)
　　二　我国专利标准化中存在的问题 …………………… (81)
　　三　推进我国专利标准化之对策 ……………………… (82)

第四章 知识产权强国战略 (85)
第一节 美国的知识产权战略 (85)
- 一 法律体制方面 (85)
- 二 法律方面 (86)
- 三 行政保护体系 (91)
- 四 知识产权保护的新趋势 (92)

第二节 日本的知识产权战略 (93)
- 一 战略背景 (93)
- 二 战略体系与内容 (94)
- 三 知识产权的法律体系 (97)
- 四 行政保护体系 (97)

第三节 韩国的知识产权战略 (98)
- 一 韩国知识产权发展历程 (99)
- 二 韩国知识产权战略实施 (101)
- 三 知识产权管理与执法 (104)

第四节 企业的知识产权战略 (106)
- 一 企业知识产权战略的概念及内容 (106)
- 二 企业知识产权战略的特征 (107)
- 三 企业知识产权战略的价值 (108)
- 四 国外优秀企业知识产权管理模式 (109)

第五节 知识产权战略的国际经验 (110)
- 一 国际知识产权保护的特点与趋势 (110)
- 二 知识产权法全球化带来的问题 (115)

第五章 我国知识产权战略内容 (117)
第一节 实施知识产权战略的意义 (117)
第二节 我国知识产权发展现状 (120)
- 一 我国高校知识产权发展存在问题 (120)
- 二 我国企业知识产权发展存在问题 (122)
- 三 我国在知识产权管理中存在问题 (125)

第三节 我国实施知识产权战略的基本思路 (127)
- 一 我国实施知识产权战略的基本原则 (127)
- 二 我国知识产权战略在实施中存在的问题 (128)

三　我国知识产权的未来发展态势 …………………… (135)
　　四　实施国家知识产权战略的对策措施 ……………… (136)
第六章　经济增长与发展理论 ……………………………… (139)
　第一节　经济增长与发展 ………………………………… (139)
　第二节　经济增长理论 …………………………………… (141)
　　一　古典增长理论 ……………………………………… (141)
　　二　新古典增长理论 …………………………………… (144)
　　三　新经济增长理论 …………………………………… (147)
　第三节　知识产权促进经济发展的理论分析 …………… (148)
　　一　新制度经济学派 …………………………………… (149)
　　二　经济增长动因理论 ………………………………… (151)
　第四节　影响经济增长与发展的主要因素 ……………… (152)
　第五节　知识产权对促进经济发展的作用 ……………… (153)
　第六节　我国知识产权推动经济增长的路径 …………… (154)
第七章　区域经济 …………………………………………… (157)
　第一节　区域的概念与特征 ……………………………… (157)
　　一　区位 ………………………………………………… (157)
　　二　区域的概念 ………………………………………… (159)
　　三　经济区域 …………………………………………… (160)
　　四　区域关系 …………………………………………… (161)
　　五　区域经济的行为主体 ……………………………… (162)
　第二节　经济区位理论 …………………………………… (163)
　　一　古典区位理论 ……………………………………… (163)
　　二　现代区位论 ………………………………………… (165)
　第三节　区域经济发展理论 ……………………………… (165)
　　一　区域经济均衡发展的主要理论 …………………… (166)
　　二　区域非均衡发展的主要理论 ……………………… (168)
第八章　我国经济区域的划分 ……………………………… (177)
　第一节　经济区域的划分 ………………………………… (177)
　　一　经济区域划分 ……………………………………… (177)
　　二　经济区域划分的主要任务与原则 ………………… (178)
　　三　区域的类型划分 …………………………………… (179)

第二节 我国经济区域的发展历程 ………………………… (181)
- 一 区域非均衡发展战略转向区域均衡发展战略（1949—1978年）………………………………………………… (181)
- 二 区域均衡发展战略转向局部区域优先发展战略（1978—1999年）………………………………………………… (182)
- 三 东部优先到全面区域协调发展战略（2000年以来）…… (185)

第三节 国外区域发展政策 ………………………………… (188)
- 一 美国 ……………………………………………………… (188)
- 二 日本 ……………………………………………………… (191)
- 三 欧盟 ……………………………………………………… (193)

第四节 我国区域经济协调发展的现状对策 ……………… (196)
- 一 先进国家的成功经验 …………………………………… (196)
- 二 区域经济发展战略的基本特征 ………………………… (198)
- 三 我国区域经济发展的现状 ……………………………… (199)
- 四 现有经济区域政策存在的问题 ………………………… (201)
- 五 对我国区域经济发展的建议 …………………………… (203)

第九章 知识产权与区域经济发展 ………………………… (205)

第一节 创新与科技创新 …………………………………… (205)
- 一 创新及其特点 …………………………………………… (205)
- 二 科技创新 ………………………………………………… (207)

第二节 知识产权自主创新 ………………………………… (207)
- 一 自主创新 ………………………………………………… (207)
- 二 自主创新与知识产权 …………………………………… (209)
- 三 知识产权自主创新的模式 ……………………………… (212)

第三节 创新与区域发展 …………………………………… (216)
- 一 创新对区域经济发展的影响 …………………………… (217)
- 二 区域创新能力 …………………………………………… (217)
- 三 区域自主创新 …………………………………………… (218)
- 四 区域创新系统 …………………………………………… (221)

第四节 知识产权与区域经济发展 ………………………… (223)
- 一 知识产权对区域经济发展的推动作用 ………………… (223)
- 二 促进区域经济协调发展的知识产权对策 ……………… (224)

第五节　协同推进区域知识产权发展战略 …………………（225）
　一　协同理论 ……………………………………………（225）
　二　区域经济的协同发展 ………………………………（229）
　三　区域知识产权战略协同 ……………………………（235）
参考文献 ……………………………………………………（240）

第一章

知识产权理论概述

知识产权制度始现于资本主义国家,并且随着资本主义和市场经济的发展而不断演化、进步,现在已经成为国际贸易和科研交流的一种默认规则,在各个国家的经济发展中扮演着越来越重要的角色。

第一节 知识产权的基本概念

一 知识产权的概念

随着经济全球化的推进,知识产权及其相关问题已经成为国际社会关注的热点之一。

知识产权(intellectual property)一般是指"权利人对其所创作的智力劳动成果所享有的专有权利"。知识产权最早是在17世纪的欧洲由法国人卡普佐夫(Capzov)提出。《成立世界知识产权组织公约》于1967年在斯德哥尔摩签订,标志着国际社会开始接受"知识产权"这一概念。该公约在1970年开始生效。如今,知识产权已经覆盖了科学、技术、文化、艺术等各领域,并在相关的国际条约、双边协议、经济贸易以及各国的法律制度中都有所体现。

在1986年《中华人民共和国民法通则》(以下简称《民法通则》)颁布之前,我国并没有"知识产权"这一术语,而是使用"智力成果权"这一词。随着知识产权法制的不断发展,在颁布《民法通则》后,"知识产权"才成为专业术语流传开来。

知识产权是人类在社会实践活动中创造出的智力劳动成果,是人们就其智力劳动成果所依法享有的专有权利,通常是国家赋予创造者对其智力成果在一定时期内享有的专有权或独占权。知识产权从本质上来说是一种无形财产权，它保护的对象是人类运用知识所创造出来的智力成果，即它的客体是智力成果或者知识产品，是一种无形财产或者一种没有形体的新的信息，是创造性的智力劳动所产生的劳动成果。它与房屋、汽车等有形财产一样，受到国家法律的保护，都具有使用价值。

二 知识产权理论与制度的演变

随着科学技术和国家经济的飞速发展，有些创造性劳动所产生的智力成果具有非常高的经济价值和社会价值，为了更好地发展本国的经济，更好地保护产权人的利益，知识产权制度随之产生并不断发展完善。

早在1474年《威尼斯专利法》的前言中就明确提出"发明新产品对国家有好处"。该法规定：第一个制造新产品的创造人，有义务向国家主管机关登记，并实施其发明。

世界上第一部知识产权保护法是1623年在英国诞生的，名为《垄断法》。该法确立了专利制度的核心，是当时英国的新兴资产阶级限制王权的诸多立法之一，也在一定程度上反映出知识产权是垄断权的理念。它以立法取代了由君主赐予特权的传统，规定了许多一直沿用至今的原则和定义，如发明专利权的主体、客体，可以取得专利的发明主体、取得专利的条件，专利有效期以及在什么情况下专利权将被判为无效等。18世纪初，英国改善了它的专利制度，加入了"专利说明书"，具有现代特点的专利制度最终形成。为了换取公众在一定时期内对创新成果的专有权的承认，专利法中要求发明人必须充分地陈述其发明内容并予以公布，即专利的内容必须包括"专利说明书"。这对打破封建社会长期的技术封锁，实现科学技术交流和传播具有革命性的意义。

1970年，美国根据当时宪法第一条第八款的相关规定，即"保障著作权和发明家对各自著作和发明在限定期限内享有专有权利，以促进科学技术进步"制定了《专利法》。当时的美国总统华盛顿在对国会发表的就职演说中讲到《专利法》时说："农业、商业和制造业需要采用各种适当方法促进其发展，这一点是无须多说的了。不过，我必须向各位说明，大力鼓励从国外引进新而有用的发明与大力鼓励发挥才智以便在国内生产这些发明品，同样是有利的。"这段话充分说明，美国制定《专利法》的目的就是为了引进外国的发明，鼓励本国创造实施新的发明，以此发展国家经济。① 在美国之后，法国、荷兰、德国及日本先后颁布了本国的专利法。

1883年，第一个有关工业产权（专利、商标等）保护的国际公约——《保护工业产权巴黎公约》的缔结，规定了"国民待遇"原则和"国际优先权"原则，为一个国家的国民在其他国家取得专利权提供了方便。专利制度在一定程度上突破了地域性的限制，让外国与本国的发明创造均享受同等的法律保护，这对尊重知识成果来说是一大进步，也是专利制度国际化的萌芽。

在第二次世界大战之后，专利制度又产生了新的发展。随着新技术革命的兴起和国家间经济技术合作的推进，各国的专利法内容普遍都有更新，并且专利法的保护范围进一步扩大，开始囊括电子计算机技术等新的技术领域。另外，新的国际条约、国际公约也纷纷订立，1970年，35个国家在美国华盛顿签订了《专利合作条约》，该条约规定成员国国民向几个国家同时申请专利时，可通过一条统一的渠道，以简化手续、减少费用、减轻各国专利局审批的负担。该条约在专利制度国际化发展进程中具有重要的意义。

三　我国知识产权制度的发展

据相关资料显示，我国最早的知识产权制度可追溯到清末时期的《振兴工艺给奖章程》和《奖励工艺品暂行章程》，但在这些章程中，并没有提到发明，也没有专利审查等程序，只是界定了在特定条件下产生的针对行业垄断的权利。

新中国成立直至改革开放后一段相当长的时期内，由于计划经济体制、意识形态等原因，我国基本上没有相应的知识产权制度。1973年，我国开始派代表团参加世界知识产权组织的会议。1978年，邓小平表示支持中国建立知识产权制度；1978年10月，我国政府派代表团出席在日内瓦召开的讨论"国际技术转让行动守则"会议，随后在1979年5月18—19日，应时任世界知识产权组织总干事鲍格胥的邀请，时任国家科委副主任的武衡同志率国家科委专利工作代表团访问了世界知识产权组织；1980年，我国正式向世界知识产权组织提出加入该组织的申请，并

---

① 徐明华、包海波：《知识产权强国之路》，知识产权出版社2003年版，第15页。

作为第 90 个成员国加入该组织。

我国国家科委于 1978 年开始筹建中国专利局，该局于 1980 年正式成立。1983 年我国开始实施《中华人民共和国商标法》。1984 年是我国专利制度建设较为重要的一年，在这一年，《中华人民共和国专利法》正式颁布，我国也顺利加入了《保护工业产权巴黎公约》。1985 年我国成立国家版权局，并通过《中华人民共和国专利法实施细则》。1990 年通过《中华人民共和国著作权法》。1991 年通过《中华人民共和国著作权法实施细则》，同年通过《计算机软件保护条例》。1992 年我国被批准加入《专利合作条约》《伯尔尼保护文学和艺术作品公约》和《世界版权公约》，并制定了《实施国际著作权条约的规定》。1993 年我国通过并施行《中华人民共和国反不正当竞争法》。1994 年制定《全国人大常委会关于惩治侵犯著作权的犯罪的决定》。1995 年我国加入《国际承认用于专利程序的微生物保存布达佩斯条约》，并颁布《中华人民共和国知识产权海关保护条例》及《中华人民共和国海关关于知识产权保护的实施办法》。1996 年发布《驰名商标认定和管理暂行规定》。1999 年加入《保护植物新品种日内瓦公约》。2001 年颁布实施《集成电路布图设计保护条例》。

通过这一系列法律条例的颁布与实施，以及不断加入国际主要条约，我国知识产权在形式、制度、内容上都有了长足的发展。截至目前，我国知识产权的数量和质量一直迅猛增长，并且在经济发展中起到了越来越重要的作用。

第二节　知识产权的主要特点

知识产权是一种无形财产，与其他任何资产所有权都有区别。大部分知识产权的获得需要经过法定的程序，比如，商标权的获得需要经过登记注册。

它具备无形性、创造性、专有性、地域性、时间性、可复制性等特点。

1. 无形性

知识产权是创造性智力劳动所创造的智力成果，它不占有任何物理上的空间，具有无形性的特征。因此，在知识产权贸易中，标的物是对无形财产的使用权。这种特性使知识产权在法律上受保护、认定侵权和被侵权、贸易往来等方面变得较为复杂。因为一方面，很容易脱离权利所有人的控制，另一方面让权利所有人在实施权利转让后仍可以获取利益。①

2. 创造性

所谓知识产权，是人类在创造性劳动过程中产生的智力成果，那么，这一成果必须具有一定的创造性、先进性和新颖性，其权利人才能受到法律关于该知识产权的承认和保护。

3. 专有性

即独占性或垄断性，知识产权所有权人独占地享有权利，除权利人同意或法律规定外，权利人以外的任何人不得享有或使用该项权利。这表明，权利人独占或垄断的专有权利受严格保护，不受他人侵犯，只有通过"强制许可""征用"等法律程序，才能变更权利人的专有权。知识产权的客体是人的智力成果，既不是人身或人格，也不是外界的有体物或无体物，所以既不能属于人格权也不能属于财产权。另外，知识产权是一个完整的权利，只是作为权利内容的利益兼具经济性与非经济性，因此也不能把知识产权说成两类权利的结合。例如，说著作权是著作人身权（或著作人格权或精神权利）与著作财产权的结合是不对的。知识产权是一种内容较为复杂（多种权能），兼具经济的和非经济的权利。因而，知识产权应该与人格权、财产权并立而自成一类。

4. 地域性

知识产权只在它所确认和保护的地域和范围内有效，并可在不同地域范围内被分别行使。除签有国际公约或双边互惠协定外，经一国法律所保护的某项权利只在该国范围内具有法律效力。知识产权既具有地域性，在一定条件下又具有国际性。随着全球化的发展，知识产权国际保护的合作范围日益扩大，可以通过申请 PCT 专利或其他方式在多国或地区获得保护。

5. 时间性

知识产权只在法定的期限内受到保护，一旦超过有效期限，权利将自行消灭，任何人都可以无限制地加以使用。即法律对各项权利的保护，都

---

① 黄红建：《江苏省区域经济协调发展的知识产权对策研究》，南京理工大学硕士学位论文，2010 年。

规定有一定的有效期，各国法律对保护期限的长短可能一致，也可能不完全相同，只有参加国际协定或进行国际申请时，某项权利才会具有统一的保护期限。

6. 可复制性

知识产权具有无形性，必须通过一定的载体（如模型、印刷品、图纸等形式）才能体现出来，也就是说，一种知识产权，在适宜的情况下可以用多种表现形式不断地被表现出来，即知识产权具有可复制性。知识产权一旦产生，不管它的权利人是否授权，他人都有可能通过一定的方式获得它、复制它、使用它，因此，相比于有形资产，对无形资产的管理要更为复杂。

7. 其他特性

在某些方面，知识产权类似于物权中的所有权，例如是对客体直接支配的权利，可以使用、收益、处分以及为他种支配（但不发生占有问题）；具有排他性；具有移转性（包括继承）等。

第三节　知识产权的范围

在如今的经济社会中，知识产权与我们的生活、工作息息相关，无论是在国际还是商业竞争中我们都可以看到它的重要作用。从权利的内容上看，知识产权包括人身权利和财产权利。知识产权中的人身权是与智力活动成果创造人的人身不可分离的专属权，比如：署名权、发表权以及修改权等；而知识产权中的财产权则是指创造知识产权的人基于这种智力活动成果而享有的获得报酬或其他物质利益的权利。

1967年颁布的《成立世界知识产权组织公约》所界定的知识产权范围包括：

①关于文学、艺术和科学作品的权利；②关于表演艺术家的演出、录音和广播的权利；③关于人们努力在一切领域的发明的权利；④关于科学发现的权利；⑤关于工业品式样的权利；⑥关于商标、服务商标、厂商名称和标记的权利；⑦关于制止不正当竞争的权利；⑧在工业、科学、文学或艺术领域里一切其他来自知识活动的权利。

值得注意的是，虽然《成立世界知识产权组织公约》把科学发现也作为知识产权权利客体之一，但实际上世界各国和其他各类条约大都不承认，也不赋予科学发现以任何财产权利。原因在于，一方面，科学发现是人们对客观自然现象的特性或规律的认识、揭示或阐明，它对于人们认识自然、改造自然有重要的意义，因此，做出科学发现的人往往享有崇高的科学声誉。但自然现象的特性或规律是自然界本身就存在的，是全人类的共同财富而不是发现者本身的独占。另一方面，科学发现本身不能在生产上直接应用，即不具有财产的性质，即使授予发现者以专有权也没有实际财产上的意义。①

知识产权是智力劳动产生的成果所有权，它是依照各国法律赋予符合条件的著作者以及发明者或成果拥有者在一定期限内享有的独占权利。根据我国《民法通则》第5章第3节第94—97条界定，知识产权包括：著作权（或版权）（第94条）、专利权（第95条）、商标专用权（第96条）、发现权、发明权和其他科技成果权（第97条）。通常，我们根据《保护工业产权巴黎公约》的规定，将知识产权分为工业产权和版权两大类。其中，工业产权是指人们依法对应用于商品生产和流通中的创造发明和显著标记等智力成果，在一定地区和期限内享有的专有权。而版权是指文学、艺术、科学作品的作者对其作品享有的权利（包括财产权、人身权）。由于发现本身不能在工农业生产中直接应用，即不具有财产性质，许多国家不把它作为版权与有关知识产权保护。

在工业产权中，专利权包括发明专利权、实用新型专利权和工业品外观设计专利权（国际上的专利仅指我国的发明专利，实用新型及外观设计专利都另立法规单独保护）；商标权是指注册商标的专用权；商标邻接权又分为服务标记、厂商名称、货源标记或原产地名称。而在版权中，版权的邻接权又包括出版者权、表演者权、录制者权及广播组织者权等。

一 工业产权

工业产权是在工业、商业、农业、林业和其他产业中具有实用经济意义的一种无形财产。它包括发明专利权、实用新型专利权、外观设计专利权、注册商标专用权、服务标记权、厂商名称、原产地名称、制止不正

---

① 徐明华、包海波：《知识产权强国之路》，知识产权出版社2003年版，第5页。

当竞争，以及植物新品种权和集成电路布图设计专有权等。在我国工业产权一般主要包括专利权和商标权。

1. 专利权

专利权是指由国家专利主管机关（国家知识产权局）授予申请人在一定期限内对其发明创造所享有的独占实施的专有权。我国《专利法》第一条规定，专利保护的客体是发明创造。《专利法》第二条规定："本法所称的发明创造是指发明、实用新型和外观设计。"

根据我国《专利法》，发明创造有三种类型，即发明、实用新型和外观设计。发明和实用新型专利被授予专利权后，专利权人对该项发明创造拥有独占权，任何单位和个人未经专利权人许可，都不得实施其专利，即不得以生产经营为目的制造、使用、许诺销售、销售和进口其专利产品。外观设计专利权被授予后，任何单位和个人未经专利权人许可，都不得实施其专利，即不得以生产经营为目的制造、销售和进口其专利产品。未经专利权人许可，实施其专利即侵犯其专利权，引起纠纷的，由当事人协商解决；不愿协商或者协商不成的，专利权人或利害关系人可以向人民法院起诉，也可以请求管理专利工作的部门处理。当然，也存在不侵权的例外，比如先使用权和科研目的的使用等。

（1）发明专利及其保护范畴

《专利法实施细则》第二条第一款规定，"专利法所称发明，是指对产品、方法或者其改进所提出的新的技术方案"。根据该定义，发明可分为两大类：产品发明和方法发明。而对原来存在的产品发明或方法发明做出某种程度的修改或改进的，只要其改进产生了新的技术效果，也可授予专利权。相比于其他专利，发明专利具有以下特征：

①技术含量在三种专利中最高；

②获得授权在三种专利中难度最大；

③保护期限最长；

④专利权最稳定；

⑤经济价值在三种专利中最高。

（2）实用新型及其保护范畴

《专利法实施细则》中对实用新型的定义为"对产品的形状、构造或者其结合所提出的适于实用的新的技术方案"。它只限于对有形产品的改进，不包括技术方法。产品应当是经过工业方法制造的、占据一定空间的实体，实用新型专利只保护产品，未经人工制造的自然存在的物品不属于实用新型专利保护的客体。产品的形状是指产品所具有的、可以从外部观察到的确定的空间形状，无确定形状的产品，例如气态、液态、粉末状、颗粒状的物质或材料，其形状不能作为实用新型产品的形状特征。产品的构造是指产品的各个组成部分的安排、组织和相互关系，物质的分子结构、组分不属于实用新型专利给予保护的产品的构造。技术方案是申请人对其要解决的技术问题所采取的利用了自然规律的技术特征的集合。产品的形状以及表面的图案、色彩、文字、符号、图表或者其结合的新设计，没有解决技术问题的，不属于实用新型专利保护的客体。

实用新型具有以下特点：

①是利用自然规律所提出的技术方案；

②是针对产品提出的技术方案；

③是针对产品的形状、构造或其组合提出的技术方案；

④具有新颖性、创造性和实用性。

（3）外观设计及其保护范畴

外观设计是对产品的形状、图案及其结合，以及色彩与形状、图案的结合所提出的富有美感并适于工业应用的新设计。

外观设计具有以下特点：

①外观设计的载体必须是产品；

②构成外观设计的是产品的形状、图案或者其结合或者它们与色彩的结合；

③能应用于产业上并形成批量生产；

④是一种富有美感的新的设计方案。

（4）三种专利的比较

表1　　　　　　　　发明、实用新型、外观专利的比较

	技术含量	获授权难度	保护期限	审查时间	稳定性
发明	高	高	长	长	强
实用新型	较高	较高	较长	较长	弱
外观	低	低	短	短	弱

（5）专利保护客体的扩张趋势

一般地说，各国专利法都有关于专利保护客体的规定。其中一个重要

特色是，包括我国在内的很多国家专利法在对专利保护客体的规定时，往往从"消极"的方面界定受保护客体的内容。我国在1992年对《专利法》进行了修改，取消了对药品和食品专利保护的限制。这表明，专利保护的客体范围正在扩张。

专利保护客体的扩张不仅在我国的《专利法》中得到了体现，也在很多国家专利法及有关专利的国际公约中得到了体现。例如，20世纪80年代以来，美国的专利政策被强化、扩张和延伸到了早期专利很少涉及的领域和主体，如通过判例法的形式加强了对计算机程序和基因技术等的专利保护。专利越来越被授予发明以及与实际应用有很大差异的发现，特别明显的趋势体现在生物技术领域。1980年的《拜杜法案》和后来的相关立法都明确规定，大学和政府实验室对政府资助的研究成果有申请专利的权利，而早期的规范是将这种创新成果进入公有领域。强化知识产权的趋势已经延伸到了国际领域，它首先是通过关贸总协定（GATT）的谈判，后来是通过世界贸易组织（WTO）的程序。这些政策倾向使得对专利制度基本问题的处置日益复杂。

随着科学技术的迅猛发展，专利权扩张在保护领域方面也呈现新的特点。在专利保护领域方面，专利的保护从应用科学研究向基础科学研究延伸，方法专利向商业方法领域延伸，专利从非标准领域向标准领域延伸。

从专利保护客体的扩张不难看出，技术的发展和进步是专利保护扩张的根本原因：知识产权法是商品经济和科学技术发展的产物。就技术发展来说，专利制度更是如此。技术的发展对专利保护的作用表现为：它导致了越来越多的新的发明创造类型，需要有专利制度为其保驾护航，以激发这类技术发明创造的进行，并且促进这类技术产业的发展。在专利保护的旗帜下，技术创新获得了稳定的法律保障，从而促进了更多发明创造的出现。这些新的发明创造又进一步需要获得法律保护。技术发展和专利保护看起来存在这样一个良性循环机制。[1]

2. 商标权

商标权是指商标主管机关依法授予商标所有人对其注册商标受国家法

---

[1] 冯晓青：《专利权的扩张及其缘由探析》，《湖南大学学报》（社会科学版）2006年第5期。

律保护的专有权。商标是用以区别商品和服务不同来源的商业性标识，由文字、图形、字母、数字、三维标识、颜色组合或者以上要素的组合构成。我国商标权的获得必须履行商标注册程序，而且实行的是申请在先原则。与专利权的作用主要在于促进产业的发展不同，商标是产业活动中的一种识别标识，所以商标权的作用主要在于维护产业活动中的秩序。

外观设计专利与商标有一些相似之处，以下是对外观设计和商标的比较。

分离和不可分离的区别：商标对产品的作用是一种附加的、可分离的标识，其主要的目的是为了区别自己和他人的商品，商标与使用该商标的产品的联系是间接的；而外观设计中所述的形状、图案或者结合等要素必须通过产品这个载体直接体现出来，所以说外观设计专利和产品本身是不可分割的，外观设计主要是为了装饰，美化商品，使商品变得更美观。

保护客体上的同与不同：商标保护客体体现的内容是可视性标识，在注册条件上，申请注册的商标应当有显著特征，便于识别；这相当于外观设计所要求的不相同或不相近似；而不同之处是商标不一定与产品有关，即商标没有要求必须有一个有形的载体，因而一种商标可以适用于多种产品；而外观设计专利只能适用于一种产品，而此产品必须要求是一种可工业化实施的、有固定形状的产品。

表现形式的区别：商标绝大部分以平面形式体现，而外观设计专利也适用于一些平面（比如桌布），已经不适用于平面印刷品了（比如杂志的封面、一般的食品包装袋）；在商标中，一些装饰文字往往占有较大比重或设计版面，而外观设计只允许有高度装饰性的文字出现，而且其属于外观设计的图案的一部分或辅助部分。

两者的授权不能相冲突：由于商标构成内容和外观设计除产品形状外的其他构成要素有相近之处，例如，在标贴、标识类外观设计中有时会出现其产品上的图案、文字和色彩组合后体现的图案内容与某些商标的内容一样或相近似。一旦出现与他人在先取得的合法权利相冲突，以在先获得的权利为主。①

---

① 东灵通：《发明专利之实用新型和外观设计》，http：blog. sina. com. cn/s/blog - 614ad5a90100hosm. html。

二　著作权

著作权又称版权，是指自然人、法人或者其他组织对文学、艺术和科学作品依法享有的财产权利和精神权利的总称。主要包括著作权及与著作权有关的邻接权。

著作权是由自然科学、社会科学以及文学、音乐、戏剧、绘画、雕塑、摄影和电影摄影等方面的作品组成。著作权是法律上规定的某一单位或个人对某项著作享有印刷出版和销售的权利，任何人要复制、翻译、改编或演出等均需要得到版权所有人的许可，否则就是对他人权利的侵权行为。知识产权的实质是把人类的智力成果作为财产来看待。著作权是文学、艺术、科学技术作品的原创作者，依法对其作品所享有的一种民事权利。

在我国，著作权包括（狭义的）著作权、版权邻接权、计算机软件著作权等。这是著作权人对著作物（作品）独占利用的排他性的权利。著作权又分为发表权、署名权、修改权、保护作品完整权、使用权和获得报酬权（《著作权法》第十条）。著作权有著作人身权和著作财产权。它与专利权、商标权有时有交叉情形，这是知识产权的一个特点。

著作权有以下内容。

1. 著作权自作品创作完成之日起产生。

2. 分为著作人身权与著作财产权。其中著作人身权的内涵包括了公开发表权、姓名表示权，以及禁止他人以扭曲、变更方式利用著作损害著作人名誉的权利。

3. 有以下几条权利：

（1）发表权，即决定作品是否公之于众的权利。

（2）署名权，即表明作者身份，在作品上署名的权利。

（3）修改权，即修改或者授权他人修改作品的权利。

（4）保护作品完整权，即保护作品不受歪曲、篡改的权利。

（5）复制权，即以印刷、复印、拓印、录音、录像、翻录、翻拍等方式将作品制作一份或者多份的权利。

（6）发行权，即以出售或者赠予方式向公众提供作品的原件或者复制件的权利。

（7）出租权，即有偿许可他人临时使用电影作品和以类似摄制电影的方法创作作品、计算机软件的权利，计算机软件不是出租主要标的的除外。

（8）展览权，即公开陈列美术作品、摄影作品的原件或者复制件的权利。

（9）表演权，即公开表演作品，以及用各种手段公开播送作品的表演的权利。

（10）放映权，即通过放映机、幻灯机等技术设备公开再现美术、摄影、电影和以类似摄制电影的方法创作的作品等的权利。

（11）广播权，即以无线方式公开广播或者传播作品，以有线传播或者转播的方式向公众传播广播的作品，以及通过扩音器或者其他传送符号、声音、图像的类似工具向公众传播广播的作品的权利。

（12）信息网络传播权，即以有线或者无线方式向公众提供作品，使公众可以在其个人选定的时间和地点获得作品的权利。

（13）摄制权，即以摄制电影或者以类似摄制电影的方法将作品固定在载体上的权利。

（14）改编权，即改变作品，创作出具有独创性的新作品的权利。

（15）翻译权，即将作品从一种语言文字转换成另一种语言文字的权利。

（16）汇编权，即将作品或者作品的片段通过选择或者编排，汇集成新作品的权利。

（17）应当由著作权人享有的其他权利。

著作权要保障的是思想上的表达形式，而不是保护思想本身，因为在保障著作财产权此类专属私人之财产权利益的同时，也需要兼顾人类文明的累积以及知识与资讯的传播，因此算法、数学方法、技术或机器的设计均不属著作权所要保障的对象。

三　工业产权与著作权的重叠

工业产权与著作权保护的客体都属于财产，所有权人对这些客体都享有专有权。也就是说，只经过所有权人的许可才可以使用这些客体。[①]

[①] 刘春霖：《论工业产权与著作权的重叠》，http：//www.doc88.com/p-3107555873544.html。

1. 工业产权与著作权的重叠

工业产权与著作权的重叠主要是指工业产权中的商标权、外观设计专利权、商业秘密权以及商号权与著作权在同一客体上的重合。它通常包括两种情况：一是工业产权与著作权竞合，此时，只有一个权利人，权利客体既属于著作权法上的作品，又依法产生了工业产权；二是工业产权与著作权发生冲突或对抗，此时，不同民事主体对同一知识产权客体分别享有工业产权和著作权。

2. 商标权与著作权的重叠

商标权与著作权在我国目前的法律中又称"商标专用权"，指注册商标权人对其注册商标依法享有的专有权。商标权的客体是注册商标。我国法律规定，注册商标可以由文字、图形或者其组合构成。这样，商标权客体与著作权客体中的文字作品、美术作品、摄影作品、设计图等有重合，这使得在同一客体上发生商标权和著作权两种权利的重叠成为可能。根据著作权法的基本精神，用作商标的文字或者图案只要具备独创性，就可以成为著作权法保护的客体。这样，在同一客体上就发生了商标权与著作权的重叠。同一文字或者图案产生著作权和商标权的程序不尽一致，用作商标的文字、图案一旦创作完成（具有独创性）即产生著作权，无须履行任何手续；而同一文字或者图案要产生商标权，则必须在创作完成之后由商标局审查、公告、核准注册方可取得。

在同一客体上产生的著作权和商标权，可以为同一民事主体享有，亦可由不同民事主体分别享有。当两种权利为同一民事主体享有时会引发这样一个法律问题：这一客体是否受《著作权法》和《商标法》双重保护？有学者主张，同一文字或者图案只能受一种法律保护，著作权先于商标权产生，两权又同属知识产权的范畴，所以一旦该客体经商标局审查核准注册为商标后，其著作权即不复存在。也有学者主张，两权虽有重叠，但彼此在本质上独立，谁也无法吸收另一方。当同一客体上的著作权与商标权分属不同民事主体时，就势必形成权利的冲突或对抗。

3. 外观设计专利权与著作权的重叠

专利法上的外观设计，是指对产品的形状、图案、色彩或者其结合所做出的富有美感并适于工业上应用的新设计。它通过造型与图案的结合、造型与色彩的结合、图案与色彩的结合，构成对产品外形三维空间的造型设计或者二维平面设计。

将外观设计专利权的客体与著作权的客体进行比较，不难看出两者也有重合，即外观设计往往同时又构成著作权客体中的美术作品。这就是说，用作申请专利权的外观设计如果具备独创性，从其创作完成时起就构成著作权法意义上的美术作品，受著作权法保护；权利人将此申请并经批准获得外观设计专利权后，它又成为专利权的客体。外观设计专利权与著作权在同一客体上的重叠引发与上文所述商标权和著作权重叠同样的法律问题：两种权利为同一民事主体所掌握时能否受双重法律保护，以及两权为不同民事主体所掌握时的权利冲突。

4. 商业秘密权与著作权的重叠

商业秘密指不为公众所知悉，能为权利人带来经济利益，具有实用性并经权利人采取保密措施的技术信息和经营信息。这里的技术信息和经营信息，包括设计、程序、产品配方、制作工艺、制作方法、管理诀窍、客户名单、货源情报、产销政策、招投标中的标底及标书内容等信息。

对比商业秘密的信息内容与著作权法保护的作品种类不难看出，有些商业秘密可以构成著作权法上的作品。商业秘密中的产品设计图、工程设计图，如果具有独创性，即可构成受著作权法保护的作品。同样，受著作权法保护的作品中的产品设计、工程设计图及其说明，如果具有实用性、秘密性、保密性，就可构成受反不正当竞争法保护的商业秘密。

总之，在商业秘密享有著作权的情况下发生商业秘密权与著作权的重叠。将享有著作权的作品中的著名标题、角色名称等登记为企业的商号，也会发生两权（商号权与著作权）在同一客体上的重叠。

工业产权与著作权在同一客体上的重叠状况在某些情况下会变得更为复杂。例如，著作权人将自己的美术作品既申请商标注册，又申请获得外观设计专利，则权利人就成为著作权、商标权、外观设计专利权三种权利的主体，法律对权利人应当给予何种程度的保护问题会变得更加突出。如果同一客体上的著作权、商标权、外观设计专利权分属多个不同民事主体，包括著作权人将同一作品授权多个民事主体分别作为不同种类商品或服务的商标进行注册，此时，各权利人之间的权利冲突或对抗亦会变得更加复杂。

四　工业产权与著作权的区别

《著作权法》中规定，工业产权与著作权有下述区别：

1. 受理的机关不同。著作权是国家版权局受理；专利权是国家知识产权局受理。

2. 保护对象不同。商标权的对象是以文字、图形或者其组合构成的注册商标。体现显著性。专利权的对象是获得专利的发明，实用新型或外观设计。其中外观设计是指对产品的形状、图案、色彩或者其结合所做出的富有美感并适于工业上应用的新设计。著作权保护的是作者思想、情感和观点的表现形式，不保护其内容本身，这些形式表现为小说、论文、电影、歌曲、图画等种类。

3. 保护的条件和要求不同。由保护对象所决定，《著作权法》可以保护两部主体内容相同的作品，只要这些作品具有独创性；但专利权不会保护主体内容相同的两个发明创造。

4. 权利产生方式不同。著作权通常可以自动产生，不必经过任何登记或审查程序；专利权则必须依法由国家特定的行政机关进行审查后授予合法申请人。

5. 权利内容不同。著作权的内容包括人身权和财产权两方面；而专利权包括实施权、许可他人实施权、转让权等财产权内容。

6. 权利保护期限不同。著作财产权的保护期一般是作者有生之年加上死后的50年，以实施日起；专利权的保护期分别为发明专利20年，外观设计和实用新型10年，均从申请日起计算。

第四节　知识产权的法律限制与特征

知识产权虽然是私权，法律也承认了其具有排他的独占性，但由于人类的智力成果具有高度的公共性，并且与社会文化和产业的发展密切相关，不宜为任何人长期独占，所以法律对知识产权规定了很多限制。

第一，从权利的发生说，法律为之规定了各种积极和消极的条件以及公示的办法。例如专利权的发生须经申请、审查和批准，对授予专利权的发明、实用新型和外观设计规定有各种条件（《专利法》第22条、第23条），对某些事项不授予专利权（《专利法》第25条）。著作权虽没有申请、审查、注册这些限制，但也有《著作权法》第3条、第5条的限制。第二，在权利的存续期上，法律都有特别规定。这一点是知识产权与所有权大不相同的。第三，权利人负有一定的使用或实施的义务。法律规定有强制许可或强制实施许可制度。对著作权，法律规定了合理使用制度。

从法律上讲，知识产权三种最明显的法律特征是：一是知识产权的地域性，即除签有国际公约或双边、多边协定外，依一国法律取得的权利只能在该国境内有效，受该国法律保护。二是知识产权的独占性，即只有权利人才能享有，他人不经权利人许可不得行使其权利。三是知识产权的时间性，各国法律对知识产权分别规定了一定期限，期满后则权利自动终止。

作为一种法律权利，知识产权首先属于一种民事权利，是公民和法人民事权利的一个重要组成部分。既然知识产权属于民事权利，那么它就属于具体的、特定的、主体的权利，与不特定的、公众的、任何人均可行使的公权相对应。作为民事权利，知识产权包括人身权利和财产权利两个方面，也称为精神权利和经济权利。所谓人身权利，又称人身非财产权，是指与人身直接相关而没有经济内容的权益，也就是说当知识产权作为一种名誉权利时，它与智力成果的创造人、发明人的人身是不可分离的，既不能转让，也不能继承，是人身关系在法律上的反映。例如，作者在其作品上署名的权利，或对其作品的发表权、修改权等，即为精神权利。它属公民的基本权利之一。所谓财产权利，主要是指对治理成果支配管理意义上的权利，是具有物质财富的内容直接与经济利益相联系的民事权利，包括所有权、债权、继承权、专利权、商标权和著作权等。它是指智力创造性劳动取得的成果，并且是由智力劳动者对其成果依法享有的一种权利。

第五节　知识产权的作用

在我国，随着国际贸易和国家经济的飞速发展，无论是国外还是国内都出现了越来越多地与知识产权相关的争议和纠纷，因此对知识产权的保护就显得越来越迫切和重要。知识产权在保护产权人的合法权益、保证国内外各行各业的公平竞争中起着越来越重要的作用。《知识产权法》一书中阐述到知识产权有下述作用。

首先，知识产权为智力成果完成人的权益提供了法律保障，调动了人们从事科学技术研究和文学艺术作品创作的积极性和创造性，为创新提供了一种激励机制。当建立起激励机制，对创新提供额外的补偿时，全社会的创新精神得以激发。知识产权制度正好赋予创新者权利，对其成果进行保护，有利于全社会创新能力的提升。如果没有这种制度，模仿者很容易不花任何成本就能够搭便车，就会打击创新者的积极性。

其次，知识产权为智力成果的推广应用和传播提供了法律机制，为智力成果转化为生产力，运用到生产建设上去，产生了巨大的经济效益和社会效益。

再次，知识产权为国际经济技术贸易和文化艺术的交流提供了法律准则，促进技术扩散。世界知识产权组织的一项调查表明，95%的科学技术都只记载在专利文献中，充分利用好专利文献科技将节约60%的研发时间和40%的研发经费。因而，知识产权信息的公开，有利于避免重复研究，提高整个社会的发明效率，促进人类文明进步和经济发展。

最后，知识产权法律制度作为现代民商法的重要组成部分，对完善中国法律体系，建设法治国家具有重大意义。

第六节　知识产权国际组织

知识产权保护的国际法则始于19世纪80年代。1883年缔结的《保护工业产权巴黎公约》和1886年缔结的《伯尔尼保护文学和艺术作品公约》揭开了知识产权国际保护时代的篇章。此后，尤其在20世纪60年代以来，国际社会在建立国际组织和推动国际立法等方面均做出了巨大的努力，并取得了一系列重大的成果。[①]

国际组织方面，目前最具有国际影响的保护和促进知识产权的政府间国际组织是世界知识产权组织（World Intellectual Property Organization，WIPO）。同时，由于《与贸易有关的知识产权协定》（Agreement on Trade - Related Aspects of Intellectual Property Rights，TRIPs）的签订及其所产生的巨大影响力，世界贸易组织（World Trade Organization，WTO）也同样在知识产权的国际保护和促进方面发挥着重要的作用。

---

① 蒋坡主编：《知识产权管理》，知识产权出版社2007年版，第519—536页。

国际立法方面，随着经济的全球化、一体化发展，出现了国与国之间的双边、多边条约，同时国际性和区域性在内的多边条约的数量也日益增加，从而逐步形成了知识产权国际保护较为完整的国际法制。

一　知识产权保护的国际组织

1. WIPO

世界知识产权组织，World Intellectual Property Organization，简称WIPO，是一个以推动运用和保护人类智力成果为宗旨的国际组织。

WIPO成立于1970年，其法律基础是51个国家与1967年在瑞典斯德哥尔摩签订的《成立世界知识产权组织公约》。但事实上，WIPO的历史可以回溯到1883年的《巴黎公约》和1886年的《伯尔尼保护文学和艺术作品公约》。《巴黎公约》和《伯尔尼保护文学和艺术作品公约》均规定成立"国际局"以各自执行条约，1970年WIPO的成立一方面将两公约纳入其管理范围，另一方面则取代了两公约下的"国际局"，成为其执行机构。此后，WIPO又于1974年成为联合国的专门机构之一，截至2014年《成立世界知识产权组织公约》已有187个成员国，即世界上超过90%的国家加入该组织。WIPO是目前世界上唯一的单纯以促进和实现知识产权的保护为其目标的全球性政府间国际组织。

WIPO下设四个机构，即大会、成员国会议、协调委员会和国际局（即秘书局）。大会由成员国中原巴黎联盟和伯尔尼联盟的成员组成，是WIPO的最高权力机构。成员国会议由全体成员国组成。大会及成员国会议均为每两年举行一次，每个成员国均只有一个平等的投票权。协调委员会有双重功能，既是大会和成员国会议的执行机构，也是解决普遍关心的问题的咨询机构。国际局是WIPO的常设机构，包括秘书长在内的所有工作人员均只对WIPO负责，为其服务。

WIPO在知识产权领域目前管理着包括《巴黎公约》和《伯尔尼保护文学和艺术作品公约》在内的25个国际公约（三个条约与其他国际组织共同管理）。

除了管理国际公约外，WIPO还通过其成员国与国际局开展丰富多彩的工作，旨在：协调国家（各成员国）知识产权立法和程序；为工业产权国际申请者提供服务；交流知识产权信息；对发展中国家和其他国家提供法律和技术援助；促进民营知识产权纠纷的解决，以及整合信息技术作为存储、访问和使用有价值的知识产权信息的工具。①

客观地说，WIPO 作为单纯以促进人类智力成果的运用和保护为目的的国际组织，既有其专门性又存在一定的局限性。专门性体现着 WIPO 将传统的知识产权各个门类一一通过相应的国际条约予以规范，保证了在其系统内国际法制的针对性；同时又对新兴的知识产权问题予以关注和研究，并适时制定国际条约予以规范，保证了在其系统内国际法制体系的适应性。但是，WIPO 仅关注知识产权问题，而人为地割裂了知识产权与贸易、投资等问题的天然联系，从而在一定程度上影响了其系统内国际法制体系在全球经济一体化环境下的完整性和统一性，反映了 WIPO 的局限性。同时，WIPO 作为联合国的专门机构之一，固然得益于联合国广泛的代表性而有利于其系统内法制体系在全球范围的推广，但联合国本身所具有较强的政治性质也在一定程度上制约了 WIPO 的法律性质。但无论如何，WIPO 作为目前最具专门性和影响力的知识产权国际保护的政府间国际组织，其地位和作用应当是毋庸置疑的。

2. WTO

世界贸易组织，World Trade Organization，简称 WTO，是目前世界上最重要的管理国际贸易的全球性政府间国际组织。

WTO 成立于 1995 年，其前身为关税与贸易总协定（General Ageement of Tariffs and Trade，GATT）。关税与贸易总协定缔约国于 1986 年在乌拉圭埃斯特角举行部长级会议，发动了第八轮多边贸易谈判，即"乌拉圭回合谈判"。至 1994 年在摩洛哥的马拉喀什部长会议，各缔约国签署了乌拉圭回合最后文件和成立 WTO 的协定，通过了《马拉喀什宣言》（*Marrakesh Declaration*），从而于 1995 年 1 月 1 日正式成立了世界贸易组织。

WTO 体系内的法制主要解决与国际贸易有关的问题，其中对贸易有关的知识产权法律制度集中规定于《与贸易有关的知识产权协定》中。

将知识产权问题纳入 WTO 体系予以规范，不可避免地在一定程度上削弱了 WIPO 在国际知识产权协调和保护方面的作用，但应当承认，这是全球经济一体化的必然趋势。

WIPO 体系内的法制其实质主要是对知识产权国别保护的协调，而并

---

① 资料来源：http://www.wipo.int/treaties/en/general，2014 年 6 月。

非各国知识产权保护的统一,因此必然面临各国由于经济、社会和文化水平差异而带来的无法协调的矛盾。同时,对知识产权与贸易之间关系的人为割裂更使其系统内的法制仅仅只能局限于调整单一的知识产权问题,而对与国际贸易有关的综合性问题则无能为力。

为完善知识产权国际保护体制,WIPO 在 20 世纪 80 年代开始探讨修订《巴黎公约》,但由于在 WIPO 体制下,发展中国家与发达国家之间因利益分配而造成的严重对峙,上述尝试趋于流产。以美国为首的发达国家因而尝试在关税与贸易总协定的框架内以另一种方式重建知识产权国际保护体制,以期突破 WIPO 体制下出现的僵局。经过长达 8 年的乌拉圭回合谈判,发达国家的这一愿望得到实现:TRIPs 被纳入了建立 WTO 的协议之中,并在 WTO 中设立了专门的理事会,负责监督执行 TRIPs,从而形成了与 WIPO 平行的多边国际法治体系。TRIPs 的签订使知识产权的国际保护正式被纳入国际贸易法制体系之中,这一方面反映了知识产权与国际贸易之间存在的深刻而不可割裂的内在联系,并为在未来揭示知识产权与国际投资之间的内在联系提供了广阔的想象空间,使知识产权保护由单一、静态走向综合、动态,进一步为促进利用和保护人类智力成果这一设立知识产权制度的根本宗旨提供了制度保障;另一方面 WTO 本身具备了比较完善的执行机制,从而在较大程度上避免了非法律因素的干扰,保证了 TRIPs 的切实执行。

WTO 体系内知识产权保护的国际法制同样存在一定的缺陷。一方面,随着经济发展,各国经济关系体现于国际投资的比重日益增长,而 WTO 体系内的法制体系尚未能就投资于知识产权的关系予以深入研究和全面规范,从而导致其在国际投资过程中知识产权问题的解决上反映出诸多不适应性。另一方面,WTO 体系内的法制体系的形成固然是发达国家与发展中国家相互妥协的结果,但基于前者远较后者强大的经济和谈判实力,二者从中获得的利益显然并不均衡;相反,在过高的保护标准之下,发展中国家对新技术的取得和运用方面受到了极大的限制,从而既影响了发展中国家的科技进步和经济发展,也在一定程度上阻碍了人类智力成果的广泛传播和运用。

实事求是地说,WTO 体系内知识产权保护的国际法制体系是一次成功的制度创新,而其存在的问题则缘于 WTO 本身存在的种种弊端。无论如何,WTO 对知识产权的国际保护具有创新性、实践性和前瞻性的重要作用。

二 知识产权保护的区域性国际组织

除 WIPO、WTO 这类知识产权保护的全球性国际组织之外，近 20 年来国际社会出现了一些知识产权保护的区域性多边组织以及相应的法律制度，如欧盟和北美自由贸易区组织及其关于知识产权的保护规定，非洲知识产权组织及其《班吉协定》，以及东南亚联盟知识产权合作组织及其框架协议等。

此类区域性国际组织及其系统内法制的产生存在深刻的经济原因。[①]

第一，这是区域经济一体化的需要。区域经济一体化是第二次世界大战后国际经济发展的重要特征和趋势，其目的是在一定区域范围内消除关税和其他非关税贸易壁垒对国际贸易带来的阻碍和国际市场的人为分割。而在没有统一的法律规范的条件下，知识产权的专有性和地域性无疑会成为区域经济一体化的障碍。为实现其基本目标，区域经济一体化组织必然致力于在本区域内构建统一的知识产权保护制度。

第二，这是全球经济一体化的需求。在新经济浪潮中，全球经济一体化的趋势近年来愈加明显。然而各国之间所存在的经济、科技、文化水平巨大差异的客观事实使在全球范围内实现知识产权保护的统一的多边法制体系尚缺乏必要的基础，因此，由具有相同或相似经济、技术水平及文化背景，并且经贸交往频繁的区域内的各国采取措施，构建区域性法制体系成为知识产权从国别保护走向全球性国际保护的必要途径和必然选择。

需要进一步指出的是，区域性知识产权保护制度并未导致分割和削弱全球性知识产权的国际保护。相反，这些区域性的制度体系一方面通过遵循《巴黎公约》《伯尔尼保护文学和艺术作品公约》等起着基本规范作用的国际公约而强化了现存的各项知识产权保护的国际法制体系；另一方面结合本区域的实际将现存制度具体化，并根据各自经济、技术发展进行制度创新，从而反过来影响和促进知识产权保护的全球性国际法制体系的发展。如在关贸总协定乌拉圭回合谈判中，美国与发展中国家立场严重对立的情形下，欧盟的建议，尤其是关于著作权和专利权两个方面的内容，最后基本上都为 TRIPs 所采纳。

---

① 万鄂湘：《国际知识产权法》，湖北人民出版社 2001 年版，第 21—23 页。

第七节　知识产权国际公约

根据目的和内容的不同，知识产权国际公约大致可以分为四类：为设立促进知识产权国际保护政府间国际组织而签订的公约，涉及工业产权国际保护的公约，涉及著作权及著作邻接权国际保护的国际公约，以及因国际贸易产生的知识产权国际保护协定。[①]

一　为设立促进知识产权国际保护政府间国际组织签订的国际公约

为设立促进知识产权国际保护政府间国际组织而签订的国际公约到目前为止有1967年签订、1970年生效的《成立世界知识产权组织公约》。虽然WTO作为重要的政府间国际组织，在知识产权国际保护领域有着突出的作用，但成立WTO的目的毕竟不仅限于为知识产权提供国际保护，因此，WTO成立的根本性法律文件《马拉喀什建立直接知识产权组织协定》并不在此列。

二　涉及工业产权保护的公约

涉及工业产权保护的公约又可进一步细分为规定工业产权实质性保护的公约、便于在多国获得工业产权保护的公约以及建立工业产权国际分类的条约三类。在上述公约中，就其缔约国数量以及我国的加入情况来看，影响较大的有《巴黎公约》《专利合作条约》《商标国际注册马德里协定》以及《商标国际注册马德里协定有关协议书》。

1. 《巴黎公约》

（1）背景

《巴黎公约》，全称《保护工业产权巴黎公约》，是由法国、比利时、巴西、危地马拉、意大利、荷兰、葡萄牙、西班牙、萨尔瓦多、瑞士和塞尔维亚共11个国家于1883年3月20日在巴黎缔结的规定工业产权实质性保护的公约。缔结后，《巴黎公约》分别于1900年、1911年、1925

[①] 王传丽：《国际贸易法——国际知识产权法》，中国政法大学出版社2003年版，第32—36页。

年、1934年、1958年和1967年进行了6次修改。目前，大多数缔约国使用1967年斯德哥尔摩会议通过的修订本。任何国家只需要向WIPO总干事递交加入书，自总干事就此事向其他缔约国发出通知之日起3个月后，《巴黎公约》即对该国生效［《巴黎公约》第21条第2条款（b）］。截至2013年7月，《巴黎公约》有175个成员国（www.wipo.org）。

我国于1985年3月15日正式成为《巴黎公约》成员国。

《巴黎公约》是知识产权领域第一个全球性多边公约，也是成员国最为广泛并对其他有关条约影响最大的规定工业产权实质性保护的公约。

（2）调整对象

《巴黎公约》的调整对象是工业产权，包括发明专利、使用新型、工业品式样、商标、服务商标、商店名称、产地标记或原产地名称以及制止不正当的竞争（《巴黎公约》第1条第2条款）。《巴黎公约》同时明确规定，对工业产权应做广义的解释，既适用于工业和商业本身，也适用于农业和采掘业以及一切制造品或天然产品（《巴黎公约》第1条第3条款）。由此可见，《巴黎公约》实际对"工业产权"一词进行了扩张解释，其调整对象，确切说应当是"产业产权"。[①]

（3）主要原则

①国民待遇原则。国民待遇原则是指在工业产权保护方面，各成员国必须在法律上给予其他成员国国民，以及在另一成员国领域内设有住所或真实有效的工商营业所的非成员国国民以与其本国国民相同的待遇（《巴黎公约》第2条、第3条）。

②优先权原则。根据优先权原则，在任一成员国提出的专利、实用新型、外观设计或商标注册申请的申请人，若在其他成员国也就同一主体提出申请，则在《巴黎公约》规定的期限内享有优先权。具体来说，专利和实用新型申请的优先权期限为12个月，外观设计和商标为6个月（《巴黎公约》第4条）。

③临时性保护原则。根据临时性保护原则，成员国应对任一成员国内举办的经官方承认的国际展览会上展出的商品中取得专利的发明、实用新型、外观设计和商标给予临时保护。临时保护期内，任何展品所有人以外

[①] 王传丽：《国际贸易法——国际知识产权法》，中国政法大学出版社2003年版，第37页。

的第三方不得以展品申请工业产权（《巴黎公约》第 11 条）。

④工业产权独立性原则。根据工业产权独立性原则，就专利和商标权的授予、期限、无效与撤销问题，在不同成员国取得的专利权、商标权等工业产权是相互独立的（《巴黎公约》第 4 条、第 6 条）。

⑤最低标准原则。根据最低标准原则，无论其本国规定如何，《巴黎公约》成员国必须就专利权和商标权的保护共同遵循一些最低要求，包括：保护发明人的署名权；对驳回专利申请和撤销专利的限制——各成员国不应以国内法的某些不同规定为理由拒绝对某些发明授予专利权或宣布某项专利无效；因专利未实施而颁发强制许可证或撤销专利必须符合一定条件；关于对各成员国限制专利权的统一规定；关于不得因商品性质影响商标注册的规定；对驰名商标应给予特别保护以及建立主管机关以保证本国和外国国民得到应有的保护。

⑥宽限期规定。《巴黎公约》规定，对工业产权维持费（如专利年费等）的缴纳应给予不少于 6 个月的宽限期，从而更有效地保护工业产权。但宽限期并不适用于为获得或续展工业产权而应缴纳的费用（《巴黎公约》第 5 条）。

2. 《专利合作条约》

（1）背景

《专利合作条约》是根据《巴黎公约》的基本原则，于 1970 年在华盛顿缔结的有关专利申请的国际公约。《专利合作条约》只对《巴黎公约》成员国使用，于 1978 年 6 月 1 日起生效。

我国于 1994 年 1 月 1 日正式成为《专利合作条约》的成员国。

《专利合作条约》是一个程序性公约，对专利申请的受理和初步审查程序进行国际性统一规定，因而各成员国只需相应调整国内法规定的专利申请程序，而不必修改其专利实体法。

（2）适用范围

《专利合作条约》的适用范围，就主体而言，可以依据条约提交国际专利申请的人包括条约成员国国民或居住在成员国的居民、经过条约成员国大会准许提交国际申请的人和巴黎公约成员国国民或居民三类人（《专利合作条约》第 9 条）；就客体而言，《专利合作条约》所称"专利申请"应做广义理解，即指要求保护一项发明的申请，包括请求办专利证书、发明人证书、实用证书、实用新型证书、增补专利证书或补充证书、增补发明人证书和增补实用证书等的申请。①

（3）申请程序

①根据《专利合作条约》，有权提出国际申请的人可以自行选择向自己作为居民或国民的成员国专利局或国际局提出国际申请。申请人可以请求一个或多个成员国对其发明予以专利保护，即所谓的"指定国"。

②受理局受理国际申请后应对其进行形式审查，若合格则应复制两份，一份送交 WIPO 国际局，以备登记和作为"国际公布"时的材料；另一份送交任何一个国际检索局。

③国际局通过对现有技术的检索，衡量申请专利的发明是否具有新颖性和创造性，并就此客观情况向国际局和申请人提交检索报告。

④国际局应自优先权日起满 18 个月时将国际申请连同国际检索报告一并公布，并将双数文件复制若干份转交各制定国。

⑤申请人可根据检索报告自行判断其发明获得专利的可能性。

⑥如可能性较大，申请人通常选择接受国际初步审查，即在国际申请提交国际局后，在自优先权日起第 19 个月届满之前，提交国际初步审查单位，并在指定国范围内选定使用国际初步审查结果的国家，即所谓的"选定国"。国际初步审查单位将在自优先权日起第 28 个月时获得国际初步审查报告。申请人可凭此报告在自优先权之日起第 30 个月届满之前向选定国提交国际申请的译本，并缴纳国内费用，从而进入国内审查程序。

⑦申请人亦可选择不接受国际初步审查直接进入国内审查程序，即申请人应在自优先权日起第 20 个月届满之前，向其希望得到保护的制定国提交国际申请的译本，并缴纳国内费用，从而直接进入国内审查程序。

3.《商标国际注册马德里协定》及《国际商标注册马德里协定有关议定书》

（1）背景

《商标国际注册马德里协定》（Madrid Agreement Concerning the International Registration of Marks）签订于 1891 年，生效于 1892 年，此后共进行了 6 次修订，目前只有 1957 年修订的尼斯文本和 1967 年修订的斯德哥尔摩文本为有效文本，于 1989 年 5 月 25 日生效。是用于规定、规范国际商

---

① 王传丽：《国际贸易法——国际知识产权法》，中国政法大学出版社 2003 年版，第 59 页。

标注册的国际条约。截至2010年9月,该协定有84个成员国。

《商标国际注册马德里协定》签订后,虽然为商标的国际注册提供了较大的便利,但许多国家认为其仍存在种种不足,因此参加国不多。为此,由WIPO倡议并通过研究,于1989年6月27日在马德里召开的外交会议上,当时《商标国际注册马德里协定》的29个成员国中的27个签署了《商标国际注册马德里协定有关议定书》。根据该议定书,在WIPO管理范围内建立了一个独立于《商标国际注册马德里协定》并与之平行的国际商标注册体系。

我国分别于1989年10月4日和1995年12月1日成为《商标国际注册马德里协定》及其议定书的成员国。

（2）适用范围

《商标国际注册马德里协定》的使用范围,主体方面为有权向WIPO国际局申请商标注册的包括成员国国民和在任何一个成员国领土内有真实有效的工商营业所或住所的非成员国国民,客体方面则包括商品商标和服务商标（《商标国际注册马德里协定》第2条、第3条）。

为保障《商标国际注册马德里协定》的适用,《国际商标注册马德里协定有关议定书》规定若商标原属国既是《商标国际注册马德里协定》成员国又是《商标国际注册马德里协定有关议定书》成员国,则《商标国际注册马德里协定有关议定书》的规定在任何其他既是《商标国际注册马德里协定》成员国又是《商标国际注册马德里协定有关议定书》成员国的国家内不发生效力（《商标国际注册马德里协定有关议定书》第9条）。

（3）主要规定

①国际注册程序。根据《商标国际注册马德里协定》,申请和取得国际注册的程序分为三个步骤。

第一,申请人应在其原属国取得商标正式注册。原属国的确定应严格依据以下顺序,即原属国是指申请人设有真实有效的工商营业所的成员国,若在成员国无此等工商营业所,则指申请人住所所在成员国;若在成员国无住所,但申请人是成员国国民,则指申请人国籍国（《商标国际注册马德里协定》第1条）。

第二,申请人向原属国主管机关提交国际注册申请,并缴纳费用。原属国主管机关经审查核实后,向国际局转交该申请。

第三，经形式审查，如果申请复核《商标国际注册马德里协定》及其实施条例的，国际局对该商标予以国际注册。

《商标国际注册马德里协定有关议定书》对上述规定进行了一些修改，主要有两方面。

第一，申请人不仅可以以原属国主管机关的正式注册为依据，还可以以其向原属国主管机关提交的注册申请为依据，提出商标国际注册的申请（《商标国际注册马德里协定有关议定书》第2条）。

第二，申请人原属国不再按照《商标国际注册马德里协定》规定的顺序确定，三种情况具备其中之一即可（《商标国际注册马德里协定有关议定书》第2条）。

②国际注册的效力。

首先，在空间效力方面，《商标国际注册马德里协定》采取以普遍性原则为基础，以"领土限制"原则为补充。即国际注册的效力自动延伸即与原属国以外的所有《商标国际注册马德里协定》成员，但任何成员国可在任何时候书面通知WIPO总干事，只有在所有人的明确要求下，通过国际注册的商标所获得的保护方能延伸至该国（《商标国际注册马德里协定》第3条、第4条）。而《商标国际注册马德里协定有关议定书》则取消了普遍性原则，规定商标只在除原属国以外申请人制定要求保护的国家得到保护（《商标国际注册马德里协定有关议定书》第3条）。

其次，在时间效力方面，《商标国际注册马德里协定》规定国际注册的商标有效期为20年，可无限次续展，续展期亦为20年。此外，对国际注册的续展还给予6个月的宽限期（《商标国际注册马德里协定》第6条、第7条）。而《商标国际注册马德里协定有关议定书》则将商标的有效期、续展期均规定为10年（《商标国际注册马德里协定有关议定书》第6条、第7条）。

最后，在法律效力方面，《商标国际注册马德里协定》规定，成员国主管机关在接到国际局关于某一商标国际注册的通知后，有权根据其法律声明，不在其领土上对该商标予以保护其理由应当与同一商标直接向该国申请注册时，根据《巴黎公约》拒绝给予保护的理由一致。此等声明连同全部理由应在其本国法律规定的期限内，或最迟在国际注册后1年内通知国际局（《商标国际注册马德里协定》第5条）。而《商标国际注册马德里协定有关议定书》则将上述一年的期限延长为18个月，并当出现异议时，成员国还可以在 18 个月届满后的更长时间内向国际局履行通知义务（《商标国际注册马德里协定有关议定书》第 5 条）。

三　涉及著作权及著作邻接权保护的国际公约

涉及著作权及著作邻接权保护的国际公约又可进一步细分为为著作权提供保护的实体性公约、为著作邻接权提供保护的实体性公约以及涉及有关程序、税收等问题的补充性国际公约。就其缔约国数量以及对我国加入情况来看，影响较大的有《伯尔尼公约》和《世界版权公约》。

（1）背景

《伯尔尼公约》全称《伯尔尼保护文学和艺术作品公约》，于 1886 年由英国、法国、瑞士、比利时、意大利、德国、西班牙、利比里亚、海地和突尼斯 10 国发起。此后，《伯尔尼公约》先后共形成 5 个文本，其中 1971 年的巴黎文本是成员国较多采用的文本。截至 2006 年 12 月 4 日，《伯尔尼公约》成员国共计 163 个。

我国于 1992 年 10 月 15 日成为《伯尔尼公约》成员国。

《世界版权公约》于 1952 年由联合国教科文组织支持签订，于 1955 年正式生效。此后，《世界版权公约》于 1971 年在巴黎进行了一次修订。截至 2007 年此公约已有 99 个成员国。

我国于 1992 年 10 月 30 日成为《世界版权公约》成员国。

（2）主要内容及比较

《伯尔尼公约》的基本原则有：

①国民待遇原则。即作者就其完成创作的作品享有权利，在其他缔约国享有该国法律现在给予或今后将给予其国民的权利，以及公约特别规定的权利。

②自动保护原则。公约约定，作者依国民待遇原则在其他同盟成员国享有和行使其作品的著作权，不需要履行任何手续。

③独立保护原则。指作者在同盟成员国享受和行使著作权，独立于其在起源国享受和行使的著作权。

④最低保护原则。公约强调，作者依本公约特别规定应当获得的权利不得受到任何损害，即依本公约受保护的作者，在作品起源国以外的成员国，除享受国民待遇以外，还享受本公约特别授予的权利。

⑤互惠原则。《伯尔尼公约》对非本同盟成员国的作者，其作品首次

发表于同盟国的,享有本条项下规定的就其发表于同盟成员国的作品所享有的著作权的国民待遇。

⑥追续权。对于追续权,只能在相互给予追续权立法保护的国家主张这种权利,而国内立法不保护追续权的成员国将不受此限。

《世界版权公约》的最低要求:

①国民待遇原则。公约对国民待遇的规定比《伯尔尼公约》要简单得多。但总的来讲,也是兼顾作者国籍与作品国籍。公约第2条规定:任何缔约国国民出版的作品及在该国首先出版的作品,在其他各缔约国中均享有其他缔约国给予其本国国民在本国首先出版之作品的同等保护,以及本公约特许的保护;任何缔约国国民未出版的作品在其他各缔约国中享有该其他缔约国给予其国民未出版之作品的同等保护,以及本公约特许的保护;任何缔约国可依本国法律将定居该国的任何人视为本国国民。

②非自动保护原则。公约第3条规定,在首次出版时在每一份复制品上都加注"版权标记"后,才能享有公约的国际保护。

③受保护作品范围。公约第1条规定,缔约各国承允对文学、科学、艺术作品——包括文字、音乐、戏剧和电影作品,以及绘画、雕刻和雕塑——的作者及其他版权所有者的权利,提供充分有效的保护。

④经济权利。公约第4条之二、第5条规定,成员国予以保护的权利包括保证作者经济利益的各种基本权利,其中有准许以任何方式复制、公开表演及广播等专有权及翻译权。

⑤保护期。公约第4条第2项规定,"在一般情况下作品的保护期不应少于作者有生之年加25年,在特殊情况下,可以自出版日起保护25年。"

⑥无追溯力规定。公约第7条规定:"本公约不适用于当公约对某成员国生效时,已永久进入该国公有领域的那些作品或作品中的权利。"

《伯尔尼公约》和《世界版权公约》均为著作权保护的全球性多边条约,并在事实上为著作权的国际保护建立了两套并行的法制。除均规定实行国民待遇原则以及允许发展中国家就翻译权实施强制许可制度外,两者多数规定有较大的出入。二者主要存在以下不同。[①]

①国民待遇原则的例外规定不同

《伯尔尼公约》规定国民待遇原则可在5种情况下以两个成员国间的

---

① 叶京生:《国际知识产权学》,立信会计出版社2004年版,第382—383页。

互惠原则代替，即在保护期较长与保护期较短的国家、保护和不保护使用艺术品的国家、成员国与非成员国、对精神权利给予和不给予永久保护的国家以及保护和不保护版税追续权的国家之间，成员国可以以互惠原则代替国民待遇原则（《伯尔尼公约》第6条）。《世界版权公约》则规定只有在保护期较长与保护期较短的国家之间可以以互惠原则代替国民待遇原则。

②受保护的权利主体范围不同

《伯尔尼公约》保护的权利主体是作者及其权利继受者，换言之，作者及权利继受者以外的著作权人的范围及保护均属成员国国内法管辖范围［《伯尔尼公约》第1条、第2条第（6）项］。《世界版权公约》则明确规定其保护的主体包括作者及其他著作权所有人（《世界版权公约》第1条）。

③受保护的客体范围不同

《伯尔尼公约》具体列举了受保护的客体范围，而《世界版权公约》仅做了原则性规定，并未做详尽的列举（《伯尔尼公约》第2条第1款、《世界版权公约》第1条）。

④产生方式不同

《伯尔尼公约》采取自动保护原则，即成员国国民及在成员国有惯常居所的其他人，在作品创作完成时即自动享有著作权；非成员国国民且在成员国无惯常居所者，其作品首先在成员国出版时即享有著作权［《伯尔尼公约》第5条第（2）项］。

《世界版权公约》采取非自动保护原则，即任何成员国依照其国内法要求著作权人履行规定的手续——如缴送样本、注册登记、刊登启事、办理公证文件、偿付费用或在该国国内制作出版等——作为获得著作权保护的前提条件。对于根据《世界版权公约》加以保护并在该国领土以外首次出版而其作者又非本国国民的一切作品，应视为符合上述要求，只要经作者或著作权所有者授权出版的作品的所有名册，自首次出版之日起，标有的符号，并注明著作权所有者，指姓名、首次出版年份等，且其标注的方式和位置应使人注意到著作权的要求，应视为符合该成员国履行手续的要求，根据《世界版权公约》给予保护［《世界版权公约》第3条第（1）项］。

⑤受保护的权利内容不同

《伯尔尼公约》保护作者的精神权利和经济权利。前者的外延与我国著作权法所规定的署名权和保持作品完整性的外延相当（《伯尔尼公约》第 6 条）。后者包括复制权、翻译权、改编权、电影权、公演权、公开朗诵权、广播权、录制权共 8 项经济权利（《伯尔尼公约》第 8 条、第 9 条、第 11 条、第 12 条、第 14 条）。《世界版权公约》仅对思想经济权利的保护做出了规定，即复制权、公演权、广播权及翻译权，对是否保护精神权利则未做强制性规定（《世界版权公约》第 4 条、第 5 条）。

⑥权利保护期不同

《伯尔尼公约》给予保护期限为作者终生及其死后 50 年。此外，成员国可对电影作品选择规定保护期限为在作者同意下公映后 50 年，若未公映则为作品摄制完成后 50 年［《伯尔尼公约》第 4 条第（1）项、第（2）项］。《世界版权公约》规定著作权保护期应由有关作品要求给予著作权保护成员国的国内法确定，但必须符合最低要求。一般作品保护期为作者终生及其死后 25 年，且该期限在特殊情况下可自作品首次出版之日或出版前登记之日起计算［《世界版权公约》第 4 条第（3）项］。

⑦追溯力规定不同

《伯尔尼公约》具有追溯力，即《伯尔尼公约》成员国有义务对其加入该公约前其他成员国中已存在的作品的著作权予以保护（《伯尔尼公约》第 18 条）。《世界版权公约》则无追溯力，即《世界版权公约》成员国无义务保护其加入该公约前已存在于其他成员国中的作品的著作权［《世界版权公约》第 7 条］。

（3）评价

《伯尔尼公约》是世界上第一个著作权保护方面的国际公约，确定了一系列著作权国际保护的标准和原则，为世界各国广泛接受。但在《伯尔尼公约》签订后的 100 多年的时间里，包括美国在内的多数美洲国家并未加入，而是逐步签订了一系列双边和区域性多边国际条约，与《伯尔尼公约》形成两套完全不同的著作权国际保护法制。为协调这种差异，建立统一化的全球性多边著作权保护法制，联合国教科文组织起草了《世界版权公约》。然而由于两种法律制度差异太大，《世界版权公约》并未能取代《伯尔尼公约》和美洲国家间的区域性多边国际条约，相反成为与《伯尔尼公约》并存的保护水平较低的另一套著作权保护法制体系。《伯尔尼公约》与《世界版权公约》两套著作权国际法制体系尽管曾在 20 世纪 50 年代后的 30 多年内并驾齐驱，但自 20 世纪 90 年代以来，一方面美国和俄罗斯分别于1989年和1995年加入《伯尔尼公约》；另一方面TRIPs将《伯尔尼公约》的实质内容纳入其中，《世界版权公约》的作用和影响力已日趋衰落。①

四 因国际贸易产生的知识产权国际保护协定

现有的因国际贸易产生的知识产权保护协定是WTO的《与贸易有关的知识产权协定》，即TRIPs。

（1）背景

早在发动关税总协定东京回合谈判之初，美国和欧共体即试图将知识产权保护问题纳入谈判议题，但由于遭到发展中国家和一些发达国家的反对未果。1982年11月，关贸总协定将假冒商品贸易的议题列入议程，确定在其框架下讨论对假冒商品采取联合行动是否恰当。至1985年，关贸总协定专家组得出结论：假冒商品贸易越发严重，应当采取多边行动。但各方对关贸总协定是否有资格及能否胜任有关规则的制定存在重大分歧。直至1984年4月在日内瓦召开的关贸总协定乌拉圭回合中期评审会议上，各方经过激烈争论后，最终就知识产权保护的框架达成谅解备忘录。此后，发达国家与发展中国家就协定的实体内容几经磋商，其间亦受到其他国际贸易议题谈判的诸多影响，直至WTO成立时，TRIPs最终达成并列入WTO协定附录一的C部分。②

（2）主要内容

TRIPs将知识产权归纳为著作权及著作权邻接权、商标权、地理标志权、工业品外观设计权、专利权、集成电路布图设计权和未披露信息专有权。并对上述七类知识产权以及关于限制性竞争行为的控制做出了一系列实体和程序规定。

①知识产权保护的基本法律援助

TRIPs下关于知识产权保护的基本法律原则主要有5个，即最低保护标准原则、国民待遇原则、最惠国待遇原则、透明度原则和知识产权保护与公共利益平衡原则。前两条原则是TRIPs对其之前的相关国际条约中业

---

① 王传丽：《国际贸易法——国际知识产权法》，中国政法大学出版社2003年版，第72、98—99页。

② 曹建明、贺晓勇：《WTO》（第二版），法律出版社2004年版，第268—271页。

已存在的一系列行之有效的原则的吸收，而后三条原则则是体现了WTO本身的特点，并反映了世界各国在当今知识产权国际保护法律环境下的利益协调。

②著作权及著作邻接权

就著作权的保护，TRIPs吸收了《伯尔尼公约》关于著作权经济权利的规定，排除了关于作者精神权利的规定，并在此基础上增加了出租权。

就著作邻接权的保护，即对作品的表演者权、录音制品制作者权与广播组织者权，TRIPs的规定主要集中在第14条。第14条第（1）项至第（3）项规定，就将表演录制在唱片上而言，表演者应有权组织未经其授权的录制其未录制过的表演和翻录这些录制品。表演者有权组织未经其授权的将其现场表演向大众进行无线广播和传播。唱片制作者享有准许或禁止直接或间接翻录其唱片的权利。广播组织有权禁止未经其授权的录制其广播、复制器录制品即通过无线广播方式转播其广播，以及将同样的电视广播向公众再转播。［TRIPs第14条第（1）项、第（2）项、第（3）项］第14条第（6）项则是例外规定，即任何成员方可在《罗马公约》许可的范围内，对上述第（1）项至第（3）项提供的权利规定条件、限制、例外和保留。

③商标权

TRIPs做出的关于商标权保护的最低要求的具体规定多为对《巴黎公约》和《商标国际注册马德里协定》相关内容的重申，但在一些问题上也对其做了一定的补充和修改。在服务商标方面，《巴黎公约》和《商标国际注册马德里协定》虽然确认了服务商标的法律地位，但均未将对其的保护作为成员方必须遵守的最低标准。而TRIPs则明确要求成员方对服务商标给予与商品商标同样的保护。在商标的构成要素方面，TRIPs规定除不能通过视觉感知的其他商标由成员方自由决定能否注册外，其他凡能使某企业的商品或服务相区别的标记或标记组合都可作为商标注册。在驰名商标保护方面，TRIPs规定《巴黎公约》的规定原则上也适用于驰名的服务商标。[①]

④地理标志权

地理标志是TRIPs提出应予保护的另一商业标记，是指表明某一货物

---

① 叶京生：《国际知识产权学》，立信会计出版社2004年版，第426页。

来源于某一成员的领域或该领土内的一个地区或地方的标记，而该货物所具有的质量、声誉或其他特性实质上归因于其地理来源（TRIPs第22条第（1）项）。

关于地理标志权的保护主要是禁止对地理标志的不正当使用。所谓不正当使用，TRIPs列举了以下四种情况。

a. 用任何方式在标示和说明某一货物时指明或暗示该有关货物来源于一个非其真实原产地的地理区域，从而在该货物的地理来源方面误导公众；

b. 任何构成《巴黎公约》（1967）第10条之二意义下不公平竞争行为的使用；

c. 如果一商标包含一个货物并非源自所表明领土的地理标记，并且如在该货物的商标中使用这一标记会使公众对其真实的原产地产生误解；

d. 使用地理标志，尽管此等地理标志表明了商品真正的来源地，但仍然误导公众使其认为商品来源于另一地域［TRIPs第22条第（2）项、第（3）项、第（4）项］。

关于地理标志保护的例外主要存在于6个方面，即善意或在先使用例外、善意注册权例外、通常用语例外、名称权例外、来源国不保护或已停止保护例外以及葡萄品种的例外（TRIPs第24条）。

⑤工业品外观设计权

对工业品外观设计权的保护，在《巴黎公约》中尽管被列为成员国工业产权保护的最低要求，但缺乏相关的具体规定以供成员国统一执行。TRIPs制定了工业品外观设计的统一保护标准，并确定了此领域的一些基本规则，这在世界范围内尚属首例。

TRIPs对工业品外观设计的保护做了如下四个方面的实体性规定。[①]

a. 授予工业品外观设计的权利必须给予独创的、具有新颖性或原始性的外观设计；

b. 特别强调对纺织品设计的保护，成员方有权选择以外观设计法或著作权法对其进行保护；

c. 工业品外观设计所有人有权禁止他人未经其许可，为生产经营目的的制造、销售或进口食用该外观设计的产品或主要体现该外观设计精神

---

① 曹建明、贺晓勇：《WTO》（第二版），法律出版社2004年版，第280页。

的产品；

  d. 工业品外观设计的有效保护期为 10 年。

  ⑥专利权

  TRIPs 明确规定，除下列两种情形，即成员方在其地域内为维护社会公共秩序和道德或为严重环境污染而必须禁止商业实施的发明，以及是人或动物治疗的诊断、治疗和手术方法与植物、动物（微生物除外）以及用于植物或动物生产的生物方法（非生物方法和微生物方法除外），凡在一切技术领域中具有新颖性、创造性和工业实用性的发明给予授予专利权（TRIPs 第 27 条）。

  ⑦集成电路布图设计权

  TRIPs 进一步扩大了集成电路布图设计的保护范围，从布图设计和由布图设计构成的电路本身扩展到使用集成电路布图设计的物品。

  ⑧未披露信息专有权

  根据 TRIPs 第 39 条第（2）项的规定，受保护的未披露信息应符合如下条件。

  有关信息必须是秘密的和未被公开的；有关信息因为被保密而具有商业上的价值；合法控制有关信息的主体已为保密而采取措施［TRIPs 第 39 条第（2）项］。

  ⑨限制竞争行为的控制

  鉴于一些限制竞争的有关知识产权的许可做法或条件可对贸易产生不利影响，并会妨碍技术的转让和传播，TRIPs 第 40 条为控制此类限制竞争的行为做出了如下具体的规定。

  各成员方有权通过其国内立法规定在特定情况下可构成对知识产权的滥用并对相关市场上的竞争产生不利影响的许可做法或条件；

  若任何成员方有理由相信另一成员的拥有知识产权的国民或居民正在从事限制竞争许可的行为，则可以向后者要求就此事进行磋商。后者应给予充分和同情的考虑，提供足够的机会进行磋商，并在遵守国内法和就前者保障其机密性达成相互满意的协议的前提下，在提供与该事项有关的公开的非机密资料和前者所掌握的其他资料方面予以合作；

  若以成员方的国民或居民在另一成员方领域内因违反后者有关第 40 条内容的法律和规章而受到起诉，则前者应根据后者的请求给予其磋商机会［TRIPs第40条第（2）项、第（3）项、第（4）项］。

⑩知识产权的执法

除上述实体性规定之外，TRIPs还就知识产权执法做出了共21条的详尽规定，包括民事程序、行政程序、临时措施、边境措施和形式措施等，从而保证各成员能采取有效行动，既保证了防止、制止侵权并阻止进一步的侵权，同时避免了造成合法贸易的障碍。

（3）评价

TRIPs作为WTO法制体系的重要组成部分，对与贸易有关的知识产权乃至所有知识产权的保护和发展带来了深远的影响。对TRIPs的评价可以归纳如下。

首先，TRIPs是一个创造性的国际条约。TRIPs深刻地解释了知识产权与国际贸易的内在联系，并为知识产权与国际投资关系的研究和规范提供了广泛的想象空间，从而改变了传统知识产权国际保护与国际贸易人为割裂的局面，使知识产权的保护从权利的静态保护走向权利在具体语境中的动态保护，完善了权利保护的内容和方式。

其次，TRIPs是一个统一性的国际条约。TRIPs的统一性体现在对知识产权各门类的统一和对实体规则与程序规则的统一。一方面，TRIPs将原先由数个不同的国际条约规范的专利权、商标权、著作权等作为统一的知识产权以同一个国际条约予以规范，从而实现了若干基本法律原则的统一使用；另一方面，TRIPs将实体规则与程序规则统一其中，从而实现了两者的协调适用。

再次，TRIPs是一个高标准的国际条约。TRIPs不是简单地将《巴黎公约》《商标国际注册马德里协定》《伯尔尼公约》等国际条约中的规定原文照搬，而是在此基础上规定了更高的标准，从而进一步完善了知识产权国际保护的法律制度。

最后，TRIPs是一个全执行力保障的国际条约。国际贸易组织的争端解决机制保证了成员方在违反其体系内规则时受到相应的制裁，从而保证了各国切实履行TRIPs的各项义务，使其执行力获得强有力的保障。

综上，TRIPs的签订和实施是知识产权国际保护的一次突破性进展。其中发达国家与发展中国家妥协的痕迹固然难以避免，但仅就制度本身而言，TRIPs确立的种种原则、标准均为知识产权的国际保护起到了重要的作用并将带来深远的影响。

第二章

知识产权的发展与战略

知识产权战略是很多国家的一项长期发展战略，对提升国家竞争力有很大的作用。1979年，美国政府提出"要采取独自的政策提高国家的竞争力，振奋企业精神"，并第一次将知识产权战略提升到国家战略的层面。从此，知识产权战略成为美国企业与政府的统一战略。美国在知识产权的法律上也进行了一系列的修订和扩充。1980年通过《拜杜法案》，之后分别在1986年和1998年又通过了《联邦技术转移法》及《技术转让商业化法》。1999年美国国会又通过了《美国发明家保护法令》，2000年10月众参两院又通过了《技术转移商业化法案》，进一步简化归属联邦政府的科技成果运用程序。此外，美国在国际贸易中，一方面通过其综合贸易法案的"特殊301条款"对竞争对手予以打压；另一方面又积极推动世界贸易组织的知识产权协议的达成，从而形成了一套有利于美国的新的国际贸易规则。与此同时，美国同时非常注重知识产权战略研究。如美国CHI研究公司的"专利记分牌"系统，运用文献计量分析方法，对科学论文和专利指标进行研究，现在已经被许多国家使用。[①]

第一节 知识产权战略的作用

一 知识产权在国际竞争中的作用

随着科技的进步和经济全球化的不断发展，知识产权在国际竞争中的地位也越来越重要。在当前以新兴技术为基础的经济全球化背景下，国际

---

① http://zh.wikipedia.org/wiki/知识产权。

贸易中知识产权所占比重日益增长。一方面，随着国际贸易内容的丰富，知识产权已成为国际贸易中的直接标的物或要素，体现在以货物和服务为载体，突出以技术和品牌为核心的竞争优势，决定了一国在国际分工和国际贸易中的地位；另一方面，不断加强的知识产权保护，不仅提高了产品的附加值，增强了一国的竞争优势，同时为维护国际贸易秩序提供了良好的制度环境。①

根据WTO统计数据，世界商品在2012年出口的美元价值为18.3万亿美元，几乎持平于2011年。停止了在2010年22%、2011年20%的强劲增长率。同时，在2012年世界商业服务出口只高于2011年2%，约为4.3万亿美元。2012年运输服务的增长率与世界总商业服务一致均为2%，而旅游服务增长较快（4%），其他商业服务增长较为缓慢（1%）（见表2）。商业服务在2012年占世界商品和商业服务贸易总额的大约19%。不过，这可能低估了服务贸易对国际贸易的贡献，因为传统的贸易统计是按贸易流量总额计算而不是按生产各阶段的增加值计算。近年来，信息技术产品的国际贸易量仍呈增长趋势。前世界贸易组织总干事鲁杰罗在"无边界经济中的服务"的演讲中强调："也许最重要的是，全球性服务经济将是以知识为基础的经济，其最宝贵的资源是信息和观念。与土地、劳力和资本等传统的生产要素不同，信息和知识不受任何区域或国家的限制，几乎完全是流动的和可扩展的。这种知识驱动型经济不会代替其他经济活动，工厂与农场不会消失，软件业不会代替我们的食物或汽车。但是，技术正在改变着我们生产这些产品的方式。"②

表2　　　　　2005—2012年商品和商品服务的世界出口量

	出口额（亿美元）2012年	占比（%）2012年	年增长率（%）2010年	年增长率（%）2011年	年增长率（%）2012年	年增长率（%）2005—2012年
商业服务	43400	100.00	10	11	2	8
运输	8850	20.37	16	9	2	7
旅游	11050	25.43	9	12	4	7
其他商业服务	23500	54.09	8	12	1	10
其中：						

---

① http://www.qstheory.cn/jj/hqsy/201209/t20120908_180199.htm.
② 张乃根：《国际贸易的知识产权法》，复旦大学出版社1999年版，第39页。

续表

	出口额（亿美元）	占比（%）	年增长率（%）			
	2012年	2012年	2010年	2011年	2012年	2005—2012年
通信服务	1000	2.30	3	10	-3	8
建筑服务	1100	2.53	-4	8	3	10
保险服务	1000	2.30	1	0	2	11
金融服务	3000	6.90	7	12	-4	8
计算机和信息服务	2650	6.10	12	14	6	14
版税与许可费	2850	6.56	8	14	-2	9
其他商务服务	11450	26.35	9	13	2	9
个人与文化娱乐服务	350	0.81	14	13	3	7
备记：货物与商业服务（国际收支平衡BOP）	225200	—	19	18	1	8
世界商品贸易	183230	—	22	20	0	8

资料来源：WTO：International Trade Statistics，2013，2013PRESSRELEASES，PRESS/688，Trade to remain subdued in 2013 after sluggish growth in 2012 as European economies continue tos truggle，10 April 2013。

随着科学技术的快速发展和全球经济一体化的加剧，知识产权在国际商品和商品服务贸易中的地位越来越重要。发达国家为保持在国际分工中的高端地位，特别强调知识产权的储备、保护和运用，普遍重视其在技术创新、品牌创新和质量升级中的作用，知识产权已成为国际贸易竞争的重要资源。

自20世纪80年代以来，包含知识产权的出口增长已经超过了世界出口总量的增长，知识密集型或高科技产品在全世界商品贸易中所占份额从1980年到1994年增长了1倍，从12%增长到24%。1980年到1995年，服务贸易在全球贸易中所占份额从15%增长到18%，而在服务贸易中，知识产权占有重要地位，主要包含计算机和信息服务以及特许和许可费。[1]

美国是世界上制定国家信息产业战略最早、颁布国家信息产业政策最多的国家，并把信息技术的扩散作为提高国家竞争力的关键。从版权与许

---

[1] Carlos A. Primo Brago Carsten Frink Claudia Pazsepulveda：《知识产权与经济发展》，载《专利法研究》，知识产权出版社2002年版，第284—305页。

可费的收入来看，美国高居世界第一，从 2000 年到 2009 年，美国此项目收入从 432 亿美元增加到近 1000 亿美元，十年间一直遥遥领先于居于第二位的国家；在居民专利申请量方面，十年间美国居民申请专利数量也一直在增长，从 2000 年的 16.5 万件增加到 2008 年的 23 万件，2005—2009 年五年间以每年平均达 22 万件，十年间排名世界第二，仅次于日本。[①]

表3　　　　　　　　　2000—2009 年美国研发投入情况

	研发（R&D）投入（亿美元）	研发投入占GDP比例（%）	版权与许可费收入（亿美元）	居民专科申请量（件）	发表的科技期刊文章（篇）	每100万人中研发人员数量
2000 年	2680	2.75	432	164795	192743	4481
2001 年	2780	2.76	407	177513	190593	4535
2002 年	2770	2.66	445	184245	190496	4566
2003 年	2890	2.66	467	188941	196432	4818
2004 年	3000	2.58	567	189536	202084	4648
2005 年	3230	2.61	644	207867	205516	4584
2006 年	3400	2.65	707	221784	209237	4663
2007 年	3755	2.67	856	241347	209695	
2008 年			898	231588		
2009 年			989			
世界排名	1		1	2	1	
变化情况	2000—2007年累计年增长40%	2000—2007年年平均比例为2.67%	2000—2009年累计年增长129%	2000—2008年累计年增长41%	2000—2007年累计年增长8.8%	2000—2006年累计年增长4.1%

资料来源：世界银行数据指标：http://data.wordbank.org.cn/indicator。

二　知识产权在国际贸易中保护本国经济的作用

作为国家经济竞争优势的集中体现，国际贸易对国家的经济发展起着至关重要的作用，因此，各个国家都通过创新提升产品的国际竞争力，尽可能占领更大的国际市场，同时，国家又通过制定知识产权保护措施对本国产品进行贸易保护，尽可能阻止他国产品的进入。但是，随着世界贸易组织的成立以及一系列多边贸易制度的施行，这种传统的关税贸易壁垒的可用性大大降低，针对此种情况，许多发达国家为了维护自身的经济利

---

① 黄平：《美国的力量变化：十年来的一些轨迹》，《中国党政干部论坛》2012 年第 4 期。

益,通过各种名义设立了许多新的贸易壁垒,也就是非关税贸易保护措施,来规避世界多边贸易制度。

与关税措施相比,非关税措施主要具有下列三个明显的特点:首先,非关税措施比关税具有更大的灵活性和针对性。关税的制定,往往要通过一定的立法程序,要调整或更改税率,也需要一定的法律程序和手续,因此关税具有一定的延续性。而非关税措施的制定与实施,则通常采用行政程序,制定起来比较迅速,程序也较简单,能随时针对某国和某种商品采取或更换相应的限制进口措施,从而较快地达到限制进口的目的。其次,非关税措施的保护作用比关税的作用更为强烈和直接。关税措施是通过征收关税来提高商品成本和价格,进而削弱其竞争能力的,因而其保护作用具有间接性。而一些非关税措施如进口配额,预先限定进口的数量和金额,超过限额就直接禁止进口,这样就能快速和直接地达到关税措施难以达到的目的。最后,非关税措施比关税更具有隐蔽性和歧视性。关税措施,包括税率的确定和征收办法都是透明的,出口商可以比较容易地获得有关信息。另外,关税措施的歧视性也较低,它往往要受到双边关系和国际多边贸易协定的制约。但一些非关税措施则往往透明度差,隐蔽性强,而且有较强的针对性,容易对别的国家实施差别待遇。①

以反倾销为主要表现形式的非关税壁垒是国际贸易走向全球化后出现的一种新现象,各国为保护本国产品免受他国产品侵害,越来越多地采用非关税措施。20世纪90年代后期,中国已成为国际非关税壁垒最大的受害者。据统计,从1979年8月欧共体对我国出口产品发起第一例反倾销调查以来,截至2002年4月底,已有32个国家和地区对中国出口产品发起反倾销和保障措施调查共494起,其中反倾销调查467起,保障措施调查27起。频繁的贸易壁垒行为使我国各行业出口损失巨大,影响到出口贸易高达150亿美元。另外,随着中国市场的日益繁荣和扩大,特别是加入WTO后,国外产品大量涌入国内,也产生了我国对国外产品的反倾销问题。

---

① 邓聿文:《中国经济时报:中国不应被非关税壁垒难倒——访非关税壁垒研究专家赵春明》,http://www.people.com.cn/GB/jinji/36/20020718/778821.html。

第二节 知识产权战略

一 知识产权战略的概念

所谓"战略",是指重大的、带有全局性的谋划。知识产权的本质就是权利,因此越来越多的国家通过知识产权来强化自己的竞争优势,并将知识产权作为国家发展总体战略中的重要内容。知识产权战略就是以知识产权制度为基础,健全和完善知识产权管理体系,激励知识产权创造、知识产权保护和知识产权的转化与应用,提高知识创新能力和国际竞争力,推动经济持续发展的行动方案及相关政策措施。[①]

实施知识产权战略,不仅是为了完善知识产权制度建设以及提升知识产权综合能力,以期通过提升本国、本地区或本企业所拥有的知识产权的数量以及质量来增强该国、该地区或该企业的核心竞争能力,也是为了进一步适应全球知识产权制度的变革与发展趋势,通过与全球知识产权制度的接轨来扩大国际的知识产权合作与交流,通过参与国际知识产权制度及规则的调整与制定来赢得主动权,以期保障本国的经济安全及自身利益。正是由于上述原因,知识产权战略已经构成了国家、地区和企业总体发展战略的重要组成部分,也是现代知识管理的一种重要形式,并成为国家、地区或企业在经济全球化和知识经济背景下提高综合实力和核心竞争力的具体行动方案。

二 知识产权战略的基本特点

知识产权战略具有以下基本特点:[②]

1. 全局性

知识产权战略是从国家、地区或企业利益出发,关于知识产权的全局性指导原则与行动方案,因此,它是从宏观层次上把握知识产权工作的方向性,而不是拘泥于知识产权的某项具体工作和某一局部内容。具体地

---

① 张静敏:《知识产权战略化研究》,《北京电力高等专科学校学报》2012年第7期。
② 徐明华、包海波:《知识产权强国之路》,知识产权出版社2003年版,第73页。

说，知识产权战略是关于知识产权创造、保护、管理、应用等知识产权全方位工作的指导原则与方案，它关系到国家、区域或企业全面提高创新能力和竞争力的核心。

2. 目的性

作为一项发展战略，无论其内容和谋划方式如何，都具有一个明确的目的，即努力实现大至国家、小到企业的利益最大化。这是发展战略的本质特征，知识产权战略也有明确的目的，就是通过实施知识产权战略，努力提高知识产权在国家、地区或企业发展中的贡献与作用，最终增强综合实力和核心竞争力。

3. 动态性

发展战略通常随着发展环境的变化而变化，要适时做出调整，以便科学管理。知识产权战略更是如此，作为一种谋求国家、地区或企业在技术、经贸领域的竞争优势而采取的指导原则或行动方案，在提升综合实力和国际竞争力的总目标下，要根据国际国内知识产权环境的变化，以及不同时期知识产权工作重点的变化，对知识产权战略进行适时调整与改变，以适应不同发展阶段的总体战略性。

4. 知识管理性

知识产权战略从本质上说是通过对知识的创造、扩散、传播、分配和共享的管理，从而提升国家、行业和企业的综合实力和核心竞争力。从这个意义上说，知识产权战略的关键在于建立和完善关于有效地进行知识管理的机制和体制，它不仅要激励知识的创造，还要强化对知识产权的有效保护和扩散，不仅要保护创造者的利益和积极性，还要推动全社会的经济科技进步。

5. 阶段性

知识产权战略不同于具体的专利战略、商标战略和品牌战略，它是基于知识经济、知识管理、国际竞争的理念和实践较之影响下的一种发展战略。因此，它并不是简单反映单个个体的决策意愿和利益，而是从总体上、宏观上体现国家、地区或企业对知识产权的认识及其在国际竞争中作用的认同。因此，它不能只考虑专利系统、商标系统等局域范围，而必须以国际或区域经济科技发展的总体战略为基础，从参与国际竞争的总体要求出发。纵观当今世界各国，不同的国家和企业，由于经济条件、科学技术发展程度、政治经济制度的不同，而选择了各具特色的知识产权战略。

6. 长远性

知识产权战略必须反映战略主体对全球知识产权发展状况及自身现状的认识，并以此为基础把握知识产权的发展。这就要求在有关知识产权战略目标、战略重点、战略措施以及战略步骤上，按照一定的时序步骤进行战略管理。在制定、管理知识产权战略时，要以现在作为基本立足点，并以未来的长远目标规划现时的行动方案，求得当前与长远、现实与未来的协调发展。

7. 主动性

知识产权战略的制定、组织和实施的整个运作过程都需要发挥战略主体的能动性。一方面，要根据国际竞争态势以及知识产权在其中的作用与地位，审时度势，及时制定知识产权战略；而战略一旦形成，决策主体又必须根据时间的推移和信息的反馈，及时进行调整和完善。另一方面，随着国际知识产权发展趋势以及本地知识产权地位的变化，需要不断认知新的领域，并根据变化了的新的领域重新制定或修改知识产权战略。

8. 竞争性

知识产权战略是一个国家、区域或企业竞争战略的重要组成部分，它谋求的是国家、区域或企业在经济、技术、贸易等领域的竞争优势。而在知识经济时代，高技术及其产业的发展，是各国各地区和各企业为提升综合实力和国际竞争力的竞争焦点，因此，围绕知识产权发展制定的战略也必然具有高度的竞争性。

9. 国家利益性

所谓国家利益，就是以国家面貌出现的统治阶级的利益预期支配的社会公共利益的有机结合。它一般包括三个方面：国家的生存、国家根本性状之维护和国家的"自我实现"。国内它要解决的问题是国家的富强和现代化，国际上要解决的问题是国家的生存环境和国际竞争力。不论是国家层次的知识产权战略还是地区或企业层次的知识产权战略，最终都应该体现国家的利益，也就是要通过知识产权战略的制定和实施为维护国家利益提供一个有力的支撑点。

10. 法律性

一方面，从国内看，无论是国家层次，还是地区层次，或者是企业层次的知识产权战略都应该受到知识产权法律的约束，同时还应该受相关法律，比如民法、刑法、担保法等的约束，实际上，这些法律既是对知识产权战略的约束，也是对知识产权的保护，是制定具体的知识产权战略的行为准则。另一方面，从国际看，由于知识产权已经成为各国竞争的对象和工具，国际性的知识产权公约和条约已经越来越完善，而且其作用也越来越大，对各国及企业的约束力也越来越强，因此，无论是国家层次，还是地区层次或者企业层次的知识产权战略，在受到国内知识产权法律约束的同时，还要受到国际知识产权法则的约束。

因此，制定知识产权战略，一定要结合本国、本地区、本企业的实际情况，这也是知识产权战略地域性特征的一个体现。同时，在制定知识产权战略的过程中，也要体现出知识产权的国际性原则，注重国际知识产权的保护与合作。知识产权战略的根本目的，在于提高企业、行业、地区甚至是国家的核心竞争力，为该行业、地区的经济安全提供保障，并争取最大的经济效益，因此，知识产权战略的制定也要符合效益性原则，确保最大效益的实现。

第三节 知识产权战略的层次结构

知识产权战略可分为多个层次：

首先，国家知识产权战略，从整个国家的宏观层面来考量，从国家利益角度出发，结合国际知识产权制度，制定一系列的知识产权政策来保护和激励本国的经济，对知识产权从创造、发展到应用保护提供一系列的保障和激励，提高本国知识产权的国际竞争力。知识产权战略与国家的经济发展模式、人才培养、研发体系等密切相关，应当统筹规划。一般来说，国家层次的知识产权战略主要体现在一系列具体的知识产权法律制度，如著作权法、专利法、商标法、反不正当竞争法和一些具体的法规和奖励制度，如国家发明奖条例、科技进步法、技术创新的税收优惠政策等。

其次，应该有区域知识产权战略，我国的不同地区在科技进步和经济发展以及知识产权资源方面存在很大差异，应当针对不同区域的实际情况，有不同的侧重点。区域知识产权战略是由该区域的行政决策部门在国家知识产权战略的制约下为提高本区域的竞争优势量身制定的，这也提醒政府决策部门，在衡量各省或地区的知识产权发展状况时，不宜追求单一

```
┌─────────────────────────┐
│      国家知识产权战略      │──→ 宏观
└─────────────────────────┘
    ↓                ↓
┌ ─ ─ ─ ─ ─ ─ ┬ ─ ─ ─ ─ ─ ─ ┐
│区域知识产权战略│行业知识产权战略│──→ 中观
└ ─ ─ ─ ─ ─ ─ ┴ ─ ─ ─ ─ ─ ─ ┘
    ↓                ↓
┌─────────────────────────┐
│      企业知识产权战略      │──→ 微观
└─────────────────────────┘
```

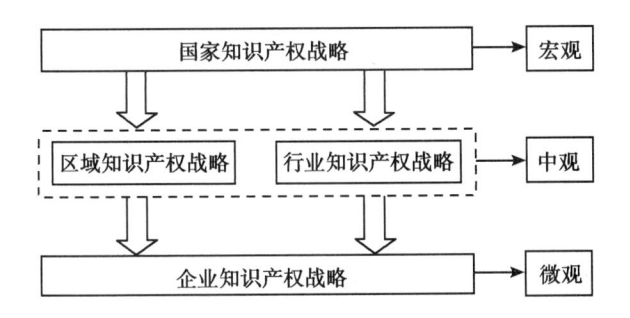

图 1 知识产权战略的层次

目标。区域层次的知识产权战略发挥着独特的作用，原因主要有三方面。其一，在我国现行的知识产权制度体系中，知识产权的行政保护是重要的组成部分，因而地方行政部门也是保护知识产权的重要力量，对地方知识产权的发展有着很大的影响。其二，随着我国的行政分权化及改革市场化的深入，地区自身的独立利益日趋明显，地区之间的竞争也日趋激烈，区域知识产权战略作为区域经济社会发展总体战略的一部分，已经成为获取区域竞争优势的重要手段。其三，我国地区之间的差距十分明显，[①] 因此，在知识产权战略的制定过程中必须根据区域的实际情况制定符合区域发展的知识产权战略。

再次，行业知识产权战略，各行各业的知识产权战略不可能面面俱到，也不会统一一致。国家要在优先发展的产业，例如 IT、生物技术、中医药等重点推进行业知识产权战略。随着我国行业组织的不断发展，行业的独立性越来越明显，因此各行业应该根据自身情况制定一些战略性的知识产权规划，并对该产业的知识产权发展做出适当的筹划。

最后，企业知识产权战略，尤其应当培育扶植企业的知识产权保护与利用的意识和手段，企业的知识产权战略应当遵循市场经济的规律，引导企业在市场竞争中自我增强其知识产权创造、利用、管理与经营能力。企业知识产权战略是通过知识产权的创造、发展、使用与保护，与企业其他相关资源结合起来，为实现企业的战略目标服务。企业的知识产权管理可分为两部分，一是知识产权权利的内部管理，主要是指知识产权部门的运行及其与其他部门相互协作的管理。二是知识产权权利的外部管理，主要是指一个企业与其他企业在知识产权权利方面相互协作的管理。相应地，

[①] 徐明华、包海波：《知识产权强国之路》，知识产权出版社 2003 年版，第 5 页。

企业的知识产权战略也分为内部的战略和外部的战略，内部的战略主要指以企业知识产权资源的创造与保护管理为目标的企业内部资源管理。而外部的战略则主要是指知识产权作为企业整体战略的额外资源对企业知识产权外部往来的管理。前者主要涉及知识产权的创造者和高级管理者，而后者则涉及知识产权法律和律师。①

国家层次的知识产权战略，从战略的角度对其他层次的知识产权战略进行指导和约束。企业知识产权战略则处于末端位置，从实处落实上层的知识产权战略。其他层次的知识产权战略处于中间位置，对下层知识产权战略进行指导和约束的同时受到上层知识产权战略的指导和约束。

第四节 知识产权战略的种类

知识产权战略的研究制定既可以是针对较长时期的宏观层次的知识产权总战略，也可以是针对某一特定时期或某一特定产品（如主导产品）的专项知识产权战略。根据知识产权权利内容的不同，知识产权战略可分为：专利战略、商标战略、商业秘密保护战略、著作权（包括计算机软件）战略、植物新品种战略、集成电路布图设计战略等。作为同样是技术创新成果的计算机软件、植物新品种、集成电路布图设计，其战略的研究制定与专利战略基本相同。

一 专利战略

1. 专利战略的含义

日本学者斋藤优认为："专利战略就是如何有目的地有效利用专利制度的方针。"② 美国学者 Leonard Berkowitz 认为："专利战略是保证你能保持已获竞争优势的工具。"③ 国内学者田宏认为，专利战略是制订者为了本身的长远利益和发展，运用专利制度提供的法律保护，在技术竞争和市场竞争中谋求最大经济利益，并保持自己技术优势的整体性谋略。原中国

---

① Robert H. Pitkethly, "Intellectual Property Strategy in Japaneses and UK Companies: Paten Licensing Decision and Learning Opportunities," *Research Policy* 30, 2001, pp. 425–442.

② ［日］斋藤优：《发明专利经济学》，专利文献出版社1990年版。

③ Leonard Berkowitz, "Getting the most from your patents," *Marxwells*, 1989, p. 5.

专利局专利战略研究小组将专利战略定义为：所谓专利战略，是指运用专利及专利制度的特性和功能去寻求市场竞争有利地位的战略。①

所谓专利战略，就是与专利相联系的法律、科技、经济原则的结合，用于指导科技、经济领域的竞争，以谋求最大的利益。专利战略是企业面对激烈变化、严峻挑战的环境，主动地利用专利制度提供的法律保护及其种种方便条件有效地保护自己，并充分利用专利情报信息，研究分析竞争对手状况，推进专利技术开发、控制独占市场；为取得专利竞争优势，为求得长期生存和不断发展而进行的总体性谋划。专利战略的目标万变不离其宗，即打开市场、占领市场、最终取得市场竞争的有利地位，占领市场是专利战略目标的核心内容。

2. 专利战略的作用

专利战略的作用主要体现在如下几方面。②

（1）有利于企业在激烈的市场竞争中求生存、求发展，市场经济的本质是一种竞争型经济。企业作为自主经营、自负盈亏的独立的经济实体，不容置疑地充当了市场竞争的主角。企业间的市场竞争，表现为产品竞争，产品竞争的背后，实质上是技术的竞争，技术竞争就是抢先创新并取得新技术所有权的竞争，即取得专利权的竞争。

（2）有利于推进技术创新，专利战略推进技术创新，主要体现在以下几个方面：①增大技术创新的源泉；专利战略作为一个动态的战略过程，其第一步是激励发明创造战略。先有发明，后有创新，发明是创新的重要源泉。激励发明创造战略，将使得技术创新的源泉不断增大、永不枯竭。②激励企业技术创新的积极性，保护企业其技术创新的成果不被假冒伪劣所侵占。③有利于加强技术创新的环境建设，专利战略要求政府鼓励企业增加科技投入、开发新产品；要求政府制定有关技术引进、高新技术产业的税收、金融、关税等优惠政策，以及进一步加强宣传，培养创造意识，建立综合性全方位的服务机构，利用现代化手段建立信息网络，提供重要的市场信息、技术信息等。这些都大大推动了技术创新环境的形成。④把"战略"理念引入技术创新。技术战略的选择比具体的技术的选择

---

① 厉宁：《知识经济时代国家专利发展战略研究》，国家行政学院出版社2002年版，第2页。

② 刘尚华：《现代企业知识产权战略之———专利战略》，www.56kg.com/public/post/355.html。

更重要，对专利战略的专利引进、追随性战略以及国家级战略的研究，可能给我们回答技术创新中带有战略性的问题以启发，即引入"战略"理念，实行战略管理。

（3）有利于增强国际竞争能力，市场竞争的主要体现在于产品质量和成本的竞争，归根结底是科学技术的竞争，进而是知识产权的竞争。从当前专利保护日趋国际化、实施统一的专利保护标准、并将提高到一个很高水平的发展趋势看，专利保护在未来经济发展中的作用越来越重要。企业要具备国际竞争力，必须生产出具有自主知识产权、高科技附加值的产品。上海作为一个国际化的大都市，将有更多的外资和跨国企业涌入上海。上海的地区专利战略和在上海的企业的专利战略要站得更高、看得更远。近年来主要依靠政府政策与资金支持"催生"出来的"专利高产量"可能不是"可持续"发展的，只有激发出企业的主体创新动力才是根本之道。时任上海市委书记的陈良宇在中共上海市委举行的2005年第一次常委学习会上指出的：制定和实施知识产权战略，是落实科学发展观、转变经济增长方式、提升国家核心竞争力的重要举措，也是上海大力实施科教兴市主战略、提升城市综合核心竞争力、实现经济社会全面协调可持续发展的重要保障。要充分调动企业作为自主创新主体的积极性，着力培育一批具有自主知识产权的科技企业，形成一批具有核心竞争力的产业群和产业链，集聚一批具有科技产业成果的高端人才和团队，创造一批具有自主知识产权的核心技术。

3. 专利战略的形式

作为企业发展的生命线和护身符，专利战略有各种行之有效的形式，但最主要的可分为进攻战略和防御战略两种。

专利进攻战略是指积极、主动、及时地申请专利并取得专利权，以使企业在激烈的市场竞争中取得主动权，为企业争得更大的经济利益的战略。专利进攻战略主要包括以下几种：

（1）基本专利战略，这是准确地预测未来技术的发展方向，将核心技术或基础研究作为基本方向的专利战略。企业为了保护自己的新技术新产品，主动、及时地对其基本技术申请专利的一种进攻性战略。基本技术通常是指某一领域内的核心技术，它是该领域内技术进一步发展的基础，对技术开发和产品创新往往有着决定性的影响，是任何一个企业都必争的领域，这在信息产业等领域特别明显，国外的一些跨国公司之所以能在市场上处于垄断地位就是因为拥有基本技术领域内的专利,而国内的一些企业之所以处处受制于人,也是因为其在基本技术领域内缺乏自主知识产权。

(2)外围专利战略,即采用具有相同原理并环绕他人基本专利的许多不同的专利,加强自己与基本专利权人进行对抗的战略。或者在自己的基本专利受到冲击时,在基本专利周围编织专利网,采取层层围堵的办法加以对抗。外围专利战略即企业围绕基本专利技术,开发与之相配套的外围技术,并及时申请专利的一种战略,因此有时又称为专利网战略。技术发展史表明,当某一领域取得重大技术突破后,它往往会朝着不同的方向纵深发展,因此有实力的企业都努力在不同的技术发展方向申请获得基本技术专利,从而形成一个专利保护网,不给竞争对手留下任何可利用的空隙。

(3)专利转让战略,即在自己众多技术领域取得的专利权中,对自己并不实施的专利技术,积极、主动地向其他企业转让的战略。也就是企业在研究开发出新的专利技术和产品后,除了自己实施、生产外,还可以通过专利技术的转让或出售进行专利许可证贸易,以获取更大的经济利益。传统的专利保护观念认为,取得专利的主要目的是为了维护市场上的垄断地位,获取垄断利润。但现在越来越多的企业认识到,实施专利的许可和交叉许可贸易,不仅可以节约大量的原先用于保护专利、维护垄断的费用,而且可以获得新的技术来源,更重要的是可以获得新的利润来源。在当今日益频繁的国际贸易中,技术贸易的比例越来越大,而在技术贸易中,专利许可证贸易占到80%以上,世界上发达国家和越来越多的发展中国家都把专利技术贸易看成是发展本国、本公司的重要策略。[1]

(4)专利权收买战略,即将竞争对手的专利权全部收买,来独占市场的战略。它是指企业不是通过自己的申请获得专利权,而是花高价钱从发明人和其他企业手中购买专利权的一种做法。采用这种战略,一方面企业可以以专利权人的身份与其他企业签订许可证合同,把技术转让出去收取高额使用费;另一方面还可以以手中的专利权为武器对其他侵权企业进行起诉,获取高额的专利赔偿费。如美国利发克技术开发公司就是靠收买专利权和进行专利诉讼而发家的一家公司。

(5)专利与产品结合战略,即在许可他人使用本企业专利的同时,将自己的产品强加于对方,以期获得更大的利益并提高自己在市场竞争中

---

[1] 高燕云:《企业在专利竞争中的进攻与防御战略》,《经济管理》1996年第4期。

地位的战略。专利与产品结合是指持有专利权的企业在允许其他企业使用自己的专利的同时,作为交换条件把本企业的产品强加给对方。使用这种战略的好处:一是可以提高本企业产品的销售量,二是有利于巩固本企业的产品地位,提高企业声誉和知名度。

(6)专利与商标结合战略,和专利与产品结合战略类似,即把专利的使用权和商标的使用权相互交换的战略。

(7)资本、技术和产品输出的专利权运用战略,即在资本、技术和产品输出前,先在输入国申请专利,保护资本、技术和产品的独占权的战略。

(8)合理利用与专利回输战略,即企业在不违反法律的前提下,对引进专利进行消化吸收、创新后,形成新的专利技术和专利产品,再转让给原专利输出企业的战略。

(9)专利权投资和收购战略,即投资或收购一些中小企业有市场前景的专利,然后再通过转让出售或经过二次开发后再转让出售而获利。

专利防御战略是指防御其他企业专利进攻或反抗其他企业的专利对本企业的妨碍,而采取的保护本企业将损失减少到最低程度的一种战略。专利防御战略主要有以下几种:[1]

(1)取消战略,即针对对方专利的漏洞、缺陷,运用撤销以及无效等程序,使对方所取得的专利不能成立或者无效的战略。各国专利法都明确规定了专利权无效宣告条款,即专利权被授予后,任何人都可以依法向专利局复审委员会提出宣告该专利权无效的请求。因此,当企业的产品与他人的专利相抵触或企业被他人指控侵犯专利权时,如果能以确凿证据证明该专利权无效,就可以排斥该专利权人的独占实施权,避免本企业可能受到的威胁和损失。企业要想使专利无效宣告成功,必须收集到对方专利权无效的证据。一是通过对专利文献和非专利文献的检索,对国内外同类产品的说明书、广告、目录的查阅,找到有相似技术或产品已公开或实施的证据,这些证据可以证明对方专利不符合"三性"。二是通过对对方专利说明书的分析研究,企业有充分的证据证明对方专利说明书未充分公开或者说明书经修改后超出原说明书的范围,就可以按照专利法规定请求宣告该专利权无效,排除专利障碍。

(2)公开战略,即本企业没有必要取得专利权但若被其他企业抢先

---

[1] 高燕云:《企业在专利竞争中的进攻与防御战略》,《经济管理》1996年第4期。

取得专利又不利于本企业时，采取抢先公开技术内容而阻止其他企业取得专利的一种战略。这是一种以公开发明来阻止竞争对手申请专利的战略。这种战略一般是在企业认为自己开发成功的技术、产品没有必要独占，或者没有把握获得专利权，但如果被竞争对手申请了专利会给本企业带来威胁时，主动将技术内容通过杂志、报纸、学术会议等途径予以公开，使其成为现有技术。这样做，自己虽然不能取得专利权，但可以阻挠他人获得专利权。国际上许多企业如美国的 IBM 公司就常常采用这种战略。

（3）交叉许可战略，即企业间为了防止造成侵权而采取的相互间交叉许可实施对方专利的战略。这是企业间为了防止造成侵权而采用的相互间交叉许可实施对方专利的一种战略。这种战略常用于专利权的归属错综复杂或者相互依靠的情况下，企业以自己的专利换取对方的专利，不必再支付费用或只需找平差价，可以使双方利益均沾、同时发展。

（4）先用权战略，先用权是一种法定实施许可，即当企业被指控侵犯他人专利权时，如果能拿出充分的事实和证据，证明本企业的产品、方法在专利权人提出申请之前已经在制造、使用，或者已经做好制造、使用的必要准备，那么企业仍可在原有范围内继续制造使用，而不被视为侵犯专利权。先用权的目的在于保护一项发明成果先使用人的既得利益，但是由于先用权受到生产规模、生产范围、销售等方面的限制，企业不能再向他人转让该项技术，因此这只是一种被动的防御性策略。

（5）充分利用失效专利战略，失效专利是专利权已过期或提前终止的专利技术。由于专利权具有时间性，每年都有大量专利期满而终止保护。据统计，全世界累计专利数中有8%的技术是失效或被宣告无效的专利。这些技术不受专利法保护，企业可以无偿从中进行选择、利用。对失效专利的利用可以包括两个方面：一是对已经到期的基本专利进行认真研究，继续开发创新，重新组织专利申请。这样做不会构成侵权行为，风险小、效率高。二是对失效专利技术的实施使用。失效专利从法律上讲已经过了保护期，但这并不意味该项技术也已过期失效。许多失效专利的技术内容对于企业，特别是一些中小企业仍有一定的实用性和借鉴性。

（6）引进专利技术战略。通过技术引进获得先进技术是一种行之有效的办法，根据国内外大多数企业的实践经验证明，在许多情况下，购买专利要比自己投资开发技术更为便宜、快捷。如美国杜邦公司一项专利研究了1年，花了2500万美元，日本东丽公司引进时用了700万美元，投产两年后获得利润9000万美元。

对于专利进攻战略和专利防御战略的概念，不是一成不变的，这两种战略有时是交叉使用的，有时是可以相互转化的。

二　商标战略

商标战略是商标拥有者为了自身的发展和长远利益，通过寻求法律途径的保护，在市场竞争中谋取最大利益、保持自己非技术性竞争能力优势的战略观念与谋略战术的集成总和。

1. 商标战略的级别

商标战略有不同层次和不同领域，也有不同的级别：一级是注册商标；二级是地区（省份）著名商标；三级是国家驰名商标。从商标战略所涉及的经济领域来看，有整体商标战略，即各行各业商标战略的总和；有产业或行业商标战略，如：工业商标战略，农业商标战略，商业贸易商标战略，餐饮商标战略，交通运输商标战略，通信邮电商标战略，金融保险商标战略，建筑工程商标战略等；有产品或项目商标战略，如：汽车商标战略，家电产品商标战略，电子产品商标战略，服装商标战略，化妆品商标战略，粮食产品商标战略，水产品商标战略，家庭服务商标战略，企业中介服务商标战略，等等。从商标战略涉及的范围来看，有世界商标战略，国家商标战略，地区（省份）商标战略、企业商标战略等。[①]

企业商标战略，是指企业将商标工作及商标手段运用于企业的经营活动之中，以带动和影响整个企业的经营活动。是企业经营战略的组成部分，并随企业经营战略的调整而调整。

2. 商标战略的主要内容

商标战略主要包括以下内容：

（1）以商标为工具，塑造企业形象；

（2）以商标为商战利器，求生存，求发展，开拓市场，占领市场；

（3）以商标为无形资本，去创造和积累更多的财富；

（4）以商标为广告宣传的焦点，让更多的经营者和消费者认识商标所代表的企业和商品；

[①] 刘尚华：《现代企业知识产权战略之二——商标战略》，上海尚华知识产权有限公司网站，2006年。

(5) 以商标为企业生命，以合理的制度、科学的管理并运用法律武器去保护商标权，维护企业的合法权益。

实施商标战略，有利于树立产品和服务的良好声誉和信誉、提高产品和服务的附加值；将产品的品质和性能优势、服务的质量优势转化为市场优势，增强产品和服务开拓、占领、巩固市场的能力；并促进各类生产要素向名牌产品、名牌企业聚集。因此商标战略是提高企业核心竞争力、扩大市场影响的重要手段。

3. 商标战略的特性

从一般角度来认识，商标战略具有如下几个方面的特性：

(1) 商标战略集中规划商标方面的长远的基本方向；

(2) 商标战略是定性的，不是定量的具体指标或具体的实施方案；

(3) 商标战略对制定一定时期的（如 1 年、2 年或更长时间）预定目标起指导作用；

(4) 商标战略是从企业领导人为实现企业长期总目标所进行的商标方面的谋划。

在企业中，商标战略并不存在固定的模式，往往是企业根据自身状况、外部环境因素、战略发展目标制定的。

三 商业秘密保护战略

在知识产权战略中，商业秘密保护战略是知识产权战略的一个重要组成部分。对企业而言，商业秘密的保护显得尤为重要，因为：首先，企业自身的商业秘密时常被他人所侵犯，给企业带来了许多的困扰和损失；其次，相较于专利权、著作权、商标权的保护，商业秘密的保护更为困难，因此运用法律手段解决商业秘密侵权纠纷就显得更加重要；最后，商业秘密的侵权在反不正当纠纷案件审理中的难度更大，因此，企业应该做好自身的商业秘密保护，防止侵权行为的发生。

1. 商业秘密的定义

在国际层面上，对商业秘密界定最具有代表性的应为 TRIPs 协议。协议中所述的"未披露信息"就是"商业秘密"，它是"反不正当竞争保护"中的一个重要组成部分。TRIPs 协议第 39 条第二款规定对未披露信息，它的合法所有人应该可以保证如果不经过他的允许，他人不能以违背诚实信用的方式获得、披露或使用该信息。世界知识产权组织公布的

《关于反不正当竞争保护的示范规定》（以下简称"反不正当竞争法"）6.16第（3）款中规定，秘密信息可由制造秘密或商业秘密组成；可包括生产方法、化学配方、绘图、原型、销售方法、经销方法、合同形式、商业计划表、价格协议细节、消费者情况介绍、广告策略、供应商或顾客花名册、计算机软件和数据库。

1993年在全国人大常委会上通过的《中华人民共和国反不正当竞争法》中将商业秘密定义为：不为公众所知悉、能为权利人带来经济利益、具有实用性并经权利人采取保密措施的技术信息和经营信息。1997年刑法，增设侵犯商业秘密罪，并规定了商业秘密的定义，该定义与《反不正当竞争法》中的定义相同。从《反不正当竞争法》的定义来看，除了承认TRIPs所规定的三个条件外，我国还增加了第四个条件，就是应"具有实用性"。国家工商行政管理总局1995年11月23日颁布的《关于禁止侵犯商业秘密行为的若干规定》第二条指出，本规定所称能为权利人带来经济利益、具有实用性，是指该信息具有确定的可应用性，能为权利人带来现实的或者潜在的经济利益或者竞争优势。目前，人们普遍认为只要相关信息具有可应用性，就符合商业秘密的实用性的要求。这一规定可能对技术开发者是不利的。因此，技术开发者应对其阶段性技术开发成果采取更加严密、更加完善的保密措施。

商业秘密包括技术信息和经营信息。其中，技术信息包括产品配方、工艺流程、设计图纸、产品模型、计算机源程序、计算机程序文档、关键的数据信息等；经营信息包括经营者的客户名单、经营计划、财务资料、货源渠道、标书、标底等信息。

2. 商业秘密的特点

在TRIPs协定后，普遍认为商业秘密的构成分为秘密型、价值型、管理型三个要件。郑思成认为：凡是具备以下三个条件的未披露信息，即可把其当作商业秘密给予法律保护。首先，它并不是一般人可以轻易得到的；其次，它应该具有相应的商业价值；最后，权利人为了维持它的秘密性而采取了相应的具体措施，其中前两个条件主要体现在客观方面，第三个条件主要与主观努力相关联。[①]

[①] 李明德：《美国的竞争禁止协议与商业秘密保护及其启示》，《知识产权》2011年第3期。

因此，商业秘密的法律特点，除了具有知识产权的"无形性""专有性""地域性""时间性"等法律特点以外，还体现在"秘密性""价值性""信息性""实用性""新颖性"等法律特点上。

秘密性是指商业秘密必须是不为权利人及相关人员之外的公众所知悉的信息，这是商业秘密的本质特征，是商业秘密产生和存在的基础，只有处在持续秘密的状态商业秘密才有保护的必要。

价值性是指商业秘密给权利人创造的经济利益，包括现实的商业价值以及潜在的经济利益。商业秘密的价值性不但体现在其为权利人在市场竞争中带来的优势地位，也体现在发生侵权后导致权利人利益的损失。

信息性是指商业秘密是商业活动中的技术信息或经营信息。

保密性是商业秘密所具有的本质属性。权利人必须采取合理的保密措施，保障商业秘密不被公众知悉。

实用性是指商业秘密必须是能够在经营中运用的，具有现实的或潜在的使用价值，客观上具有具体性和确定性的方案或信息。实用性是价值性的基础，而价值性是实用性的结果。

新颖性是指构成商业秘密的信息必须是在一定的时间界限之前相关公众不能从公开渠道直接获取的信息。在我国《专利法》中，判断新颖性主要考虑三个因素，即是否在公开发行的出版物上发表，是否公开使用，是否以其他方式为公众所知。因此，商业秘密的新颖性可以通过这三个因素来判断。

3. 商业秘密的保护手段

（1）法律手段

目前我国对商业秘密的保护体系尚未健全，并没有专门的立法来保护商业秘密，对商业秘密保护的法律规定主要体现在《民法通则》《反不正当竞争法》《刑法》《合同法》《劳动法》《侵权责任法》以及诉讼法、其他的民商法和国际条约中对商业秘密的保护。1993年施行的《中华人民共和国反不正当竞争法》标志着我国正式确立商业秘密的保护制度。其他法律如《合同法》主要是从合同的角度对商业秘密进行保护；《侵权责任法》保护了商业秘密作为知识产权的权益；《劳动法》主要针对劳动者与用人单位有关商业秘密的保护问题。我国在2011年2月最新修正的《刑法》中，规定了侵犯商业秘密罪。对侵犯商业秘密罪及其刑事处罚进行了相关规定。

当不法分子侵犯他人的商业秘密时，权利人可依照《民法通则》第117条和第118条的有关民事侵权的规定，向法院提起诉讼，请求停止侵害和赔偿损失。也可根据《反不正当竞争法》第10条的有关经营者不法侵权的规定，向工商行政管理部门请求处理。如果侵权人侵犯商业秘密，给权利人造成重大损失，构成侵犯商业秘密罪的，权利人也可依据《刑法》第219条向人民法院起诉，追究侵权人的刑事责任。[①]

2004年12月实施的《关于办理侵犯知识产权刑事案件具体应用法律若干问题的解释》中，对包括侵犯商业秘密犯罪在内的侵犯知识产权犯罪问题做了具体规定，是司法实践中保护商业秘密的重要操作规范。

（2）经济手段

企业对商业秘密的保护也有一个分层次管理的问题。重要的、能带来较大收益的商业秘密，必须付出较大的成本予以保护，次要的商业秘密则可酌情采取低成本的保护方法。首先企业必须就商业秘密进行分类，确定商业秘密的等级。

经济手段保护商业秘密，主要包括下列三个层次：①用分配方法来保护商业秘密。即对接触、使用企业商业秘密的职工，给予较优厚的工资、奖金待遇，若有可能，再辅之以必要的雇用合同，写明一旦享受特殊津贴，则应负有相应的保密义务；②用长期化劳动契约来保护商业秘密。在人员流动比较普遍的今天，这一方法更具有重要作用。劳动契约长期化，可以使关键岗位（接触、掌握商业秘密）的职工，由于收益长期化的预期，而留在岗位上。如果再辅之以较优厚的工资、奖金，对增强企业重要职工保护商业秘密的责任感会更有作用。③以某种产权安排，来保护商业秘密。比如，允许商业秘密的发明人，接触、掌握商业秘密的人拥有部分股权，成为企业的股东，使之与企业形成休戚相关的命运共同体。在发达国家的许多企业里，正是这么做的。日本许多中小企业中的掌握和从事关键技术、工艺的职工，往往是"基干社员"（一般不予解雇，终身雇用的职工）或是企业的股东，其用意是既防止人才流失，又防止商业秘密外泄。[②]

---

① 中顾法律网：《我国商业秘密的保护及方法》。

② 刘尚华：《现代企业知识产权战略之四——商业秘密保护战略》，上海尚华知识产权有限公司网站，2006年。

(3) 行政管理手段

企业通过保护商业秘密的方案制定、管理及落实保护其自身的商业秘密。在现代企业管理中，商业秘密的管理是其中一项重要的组成部分。企业的商业秘密保护方案的主要内容包括：在指定范围内分离并确定属于商业秘密的具体资料；确定保护商业秘密的责任及其监护；对属于商业秘密的文件实施统一标记；设立保护商业秘密的机械安全系统；处理好保护商业秘密与雇员之间的关系；确定怎样以较低的风险向企业外部人员在某种程度上展示某些商业秘密；妥善处理向企业主动提供的专题商业秘密资料及鼓励员工个人发展；定期更新商业秘密的内容等。[①] 企业通过建立企业的保密制度、建立保护商业秘密的机构、与职工签订保密协议、与合作伙伴签订商业秘密协议等方式来加强对自身商业秘密的保护。

---

① 刘尚华：《现代企业知识产权战略之四——商业秘密保护战略》，上海尚华知识产权有限公司网站，2006年。

第三章

知识产权政策与标准化

国际标准化组织（International Organization for Standardization，ISO）是一个法定的标准化组织，成立于1947年2月23日。ISO是由全世界工商业国际标准的各国国家标准机构代表的国际标准建立机构，总部设于瑞士日内瓦，截至2013年，ISO包括163个会员国①。ISO的参加者包括各会员国的国家标准机构及主要公司。作为全球最大的非政府性标准化机构，ISO是国际标准化领域中一个十分重要的组织，它的宗旨是在世界范围内促进标准化工作的发展进步，以利于国际物资交流和互助，并扩大知识、科学、技术和经济方面的合作。它的主要任务是制定国际标准，协调世界范围内的标准化工作以及与其他国际性组织合作研究有关标准化问题。ISO由于其强大的生命力及其在国际上的重要地位，正在吸引着越来越多的国家参与其活动。

国际电工委员会（International Electrotechnical Commission，IEC）成立于1906年，总部设于日内瓦。目前有60个正式成员国，每个国家只能有一个机构作为其成员。②它是世界上成立最早的国际性电工标准化机构，负责有关电气工程和电子工程领域中的国际标准化工作。

国际电信联盟（International Telecommunication Union，ITU）是联合国的一个专门机构，也是联合国机构中历史最长的一个国际组织。主要负责管理信息通信技术事务。国际电联总部设于瑞士日内瓦，截至2014年，其成员包括193个成员国。③

ISO、IEC和ITU的标准化工作相互补充形成了一个国际技术协议

---

① 资料来源：http://www.iso.org。
② 资料来源：http://www.iec.ch/dyn/www/f? p = 103：5：0##ref = menu。
③ 资料来源：http://www.itu.int/en/pages/default.aspx。

的完整体系。这些协议通过国际标准、国际建议等形式的发布和出版帮助实现了全球范围内的技术兼容。这些协议的实施，不但促进了经济贸易的全球化发展，增加了企业的利益，也掀起了全球范围内的知识创新与技术革新热潮。在标准化工作方面，ISO、IEC和ITU都是先驱。

第一节　知识产权与标准的关系

一　标准与知识产权结合的原因

随着经济的全球化、区域化发展以及现代科技在生产与贸易中的大量应用，和度量衡一样作用的标准对经济的影响力也在不断增加。越来越多的知识产权人希望通过各种途径将自己的知识产权与标准结合在一起，通过标准的实施、知识产权战略的运用来争夺和占领市场。从标准和知识产权的特性我们也不难看出，标准与知识产权的结合是无可避免的，它是技术发展和标准形成的必然结果。一方面，标准是推动科技成果迅速转化为生产力的桥梁和催化剂；另一方面，知识产权作为技术的创新又促使和推动了标准的制定和推出。

标准和知识产权从本质来说，都是一种公开性的技术，并且它们都是通过技术的推广和应用来实现价值的，在市场上都体现了一种强制性，但他们也存在着很多的不同。首先，标准和知识产权的目的不同，技术标准的推广是为了推动整个产业的发展，而知识产权则更侧重于知识产权主体的利益。其次，他们的应用条件不同，标准技术是可以进行无偿使用的，而知识产权享有垄断权，任何使用该知识产权的非知识产权主体必须获得该知识产权主体的许可并支付一定的费用才可以使用该项产权。最后，它们的技术发展阶段也不相同，技术标准多是业内的成熟技术，而知识产权，尤其是专利技术一般都是创新技术。

标准和知识产权的结合，从主观来讲，有以下几点原因：

（1）知识产权人通过授权获取利益的本质

首先，标准是通过其强制性和约束力来保证在某一领域内支持该标准的参与者都必须遵守该标准的规定，按照其要求进行生产经营。而知识产权人是希望通过许可授权来行使其权利，进而获得利益的。如若知识产权人的知识产权被纳入标准，必然遵守该标准的所有成员都必须获得该知识产权人的许可授权，这无疑将大大扩展了知识产权的许可范围，使知识产权人获得更多的利益。

其次，作为一些被级别较高标准（如国际标准、国家标准和行业标准等）所采纳的技术方案必然是该技术领域最先进、最值得信赖的技术，非常容易获得生产厂商的支持和消费者的信赖。如果知识产权人的专有技术被纳入其中，其在扩大授权范围上的优势不言而喻。

（2）知识产权人扩大其知识产权地域性和时间性的意图

知识产权只在法律规定的期限内受到法律保护，一旦超过了法律规定的有效期限，这一权利就自行消灭，或者说该知识产权就依法丧失。因此知识产权所有人对其智力成果享有的知识产权在时间上的效力要受到法定有效期的限制。通常，知识产权的市场价值会随着权力终止日的接近而降低，对其进行许可授权的难度也就越大，并且也更容易被一项新的技术所替代。但标准是不会被任意更改的，都具有一定的有效期，如果某项知识产权被纳入标准，也就意味着在该标准的有效期内该知识产权都是有效的。这样在延长了知识产权使用期的同时也利用标准的强制性阻碍了其他可替代知识产权的推广和普及。

一般来讲，知识产权只在申请国内有效。除有国际公约或双边互惠协定之外，其他国家对这种权利没有保护的义务，任何人均可在自己国家内自由行使该知识产品，无须获得权利人同意，也不必向权利人支付报酬。但技术标准，尤其是国际技术标准不存在明显的地域限制。产生于一国的技术标准只要被其他国家认同，就可以跨地域适用。而国际标准更是因为WTO 的 TBT 协议（《技术性贸易壁垒协议》，*Agreement on Technical Barriers to Trade*）和 SPS 协议（《实施卫生与植物卫生措施协议》，*Agreement on the Application of Sanitary and Phytosanitary Measures*）的认同而半强制性地推广于所有的 WTO 成员。[①] 因此一旦某一知识产权被国际性技术标准化机构所采纳，也就意味着该知识产权无须在多国申请获权就可在多国获得垄断性的市场地位。

从客观上来说，知识产权与标准的结合有以下一些原因：

---

① 杨帆：《技术标准中的专利问题研究》，中国政法大学博士学位论文，2006 年。

(1) 标准的科学性与"专利灌丛"现象

标准的科学性是指：标准的制定和贯彻必须以科学、技术和经验的综合成果为依据。首先，标准的制定不是缘于制定者的随心所欲，而是受某一时期、某一领域的可持续和技术发展水平高低的限制。其次，制定标准时需要总结该领域所积累的经验并使之科学化、条理化；要对有关技术、实践经验进行比较，选择最佳的解决方案；还要注意对新的科研成果、新技术进步、新实践经验的总结吸收。所以标准总是与一定社会中的科学技术发展状况紧密相连的。①

随着知识产权制度的日益完善以及科学技术的精细化发展，越来越多的新技术掌握者选择用知识产权来保护自己的技术，并且一项产品往往包含多项为不同知识产权所有人持有的知识产权。这些知识产权的相互关系也不尽相同。以专利权为例，依据市场上专利技术之间的关系不同，可以将其分为三类：竞争性专利、互补性专利和锁定性专利。竞争性专利是指潜在的被许可人中被认为是可替代的，对一项专利需求的增加会抑制另一项专利的需求。互补性专利是指使用一项专利必须同时使用另一项专利，一项专利需求的增加会引起对另一项专利技术需求的增加。而当一项专利是在另一项专利基础上改进而获得的时候，被改进的专利为原始专利，没有原始专利的许可，改进专利将无法实施。此时原始专利和改进专利之间的关系就是锁定性的。② 当某一技术领域存在多项专利技术，特别是当存在互补性专利和锁定性专利时，要将该技术推向商业化就必须获得多次授权，美国学者将这种现象称为"专利灌丛"（Patent Thicket）。③

标准的制定实施也会遇到类似于专利灌丛的问题。例如在互联网技术发展的第一个十年里，还没有什么专利技术对该领域有重大的影响，因此互联网工程特别工作组 IETF（Internet Engineering Task Force）原来在标准化工作中对专利技术的观点是："尽量采用那些非专利技术的优秀技术，因为 IETF 的目的是使其所指定的标准广为适用，如果涉及到专利问

---

① 国家标准化管理委员会编著：《国际标准化教程："知识产权和标准"》，中国标准出版社 2004 年版。

② 同上书，第 169 页。

③ Carl Shapiro：Navigating the Patent Thicket：Cross Licenses，Patent Pool，and Standard－Setting，http：repositories.cdliborg/iber/cpc/cpc00－001.

题，标准的适用将涉及专利权的授权问题从而影响人们采用该标准的兴趣。"① 但随着互联网技术的不断发展及其与软件技术、电信技术等的紧密结合，互联网相关标准中已经无法避免专利权及版权。因此 IETF 开始重新制定其知识产权政策，旨在协调其与标准中的知识产权所有者之间的关系。

（2）标准的协商性与知识产权的专有性

所谓标准，是一种或一系列具有一定强制性要求或指导性功能、内容含有细节性技术要求和有关技术方案的文件，其目的是让相关的产品或服务达到一定的要求。从技术角度来讲，由于在某一领域出现的新技术、新工艺往往都会寻求知识产权进行保护，而标准采用的必然是该行业的领先技术，因此标准中难以避免含有知识产权的技术方案，当标准化组织发现某些标准的制定难以回避含有知识产权的技术方案时，其初衷是要求知识产权人放弃权利，使得标准使用者可以无偿使用该知识产权。但作为一种私有产权，知识产权的持有者正是通过追求知识产权的推广与授权来实现其利益的，因此这种使知识产权人主动放弃其权利的做法根本无法付诸实践。

依据桑德斯（T. R. B Sanders）在《标准化的目的与原理》一书中的论述，标准的制定应以权益体制同意为基础，而其实施也只有通过一切有关者的互相协作才能成功。标准化的效果只有在标准被实行时才能表现出来，否则即使被硬性出版了，只要标准不实施就毫无价值可言。② 因此，这种要求知识产权人放弃其合法利益的做法只能导致知识产权人对标准制定的反对，并影响标准的制定与实施，而不能真正的解决标准与知识产权之间的问题。

以国际标准化组织 ISO、IEC 和 ITU 制定的国际标准为例，其中纳入知识产权（仅指专利）的情况如图 2 所示。从图 2 中不难看出，在 20 世纪 90 年代，三大国际标准化组织都是遵循着尽量避免在标准中纳入专利的原则，但随着科技的发展以及越来越多的知识产权主体开始积极参与国际标准制定，标准中纳入知识产权的数量在持续增长，而且随着时间推移，这种增长将会不断持续，因为知识产权主体利用标准纳入自己的知识

---

① 董颖：《数字空间的反共用问题》，《电子知识产权》2001 年第 12 期。
② 桑德斯：《标准化的目的与原理》，科学技术文献出版社 1974 年版，第 7 页。

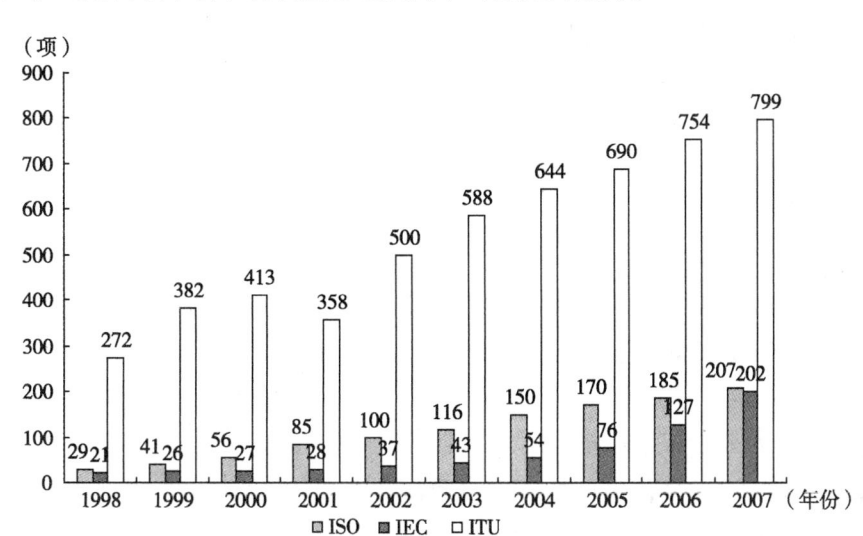

产权迅速占领市场取得利益已经成为不可避免的趋势。

图 2　ISO、IEC 及 ITU 标准中涉及专利情况

资料来源：朱翔华、王益谊：《发达国家标准与知识产权结合现状及启示》，《信息技术与标准化》2009 年第 1 期。

（3）知识产权权利的行使

除此之外，在一些技术领域中，专利权人具有足够的垄断能力，他们通过占领市场后形成"事实标准"或作为"企业标准"来实现专利的最大实施率。在国际市场竞争中，已经出现一种新动向，那就是把技术标准与知识产权相结合，形成新的技术垄断联盟，借助于技术标准的特殊地位，强化知识产权的保护，借助于知识产权的专有性去实现对某些技术标准事实上的垄断，以追求最大经济利益。①

以上不难看出，知识产权与标准的结合是科技与经济发展的必然结果，特别在高科技领域几乎是无可避免的。由于在新技术领域中，越来越多的新技术被专利所覆盖，可作为标准的公共技术越来越少，因此标准化组织的知识产权政策其实是与知识产权持有者达成的一种妥协，并不是标准化组织的本意。而知识产权所有者希望通过标准的推广进行知识产权的许可并从中获益，因此他们也希望标准化组织能采用其技术。因此，在研

---

① 徐元：《知识产权与技术标准相结合的趋势、法律问题与解决途径》，《当代经济管理》2010 年第 10 期。

究技术标准和知识产权的关系时，需要同时考虑知识产权主体的权益、标准化组织制定和推行标准的权利以及标准使用者的权益。标准化组织应该通过知识产权政策的制定和实施来正确引导知识产权主体行使标准中涉及的知识产权的行为，同时，也应通过加强与知识产权的行政管理机构的相互合作来加强对标准中知识产权的管理。

二 标准与知识产权结合的方式

标准是"为在一定范围内获得最佳程序，对活动或其结果规定共同的和重复使用的规则、导则或特性的文件"，并"经协商一致制定并经公认机构的批准"的文件。① 主要由制定、发布和实施标准的过程组成。因此，在标准化过程中涉及的知识产权主要包括：体现在标准技术中的专利权；体现在标准文件中（标准文件和技术格式）的著作权；体现在标准标识法律保护上的商标权以及软件的版权。

1. 标准与专利权

一般来讲，在标准中技术方案占有主导地位，其中有关技术的知识产权主要体现为专利权。专利的目的是为了鼓励技术创新，为专利权人所独占，不允许未经专利权人授权的使用。而标准的目的是为了促进行业的健康、良性发展，一旦推行，将被普遍采用，所以标准使用的普适性和专利的垄断性就发生了冲突。因此在标准中的专利权，需要平衡专利权持有者、标准化组织及消费者之间的相互利益。一般来讲，只有是技术标准体系所认定的并且是必不可少的技术，而该技术又为专利权人所独占，才能被纳入标准中。

2. 标准与著作权

文字是标准的主要表现形式，因此标准本身就是"作品"，但并不是所有的标准都受到《著作权法》的保护。按照标准的性质，标准可被分为强制性标准和推荐性标准，我国的著作权法对强制性标准和推荐性标准的保护采取了不同的态度。①强制性标准排除在《著作权法》保护的作品之外。国家有关部门制定的强制性标准，要求在生产、施工中必须执行，这些强制性标准依据我国的《标准化法》和 WTO/TBT 协议的规定，是具有法规性质的技术性规范，因此，强制性标准不能划归著作权法保护

---

① 参见 GB/T 3935.1—1996《标准化和有关领域的通用术语》第一部分《基本术语》。

的作品之列。②推荐性标准和企业标准可享有著作权。推荐性国家标准、行业标准和企业标准，属于国家自愿采用的技术性规范，并不具有法规的强制执行力，因此，如果推荐性标准和企业标准在制定过程中付出了创造性劳动，当标准"作品"具有独创性或原创性，而非抄袭，并且符合作品的构成要件时，则享有著作权。我国著作权法还规定："工程设计图、产品设计图、地图、示意图等图形作品和模型作品"、"计算机软件"（即计算机程序及其有关文档）和数据库等作品都列为著作权保护的对象。以上"作品"具备独创性，则享有著作权，受著作权法的保护。显然，当标准的技术内容要求，由设计图形、计算机程序或文档来表示时，这些标准的技术内容，也依法属于著作权法保护的范围。另外，如果标准制定者对这些"作品"进行独创设计或独立开发，付出了创造性的劳动，则标准的制定者就是这些"作品"的著作权人。相反，标准制定者采纳或引用其他标准，即标准的技术内容不是标准的制定者独立制作的，则标准的制定者和标准内容的著作权人发生分离，两主体不一致。①

3. 标准与商标权

标准标识由组织机构的符号、图案设计或字符的组合构成，如国际标准化组织以"ISO"为其标识。在我国，国家标准标识以"GB"表示（注：《国家标准管理办法》第4条规定：强制性国家标准的代号为："GB"；推荐性国家标准的代号为："GB/T"；地方标准以"DB"表示，企业标准以"Q"表示）。

标准化组织或标准体系的标识的主要作用是区别标准的制定者。同时，对标准化组织或标准体系的标识管理也是标准化组织的一项重要知识产权战略，通过商标、认证等方式来达到排斥竞争对手、实施海关知识产权保护、推动和维护技术标准许可战略的实施等目的。如果标准化组织将其标准的标识注册为商标，就会受商标法的保护。组织标识可以作为产品商标进行注册，也可以将产品商标作为产品标准的标识，甚至纳入标准文件中与著作权一起实施许可。

三 标准战略与知识产权战略的结合

技术标准在国际贸易中已经表现出正反双重作用。当标准作为产品进

---

① 资料来源：中顾法律网。

入某一市场的最低要求时,标准的贸易保护作用是显而易见的;当标准被广泛接受后,该标准对符合其要求的产品的贸易就具有促进作用。当专利技术被吸纳进标准后,标准对贸易的正反作用变得更为复杂,法定标准中纳入专利技术的正面作用是促进公平的知识产权贸易,负面作用是增加标准使用的成本。事实标准中存在专利技术的正面作用是促进企业贸易竞争力的提高,负面作用是有可能造成知识产权权利的滥用。[1] 随着经济的全球化以及科技的发展,通过技术标准实现技术与产品垄断这一趋势日益明显,因此知识产权持有者也迫切希望将其知识产权写入标准来达到其垄断的目的。

在现代技术标准中,通过"专利联营""专利池"等手段将技术专利写入标准,巧妙地将全球技术许可战略构建在技术标准战略中,形成一条"技术专利化—专利标准化—标准许可化"的链条,从而实现在技术和产品上的竞争优势。由于知识产权具有地域性和排他性,一旦以专利技术为核心建立的标准得到普及,就会形成一定程度的技术和市场垄断,并可以保护本国技术,发挥技术壁垒的积极作用。例如,在将国际标准转化为国家标准时申报我国的专利技术,可以抑制国外技术长驱直入,并在实施该标准时通过交叉许可,以合理的、非歧视性条件从对手那里获得专利许可,为减少所付专利使用费创造条件。[2] 目前,世界各国都开始制定本国的标准与知识产权战略,企图通过将其技术纳入标准来实现技术和产品的竞争优势,促进经济的发展,这在一定程度上对技术标准与知识产权的结合也起到了一定的推动作用。

四 标准化与知识产权战略的关系

从某种角度说,标准化与知识产权战略的关系如同唇齿关系,"唇亡"则"齿寒",虽然"齿"依然存在,但其获取利润的程度远不如在"唇"的保护下那样高。标准与知识产权同属于技术范畴,但二者的认定组织、作用领域、权利属性以及应用范围不同(见表4)。[3]

---

[1] 张平、赵启杉:《国际标准化教程》:"知识产权和标准",国家标准化管理委员会编著,中国标准出版社2004年版,第139—155页。

[2] 王黎萤、陈劲、杨幽红:《技术标准战略、知识产权战略与技术创新协同发展关系研究》,《科技政策与管理》2005年第1期。

[3] 李广强、甘路:《标准化和知识产权初探》,《军民两用技术与产品》2007年第7期。

表 4　　　　　　　　　技术标准与知识产权的比较

		技术标准	知识产权
相同点		都属于技术范围	
不同点（利益互斥）	认定机构	标准组织（法定标准）或市场影响力（事实标准）	政府的法律认可
	应用技术领域	成熟技术、兼容技术、通用技术	创新技术、专有技术
	权利属性	公开	绝对私有性
	应用范围	普遍适用	较强排他性

(1) 相辅相成的表里关系

知识产权是实施和制定标准的基础和保障，而标准又促进知识产权的进一步完善。因此，标准和知识产权是外与内、形式与内容的相辅相成的表里关系。表面上看，标准是应用于国际、国家、行业的技术、产品的参数或指标，但在标准中潜藏着大量的技术方案及产品、工艺的实现方式，而往往这些技术方案和产品、工业的实现方式是被知识产权所保护的。这使得标准借助知识产权的形式成为竞争的武器，而知识产权又通过标准发挥其创造财富和获取竞争优势的最大潜力。

(2) 相互促进的互动关系

知识产权是标准形成的基础，而标准之后隐藏着技术转让或许可的可能，从而推动知识产权的流转和扩散。标准中的技术要素描述的是产品或服务的某些特征，而专利、专有技术是实现上述特征的有效手段。促进知识产权权利人之间的合作和促进知识产权制度的完善，将会带动技术进步。

(3) 对立统一的辩证关系

标准化的最主要特点是市场统一，追求公开性和普及性；而知识产权的特点是一定的垄断性及其带来的经济利益。知识产权重在保护知识产权人的利益，标准化重在保护市场参与者的利益，其保护的重点又有所不同。当一项标准由众多知识产权构成时，参与标准制定的所有成员均必须获得其中某项技术权利人的许可授权，如此它们之间的交易也发生了，而技术之间的相互关联，必将扩展许可的范围。[①]

---

① 张建武：《中药标准化与知识产权战略的协同发展研究》，北京中医药大学博士学位论文，2010 年。

五　专利标准化的意义

在知识产权中，和标准结合最紧密的就是技术方案中的专利，它的定义是："发明创造人或其权利受让人对特定的发明创造在一定期限内依法享有的专用权与独占权。是知识产权的一种。"而 ISO/IEC 对标准化的定义是："是对实际与潜在问题作出统一规定，供共同和重复使用，以在领导的领域内获取最佳秩序的效益活动。"[①] 我国对标准化的定义是："为在一定范围内获得最佳秩序，对现实问题或潜在问题制定共同使用和重复使用的条款的活动。"[②] 可见标准化的目的是为了获得秩序和效益，为了达到普适性和公益性，而专利作为私权，是具有独占性和垄断性的。

随着科学技术的飞速发展，专利越来越多地出现在我们身边，因为一种产品有可能会涉及多项专利技术，包括产品的外观、产品的构成、产品的核心技术都可以申请专利进行保护。随着贸易的全球化，专利权持有者不但希望自己的专利技术被更多地需要和推广，也希望能通过交叉许可、专利联营等手段获得其他专利权持有者的许可。这样他们既可以以优惠的价格许可对方使用自己的专利技术，又可以共同许可第三方使用他们共同的专利，在无形中扩大了自己的专利许可范围，从而获得更多的专利许可费用。但是这种做法很容易招致使用人提起的反垄断诉讼或机构的反垄断审查，因为专利权人之间互搭便车且低价，却要求第三方同时购买多项技术（会被认为是"搭售"行为）剥夺了被许可人选择的自由。[③] 但如果专利权持有者将自己的专利写入标准中，则可以在有效的规避反垄断法的同时加大自己专利的许可范围和授权力度。如果一项专利被纳入国际标准、国家标准或行业标准等对市场具有重大影响的标准中，不但会有很多的产品制造商主动要求专利权持有者的许可授权，消费者也更倾向选择经标准化机构认证的产品。

---

① 参见 ISO/IEC 第 2 号指南《标准化与相关活动的基本术语及其定义》（1991 年第 6 版）第一条。

② 参见 GB/T 20000.1—2002《标准化工作指南　第 1 部分：标准化和相关活动的通用词汇》。

③ Dana R. Wagner, "The Keepers of the Gates: Intellectual Property, Antitrust, and the Regulatory Implications of Systems Technology," *Hastings Law Journal*, August, 2000.

第二节 ISO/IEC 标准的知识产权政策

一 ISO 组织简介

国际标准化组织（ISO）是一个由国家标准化机构组成的世界范围的联合会，成立于1947年2月23日，截至2013年5月，ISO 包括163个成员国。它是世界上最大、最权威的非政府性标准化专门机构，致力于促进技术标准及相关活动的发展以扩大国家间的商品和服务贸易、推动科技和经济等方面的合作。ISO 标准内容涉及广泛，技术领域覆盖了信息技术、交通运输、农业、保健和环境保护等。截至2013年已经发布了17000多个国际标准。中国是 ISO 的创始成员国之一，也是最初的5个常任理事国之一。由于中国台湾未按章程交纳会费，1950年被 ISO 停止"会籍国"。1978年9月1日，中国重新进入 ISO，2001年起，在 ISO 代表中华人民共和国会籍的会员机构是国家标准化管理委员会。

ISO 的最高权力机构是全体大会，每一年召开一次。下设理事会、中央秘书处、政策发展委员会、理事会常务委员会、技术管理局和特别咨询组。主要官员有 ISO 主席、ISO 副主席（政策）、ISO 副主席（技术）、ISO 司库、ISO 秘书长，所有主要官员由理事会任命，享有终身任期。ISO 秘书长负责主持 ISO 的日常工作。主要出版物包括：《ISO 国际标准》《ISO 技术报告》《ISO 标准目录》《ISO 通报》《ISO 年刊》《ISO 联络机构》《国际标准关键词索引》。[1]

ISO 的主要任务是：①制定国际标准。该工作通常由 ISO 各技术委员会完成，各成员团体若对某技术委员会确立的项目感兴趣，均有权参加该委员会的工作。②负责协调世界范围内的标准化工作，组织各成员国和技术委员会进行情报交流，并和其他国际性组织如 WTO、UN 等保持联系和合作，共同研究感兴趣的有关标准化问题。③在电工技术标准化方面，ISO 与 IEC 保持密切合作关系。

---

[1] 资料来源：http://www.iso.org/iso/home.html。

二　IEC 简介

国际电工委员会（IEC）成立于 1906 年，是世界上成立最早的一个国际性电工标准化机构，是制定和发布有关电气工程和电子工程领域中的国际标准的非政府性组织。ISO 和国际电子技术委员会 IEC 通过联合技术委员会（ISO/IEC JTC）在信息技术方面进行合作。我国于 1957 年参加 IEC。

IEC 的宗旨是通过其成员促进电工、电子和相关技术领域的国际标准、认证认可规则等国际文件的制定及国际和区域标准化和认证认可方面的合作，增进国家间的相互了解。根据 IEC 的章程，IEC 的任务覆盖了包括电子、电磁、电工、电气、电信、能源生产和分配等所有电工技术的标准化。此外，在上述领域中的一些通用基础工作方面，IEC 也制定相应的国际标准，如术语和图形符号、测量和性能、可靠性、设计开发、安全和环境等。

IEC 的主要机构有：理事会（全体国家委员会成员）、理事局和执行委员会。理事会是 IEC 的最高权力机构，是立法机构，是国家委员会的全体大会。理事会制定 IEC 的政策和长期战略目标及财政目标，将所有工作的管理委托给理事局（CB），理事局是监督实施 IEC 理事会政策和决议的机构。IEC 出版物有《IEC 标准》、《IEC 标准目录》（年刊）、《IEC 年报》、《IEC 年鉴》（年刊）、《IEC 通报》、《国际电工词汇》等。[①]

截至 2014 年 10 月，IEC 有 83 个成员国，其中正式成员国 60 个，非正式成员国 23 个。正式成员国组成 IEC 国家委员会，每个成员国都是理事会成员，理事会会议每年召开一次，称为 IEC 年会，轮流在各成员国举行。[②]

三　ISO 和 IEC 的关系

ISO 和 IEC 的关系非常密切。1947 年 ISO 成立时，IEC 即与 ISO 签订协议：IEC 作为电工部门并入 ISO，但在技术和财政上仍保持独立性。1976 年又达成新的协议：两组织都是法律上独立的团体并自愿合作。协议分工，IEC 负责电工电子领域的国际标准化工作，其他领域则由 ISO 负

[①] 孙丹峰、季幼章：《国际电工委员会（IEC）简介》，《电源世界》2013 年第 9 期。
[②] 资料来源：http://www.iec.ch。

责；凡是辨别不清是属于电工技术还是属于非电工技术的国际标准化问题，应由两组织共同协商解决。2001 年共同发布的《ISO/IEC 导则》（ISO/IEC Directives）是两组织的主要工作指南。为协调 ISO 与 IEC 的关系，ISO 于 1995 年成立联合技术顾问委员会（JTAB），其主要职责是：应 ISO 或 IEC 任何一方的要求并经另一方同意，就涉及 ISO 和 IEC 技术合作的专门问题提出建议；审查新的技术领域以便就该领域应设在哪个组织的问题提出建议，或者作为一项最终方案，成立一个联合技术机构以保证有效的合作，进而就该机构的名称、工作范围和工作计划向技术管理局（TMB）提出建议；就 ISO/IEC 技术工作指南的维护提出建议。

尽管 IEC 和 ISO 在工作范围上有明确的界定，但随着高新技术的迅速发展和相互渗透，IEC 和 ISO 之间相互交叉的国际标准化领域和项目越来越多。为了减少工作重叠，保证国际标准体系的协调一致，IEC 和 ISO 不仅在技术委员会层次上加强合作，而且在机构和管理方面争取了一系列合作措施，其中包括：①成立 IEC/ISO 联合计划委员会（JTRC），负责对有交叉或有争议领域的事务进行协调和规划；②共同制定 ISO/IEC 技术工作导则，遵循共同工作程序，使两个组织在标准制定和标准格式上保持一致；③在信息技术领域，成立了 ISO/IEC 第一联合技术委员会（JTC1），共同制定信息技术领域里的国际标准（JTC 成立于 1976 年，其中，IEC 负责电气和电子领域，其他的由 ISO 负责，与两者都相关的技术主体由联合技术委员会负责）。该联合技术委员会是 ISO、IEC 中最大的技术委员会，其工作量几乎是 ISO、IEC 的三分之一，所发布的国际标准也占三分之一。[①]

IEC 与 ISO 的最大区别在于它们的运作模式不同。ISO 的技术工作主要由各技术委员会秘书处进行管理，由中央秘书处（ISO Central Secretariat）负责协调并以电子形式跟踪技术标准制定的全过程。而 IEC 的技术工作一开始就由 IEC 中央办公室进行管理。

四 ISO/IEC 关于标准制定过程中对专利技术的政策

ISO 在标准制定过程中对专利技术有一套完整的规定，主要体现在

[①] 资料来源：http://baike.baidu.com/view/159311.htm? fromtitle = IEC&fromid = 4790515&type = syn。

2001年颁布的《ISO/IEC 导则》的第一部分"技术工作程序"中的2.14条和第二部分"国际标准结构及编写规则"的附录F中。

1. 基本原则

ISO/IEC 标准化工作中专利政策的基本原则是:"在通常情况下,如果技术原因证明引用专利是合理的,原则上不反对采用被专利权覆盖的专利条款制定国际标准——这些专利项目被定义为专利、实用新型或其他基于发明的法定权利,包括前面所提及的出版物中所采用的专利项目——即使在标准的条款中没有其他可用的方法供选择。"(参见《ISO/IEC 导则》2011年第6版第一部分2.14.1)这一基本原则说明 ISO/IEC 同意在制定国际标准时引入专利项目,即使该专利项目是该技术标准唯一的技术方案。

2. 专利权人的义务

标准制定过程中的披露义务和标准制定公布以后的许可要求是 ISO/IEC 专利政策中专利权人必须履行的两项义务。

(1)披露义务

ISO/IEC 的专利政策要求参与标准制定工作的当事方(包括标准文件提案的提交人和所有参与编写标准文件的相关方)承担披露其专利状况的义务。具体规定如下:

①对于在提交审议的 ISO/IEC 国际标准技术方案中没有发现专利技术的文档,那么提交人在向 ISO 提交标准提案的前言中应有以下描述:"提请注意,本技术标准中的一些内容可能与专利权有关,ISO/IEC 不负责识别任何这样的专利权。"(参见《ISO/IEC 导则》2011年第6版第二部分附录F.2)

②如果在一个 ISO/IEC 的国际标准的技术提案中由于技术原因包含有专利权,那么应当遵循下列原则:提案的申请人应当提请委员会注意任何申请人已知晓的并认为涵盖在提案任一条款中的专利权。任何参与标准提案编写工作的相关方也应当提请委员会注意其在提案的任一阶段所发现任何专利权[参见《ISO/IEC 导则》2011年第6版第一部分2.14.2(a)]。

③在任何标准征求意见草案的封面上都应当包括以下文字:"欢迎任何此草案的收件人提供他们所知的草案中的任何相关专利权、相关的支撑材料以及自己的评论。"(参见《ISO/IEC 导则》2011年第6版第二部分附录F.1)

第三章 知识产权政策与标准化

（2）许可要求

专利权的专有性特点决定了专利权人以外的任何人非经专利权人的许可都不得实施其专利，即不得擅自使用、制造、许诺销售、销售和进口其专利产品，或者使用其专利方法，以及制造、许诺销售、销售或进口依其专利方法直接获得的产品。因此，如果一项国际标准中包含有专利技术，使用该技术标准中包含的技术方案的企业就必须获得有关专利权人的许可才能实施其专利技术。为了防止专利权人在正式出版的国际标准纳入其专利技术以后，拒绝许可或哄抬许可费等擅用垄断地位的行为影响国际标准的普遍适用，《ISO/IEC 导则》中专门规定了专利许可的规则。许可规则要求："如果提案由于技术原因被采纳，则申请人应要求已确定的专利权持有人作出声明，表示专利权持有人愿意在合理和非歧视的条款和条件下（即 RAND 原则 reasonable and non‐discriminatory）与全球的申请人协商其授权的国际许可证。"上述的协商在 ISO/IEC 范围外由相关方参与进行。专利权持有人的声明应当以书面形式提交至 ISO 中央秘书处或 IEC 中央办公室（IEC Central Office），并应当在相关的技术标准导则中有所体现。如果专利权持有人不愿出具上述声明，那么相关的委员会将不得在未经 ISO 理事会或 IEC 董事局授权的情况下继续进行对含有此专利技术的标准提案的下一步工作 [参见《ISO/IEC 导则》2011 年第 6 版第一部分 2.14.2（b）]。如果一个提案没有收到全部已确定的专利权持有人的声明，它将不能被发表，除非相关的董事局给予授权 [参见《ISO/IEC 导则》2011 年第 6 版第一部分 2.14.2（c）]。

ISO/IEC 作为国际标准化机构对纳入标准的专利技术不享有任何权利，因此在许可被纳入标准的专利技术时，ISO/IEC 无权参与，其在专利许可中必须秉承中立的态度。《ISO/IEC 导则》对此的规定是："专利权持有者愿意在非歧视基础上，在合理的条款和条件下与其他各方进行关于专利技术许可的协商，这样的协商由相关方参与并在 ISO/IEC 之外进行。"（参见《ISO/IEC 导则》2011 年第 6 版第一部分 2.2）

3. 出版的国际标准中的专利描述以及标准实施后的复查程序

为了使所有使用国际标准的成员都清楚地了解标准中的专利情况，《ISO/IEC 导则》还要求已经出版的国际标准中对其专利状况做出特别的描述。

对于那些已经出版，但在制定期间未确定是否有专利权问题的国际标准，在其前言中应当包含以下描述："提请注意，本技术标准中的一些内容可能与专利权有关，ISO/IEC 不负责识别任何这样的专利权。"（参见《ISO/IEC 导则》2011 年第 6 版第二部分附录 F.2）

对于那些已经出版的并且在其提案期间已经确认了有关的专利权的国际标准，在其前言中应当包含以下文字："国际标准化组织（ISO）和/或国际电工委员会（IEC）注意到此标准中采用了有——专利权的技术。ISO/IEC 不承担确认专利有效、范围和证明的责任。"

专利权权利人向 ISO/IEC 提供了同意许可的声明——这里的同意许可是指权利人愿意在非歧视的合理的情况下，同意对全球范围的愿意获得技术许可的另一方进行专利技术许可的协商。

ISO 提请注意以下一种可能性——此标准中的技术方案可能涉及已被确认的专利技术以外的某一专利技术。ISO/IEC 不对此承担任何责任。（参见《ISO/IEC 导则》2011 年第 6 版第二部分附录 F.3）

为确保专利权人确实按照其对 ISO/IEC 做出的声明那样以合理且不歧视的条件行使自己的许可权，《ISO/IEC 导则》还特别规定了国际标准实施后对专利许可情况的复查，以对专利权人的行为进行监督："文件出版后，如果发现不能在合理和非歧视的条款和条件下获得专利许可证——许可证中覆盖了包括文件中的项目，则应将文件退回相关委员会重新考虑。"（参见《ISO/IEC 导则》2011 年第 6 版第一部分第 2.14 条第 3 款）

第三节　ITU 的知识产权政策

一　ITU 简介

国际电信联盟（ITU）是成立于 1865 年的非营利性电信领域国际组织，它是联合国主管的通信技术事务的专门机构，也是世界上最先成立的政府间国际组织。ITU 的总部设在瑞士日内瓦。截至 2014 年，ITU 除拥有 193 个成员国外，还包括了信息和通信技术监管机构、领先的学术机构及大约 700 家企业。[①] 我国于 1920 年加入 ITU，新中国成立后，我国的合法

---

① 资料来源：http://www.itu.int/en/about/Pages/overview.aspx。

席位一度被非法剥夺，1972年5月30日在ITU第27届行政理事会上，正式恢复了我国在ITU的合法席位和权利。

国际电信联盟的宗旨是：保持和发展国际合作，促进各种电信业务的研发和合理使用；促使电信设施的更新和最有效的利用，提高电信服务的效率，增加利用率和尽可能达到大众化、普遍化；协调各国工作，达到共同目的。作为一个国际技术性组织，ITU的最高权力机构是全权代表大会，其日常运作由下设的四个机构承担：理事会（Council）、无线电通信部门（Radiocommunication Sector，ITU–R）、电信标准化部门（Telecommunication Standardization Sector，ITU–T）和电信发展部门（Development Sector，ITU–D）。其中ITU–T居中心地位，具体履行ITU制定电信标准方面的职责。理事会下设秘书处，设有正、副秘书长。电信标准部、无线电通信部和电信发展部各设1位主任。ITU每年召开1次理事会；每4年召开1次全权代表大会、世界电信标准大会和世界电信发展大会；每2年召开1次世界无线电通信大会①。

近年来，由于我国参与国际电联活动日益增多，涉及面不断扩展，在该组织的影响力和作用显著提升。为适应新的形势需要，加强对参与国际电联活动的战略谋划和统筹协调，不断加大参与国际电联工作力度，我国成立了共和国工业和信息化部国际电联工作委员会。它是我国ITU组织及成员的管理工作和信息共享的综合平台，意在即时宣传ITU最新的技术、标准和资源分配动态，提供更为便捷全面的服务。主要服务对象为国际电信联盟的国内对口研究组成员、信息通信主管部门、我国的部门成员、部门准成员、学术成员等②。

二 ITU关于标准制定过程中对专利技术的政策

为了避免潜在专利（Potential Patent）对标准化工作的影响，并尽可能早地披露和确认ITU标准制定过程中的相关专利，ITU也制定了其知识产权政策。该政策由专利政策、软件版权政策和商标政策构成。而专利政策由专利政策（ITU–T Patent Policy）和专利政策实施指南（Guidelines for Implementation of ITU–T Patent Policy）两部分构成。

---

① 资料来源：http://tech.sina.com.cn/other/2004-07-10/1640385994.shtml。

② ITU中国网址：http://www.ituchina.cn/。

与ISO/IEC专利政策类似，ITU专利政策也要求为国际标准所纳入的专利技术的权利人承担专利信息披露和专利许可声明的义务。在标准制定过程中，ITU会向在标准中已确认的专利权利人提供一份格式文本，希望专利技术被纳入ITU标准中的权利人发布其专利信息披露和许可声明，其格式文本如下。

ITU使用格式声明的目的是尽可能缩短国际标准出版到相关专利许可的时间，使标准尽快得到普及，这是因为电信技术的发展和更新周期比传统技术更快。如果专利权人拒绝做出上述声明，那么有关部门将绕开此专利技术或者找到替代技术，如果无法绕开或找到替代技术，则该标准提案将被搁置。如果标准被通过或者被出版之后又有新的专利权人出现，ITU主任会向新的专利权人要求按上述文本进行承诺声明，如果同意，则一切照常，如果拒绝，那么有关部门将绕开此专利技术或者找到替换技术，进行标准的修改，如果无法绕开或找到替换技术，则标准将被撤回。[①]

ITU对披露专利管理的基本原则有两点：一是尽早披露原则，即任何提出标准建议的成员应从一开始就要提供所有相关的已知的或者正在申请中的专利信息；二是只对收到的信息进行披露的原则，ITU只在相应的技术组内征集专利的相关信息，而不负责对标准进行专利检索。如果有第三方主动向ITU披露专利，ITU也会进行披露，但这类的专利数量较少。

为了方便查找标准中的专利及对标准的应用，ITU-T还建立了专门的ITU专利数据库（Patent Statement Database）[②]，内容主要是同ITU有联系的专利权人的专利技术简介以及专利权人向ITU做出的有关声明。

三 ISO/IEC/ITU共同的专利政策

2007年，经过知识产权日内瓦会议和TSAG（电信标准化顾问组，Telecommunication Standardization Advisory Group）会议的批准，国际电信联盟正式发布ITU-T/ITU-R/ISO/IEC共同专利政策及其实施指南等文件。世界领先的三大国际标准化组织对纳入标准的专利技术采用统一的专利制度来规范，标志着世界标准合作正式开始。在指南中提及统一专利制度的原因："考虑到技术专家通常不熟悉专利法的复杂条款，ITU-

---

① 张平、马骁：《技术性贸易壁垒：技术标准与知识产权》，知识产权出版社2002年版。

② 数据库链接：http://www.itu.int/ITU-T/ipr/。

T/ITU – R/ISO/IEC 在执行部分以清单形式起草了一份通用专利政策（以下简称'专利政策'），包括一个建议书或可交付件的全部或部分需要专利授权时可能出现的三种不同情况。旨在澄清和促进专利政策的实施。"（参见 Guidelines for Implementation of the Common Patent Policy for ITU – T/ITU – R/ISO/IEC Part I – Common guidelines）

在《共同专利政策》中规定，ISO、IEC 和 ITC 的办公机构不负责对专利的证据、有效性或范围给出权威的或全面的信息，但是要求所用到的全部信息（包括正在审查的专利申请）是标准使用者可获得的公开内容（参见 Common Patent Policy for ITU – T/ITU – R/ISO/IEC 第一条）。这是由于参与标准制定工作的技术专家不一定熟知专利的保护范围及法律状态等。专利权人对纳入标准的专利可以有三种选择，并需要向 ISO、IEC、ITU 相关机构提交"专利陈述和许可声明"表。而《共同专利政策实施指南》则主要涉及制定共同专利政策的目的、术语解释、专利许可声明的方式及内容要求、标准中涉及专利的范围等，是对《共同专利政策》的进一步细化。

第四节 其他标准化组织的专利政策

国际标准除了包括 ISO、IEC 和 ITU 三大国际标准化机构制定的标准外，还包括经 ISO 认可并在 ISO 标准目录上公布的其他国际组织制定的标准。截至 2012 年，被国际标准化组织 ISO 认可的国际性组织共有 49 个。[①] 也就是说这 49 个国际标准化机构制定的标准也构成国际标准。此外，一些非国际性标准化组织在某些区域内非常活跃，虽然这些组织制定的标准不是国际标准，但是这些组织的活动对国际标准化的发展也起到了非常大的促进作用。

一般来讲，无论是国际标准化机构或是区域标准化机构，它们的专利政策都是基本相似的，核心内容都包括：标准化过程中产生专利信息的披露义务以及专利持有者在 RAND 条件下的专利许可义务。

---

① 资料来源：http://www.cfstc.org/sites/main/preview/preview.htm? columnid = 44&tid = 20120217224621531334813&page = 1。

第五节　我国专利标准化进程目前面临的问题

专利标准化战略是指通过在标准中结合自己拥有的专利技术来达到垄断市场，获取经济利益的手段。目前，技术标准与专利的结合已经成为国际经贸中的主要竞争因素。通过专利的标准化，来促进全球贸易流通、打破市场阻碍。

一　我国专利的现状

根据国家知识产权局的统计数据，2013 年，国家知识产权局共受理发明专利申请 82.5 万件，连续 3 年居世界首位。共授权发明专利 20.8 万件。其中，国内发明专利授权 14.4 万件。[①] 2013 年，我国发明专利主要呈现以下的特点：一是我国发明专利受理量实现了结构上的突破。发明专利申请量持续增加，占专利总量的 34.7%，显示出我国专利申请的质量在逐步提升。二是专利运用能力进一步提升，无论是专利权质押金额、专利保险以及专利奖带来的销售额都有了很大的增长。三是企业知识产权创造主体的地位稳固。2013 年我国企业获得的发明专利授权占国内发明专利总量的 54.9%。同时，我国专利申请也存在以下问题：一是地区申请专利不平衡。以每万人口发明专利拥有量为例，我国地区之间不均衡的问题十分突出，东部地区为 7.7 件，中部、西部和东北地区分别只有 1.8 件、1.6 件和 2.8 件。北京和上海两地分别为 41.29 件和 20.32 件，远高于其他地区。[②] 二是不同技术领域专利申请差距较大，"在光学领域，国外拥有的发明专利数量为国内的 2 倍，运输、音像技术领域为 1.8 倍。从 35 个技术领域中维持 10 年以上的有效发明专利来看，国外在华专利拥有量是国内的 4.4 倍，电信领域甚至达到了 10.8 倍"[③]。

[①]　数据来源：http：//www.sipo.gov.cn。
[②]　同上。
[③]　国家知识产权局副局长甘绍宁在 2013 年我国发明专利授权及有关情况新闻发布会上的讲话。

二 我国专利标准化中存在的问题

与发达国家相比,我国的专利标准化战略还远远落后。目前,我国在开展专利标准化的过程中还存在如下一些问题。

1. 标准滞后

在我国有专家认为,"联合国的 33 个标准建议书时时发布、时时维护,可是我们遵循的很多标准都是 10 年、20 年才修订一次,远远跟不上发展"[1]。标准的滞后已经给我国的对外贸易带来了巨大的损失。据 2009 年广东省外经贸协会针对广东外贸企业的调查显示,每年总额达 4000 亿美元的外贸生意,因为对国际贸易标准的不了解而造成货款无法回收的比例就达 5%,总额约 200 亿美元。"这个误差率是国外的 20 倍。"我国外贸因标准化不足每年损失超 1 万亿元人民币。[2] 同样,由于标准的滞后,导致企业满足于现状,对创新的渴望不是十分强烈,企业的创新能力不足,难以出现更好更有效的技术。

2. 专利应用性不强

美国经济学家卡尔·下皮罗和哈尔·瓦里安认为,标准战争的胜负取决于对七种关键资产的掌握:①对用户安装基础(指已有的客户规模)的控制;②知识产权;③创新能力;④先发优势;⑤生产能力;⑥互补产品的力量;⑦品牌和声誉。[3] 因此,一项专利是否具有产业化的价值是将其标准化的重要前提。而目前,在我国,有不少企业和研究机构申请专利的目的并不是为了推动其产业化,而是为了完成科研任务、为了企业形象,甚至是为了国家对高新技术企业的一些减免税的优惠而去申请专利。

3. 法制不健全

目前,虽然越来越多的专利权持有者积极参与专利的标准化工作,但由于我国没有具体的法律和制度来平衡专利标准中专利权持有者和标准使用者之间的利益,有些专利权持有者因担心其专利被免费使用而并不愿意将其专利纳入标准中,这也导致了我国一些标准因缺乏先进的专利技术导

---

[1] 王晓先、文强、黄亦鹏:《专利标准化的正当性分析及推进对策研究》,《科技与法律》2014 年第 4 期。

[2] 宋雪莲:《标准化不足——中国外贸每年损失超万亿》,《中国经济周刊》2010 年第 48 期。

[3] 马克:《力撼标准》,《南方周末》2001 年第 6 期。

致技术落后。我国现行的法律制度中没有明确专利在写入标准后专利权人相关权利规定,只有一份最高人民法院在 2008 年 7 月 8 日的复函中涉及这个问题。最高法院把专利纳入标准视为一种"特别的法定许可",在专利权人没有承诺放弃专利使用费的情况下,他人如果使用该专利标准,虽然未经专利权人许可,但是不属于侵权行为,专利权人仍然可以要求实施专利标准者支付一定数额的使用费。"特别"在于专利权人收取的使用费应明显低于正常的许可使用的使用费。① 在这种没有保护专利权持有者合法权益的法制下,难免影响专利权持有者追求专利标准化的积极性。因此,法制的不健全导致了专利标准化发展缓慢、科技创新动力不足。

三 推进我国专利标准化之对策

1. 健全标准中涉及专利的相关政策

2014 年 1 月 1 日起,为妥善处理标准中涉及专利的问题,国家标准化管理委员会发布了《国家标准涉及专利的(暂行)规定》,规定"国家标准在制修订过程中涉及专利的,全国专业标准化技术委员会或者归口单位应当及时要求专利权人或者专利申请人作出专利实施许可声明。该声明应当由专利权人或者专利申请人在以下三项内容中选择一项:①专利权人或者专利申请人同意在公平、合理、无歧视基础上,免费许可任何组织或者个人在实施该国家标准时实施其专利;②专利权人或者专利申请人同意在公平、合理、无歧视基础上,收费许可任何组织或者个人在实施该国家标准时实施其专利;③专利权人或者专利申请人不同意按照以上两种方式进行专利实施许可"(参见《国家标准涉及专利的(暂行)规定》第三章第九条)。并规定"国家标准中所涉及专利的实施许可及许可使用费问题,由标准使用人与专利权人或者专利申请人依据专利权人或者专利申请人作出的专利实施许可声明协商处理"(参见《国家标准涉及专利的(暂行)规定》第五章第十七条)。

但同时,在该规定的第五章第十四条和第十五条规定"强制性国家标准一般不涉及专利。强制性国家标准确有必要涉及专利,且专利权人或者专利申请人拒绝作出第九条第一项或者第二项规定的专利实施许可声明

---

① 王记恒:《技术标准中专利信息不披露行为的反垄断法规制》,《科技与法律》2010 年第 4 期。

的，应当由国家标准化管理委员会、国家知识产权局及相关部门和专利权人或者专利申请人协商专利处置办法"。强制性国家标准中不涉及专利，在一定程度上可以减轻管理机构的管理成本和法律风险，但国家标准中不涉及专利技术必然导致新技术、新方案的无法采用，在这种情况下，必然导致产品停留在较落后的状态，同时打击了专利权持有者参与标准制定的积极性。因此，作为标准，首先应该建立在技术先进性的基础上，而不是一味地排斥专利技术。

同时，应在我国标准化组织的专利政策中规定违约后的责任，切实保护专利权持有者和标准使用者的利益。

2. 强调科技开发政策和标准化政策的协调统一

例如，日本内阁会议在2001年3月确定的科学基本计划中指出：经济社会对技术标准的需求很高，要促进国立研究所积极参加标准化活动；要实现标准化政策和产业技术政策的一体化进程，要建立支持标准化研究开发体系；要增加有关科学研究的预算经费。美国则直接要求美国国家标准和技术研究院（NIST）参加ANSI的理事会，对ANSI的国际标准化活动提供财政支持；要求计量测试领域的专家参加国内、国际标准化活动；科研人员参加标准化活动情况，要作为业绩考核的一个指标。欧洲各国也在积极推行对以标准化为目标的研究开发项目给予财政支持的政策。[①]

3. 通过产业联盟带动标准的制定和实施

由于技术的飞速发展，一个产品极有可能综合了多项专利，这不但增大了技术研发的难度，同时也需要企业投入巨额的人力、财力、物力进行研发活动，并且研发还存在巨大的风险，因此，依靠少数企业的研发成果形成技术标准几乎是不现实的，目前，应扩大推广的模式是，企业通过产业联盟以及科研机构共同研发核心技术并申请专利，然后由行业联盟接纳为事实标准或通过政府或标准化组织采纳为法定标准，形成专利池。[②] 这种模式在国际专利标准化过程中已经取得了巨大的成功，不但整合了有限的资源、发挥了各方的积极性、缩短了开发周期、提高了开发效率，并实现了技术联盟内的利益平衡。我国的WAPI产业联盟正是通过这种模式顺利将其虎符安全机制TePA纳入ISO/IEC批准发布的国际标准ISO/IEC

[①] 杨帆：《技术标准中的专利问题研究》，中国政法大学博士学位论文，2006年。

[②] 方堃、张鸣、谢德琼：《专利标准化的探讨》，《口腔护理用品工业》2011年第4期。

9798-3：1998/Amd.1：2010 中的。

4. 持续创新，合理专利布局

在这个专利技术就是发言权的时代，没有专利技术，就意味着没有标准制定中的发言权。我国应坚持持续的技术创新，并对专利进行更加合理的布局，提升整体标准行业的专利标准化进程，通过政策激励、政府引导、权威机构监督与管控加大技术创新力度加速专利标准化进程。

此外，政府也应该在标准化的基础条件建设、标准化的内外部环境以及对标准化的宣传力度与重视度方面给予更多的投入和支持，加速我国专利标准化的进程。

第四章

知识产权强国战略

第一节　美国的知识产权战略

作为当今创新能力最强且最重视知识产权保护的国家，美国的知识产权战略一直在不断更新和调整。对美国知识产权战略经验的总结，一方面有利于我国知识产权战略的制定和研究；另一方面有利于促进我国的国际化贸易。美国知识产权具有以下特点。

一　法律体制方面

1. 联邦法和州法并存

美国法律包括宪法、行政法、成文法与普通法（包括案例法），其中最重要的法律来源是美国宪法，其他的法律统归宪法管理并低于宪法。任何法律不得与宪法相抵触。对于知识产权来说，美国实行的是联邦法和州法两级并存的法律体制。在这种两级知识产权法律体制下，联邦有一个商标法，美国的 50 个州也拥有各自的商标法，因此美国的商标法共有 51 个。

2. 成文法和判例法结合

从美国法渊源的位阶看，成文法的位阶高于判例法，美国的宪法是成文宪法。当成文法的规定明确推翻判例法时，成文法原则上优先于判例法。而判例法是基于法院的判决所形成的具有法律效力的案例。凡是对以后的判决具有法律规范效力、能够作法院判案的法律根据的案例，就是判例法。在美国，一般都是由判例形成各州的普通法。因此，美国法律的核心其实是判例法。与知识产权相关的判例，不但解释和创造了知识产权法律，在解决知识产权保护新问题的过程中也起到了非常重要的作用。

3. 以巡回上诉法院为核心的司法体制

在美国，虽然普通的民事、刑事案件一般由州法院进行审理，但当涉及联邦法律时，只能由联邦法院进行审理。根据1982年美国的联邦法院改进法，联邦巡回上诉法院对专利诉讼具有排他性的上诉管辖权。

二 法律方面

近几十年间，美国根据国家利益和企业竞争的需要，对专利法、版权法、商标法等传统的知识产权法律不断进行修改与完善，扩大了保护范围，加强了保护力度。目前，美国已经建立起一套完整的知识产权法律体系。美国主要的知识产权法规包括如下几个方面。

1. 专利法

1996年，美国国会修改了《专利法》，1999年又颁布了《美国发明人保护法》，确立了专利先发明制度和1年宽限期保护制度以及早期公开制度。2011年3月8日和6月23日，美国参议院、众议院分别通过了题为《美国发明法案》的专利法改革提案，对现行美国专利制度实施重大改革，以提高专利审批效率、更好地保护发明创造者的权益。本次改革将先发明制改为先申请制、取消现有技术的地域限制、调整宽限期的适用范围、调整最佳实施方式的公开要求、取消在国外完成的发明作为现有技术的限制、调整关于先用权的规定。这些方面的改革与实体专利法的国际协调有密切联系，改革结果将使美国的专利制度与各国专利制度趋于接近，也将为美国在实体专利法的国际协调中的一贯积极立场提供有力支撑。[①]

改革后的专利法主要有以下几点特征。

发明人先申请制（first inventor to file）。要求保护的发明的"有效申请日"定义为申请的实际提交日；现行美国专利法的宽限期是12个月，可以享受宽限的行为不限于与发明人自己有关的行为；

宽限期制度。大多数国家对于专利都要求发明人在其公开发明前提出改革提出专利申请，但美国专利法规定了为期一年的宽限期，这充分体现了美国专利法对发明人权益的保护。修改后提案仍为一年的期限，但将不

[①] 美国专利法改革最新动向，http://www.sipo.gov.cn/dtxx/gw/2011/201109/t20110905_619144.html，2011年。

构成现有技术的公开行为修改为限于发明人或共同发明人自己进行的公开行为，或者直接、间接源自发明人的公开行为；

扩大现有技术范围。改革提案提议修改美国专利法第102条有关现有技术的规定，现行条款中规定世界范围内的以专利、公开出版物形式公开，以及美国境内公开使用、销售而公开的技术构成现有技术。改革提案取消了地域的区分，即世界范围内以专利、公开出版物、公开使用、销售或者其他方式为人所知的技术均构成现有技术。

关于先用权制度，《美国发明人保护法案》（1999）规定了"第一发明人抗辩"规则，即所谓的先用权原则。根据《美国专利法》（2012年版）第273条，在某些情况下在先发明人虽然丧失了获得专利权的机会，但是可以在原有范围内继续实施该项专利技术，而不视为侵犯专利权。但这种"第一发明人抗辩"仅适用于商业方法。改革提案建议将此先用权原则从商业方法扩展至在美国进行的各种商业使用行为。但是，这种商业使用须早于申请日之前1年或者享受宽限期的行为之前1年，以较早的时间为准。此外，改革提案中要求美国专利与商标局（USPTO）研究其他国家的先用权制度并提交报告。

对商业方法专利的审视，改革提案要求USPTO建立一个过渡期为10年的授权后重审程序，以特定的标准和程序重新审视商业方法专利的有效性。此外，提案中还规定，在评价发明的新颖性、非显而易见性时，任何用于降低、避免或者延缓纳税责任的策略将被视为不足以使要求保护的发明与现有技术相区别，实际上这就意味着此类发明不能被授予专利权。[①]

2. 版权法

第一部美国版权法是于1790年制定的。版权法的制定，来自美国宪法第一条第八款的授权："议会有权……为促进科学和实用技艺的进步，对作家和发明家的著作和发明，在一定期限内给予专利权的保障……"长期以来，美国版权法的立法精神使美国对版权的保护具有鲜明的本土化特征。特别是在美国版权制度发展的初期，美国政府制定了与本国版权业发展状况相适应的版权保护的本土化策略，美国版权制度发展具有鲜明的本土特色。1976年，美国对《版权法》进行了全面修改，修改后的

---

① 国家知识产权，2013年3月美国专利法改革最新动向，http://www.sipo.gov.cn/dtxx/gw/2011/201109/t20110905_619144.html。

《版权法》构成了美国现行版权法的基本法律框架。1976年《版权法》自实施以来到2000年先后共经历了46次修正。经过不断修正，美国1976年版权法已成为当时世界各国版权法中规定最为详尽、立法技术较高以及保护范围亦较为完善的几部版权法之一，美国版权法提供的版权保护大大加强了。它的主要特色体现在：①

注册登记制和财产权保护。与欧洲的作者权法不同，美国版权制度不对作品实施自动保护，作品在进行版权注册登记后，才能获得版权保护。与此同时，美国版权法只保护作者或其他版权所有人的财产权，不保护作者或其他版权所有人的精神权利。因此，同欧洲的作者权法相比，美国版权制度是有条件的低水平的版权保护制度。

版权保护范围和独创性要求的发展。由于本国的文化事业并不发达，美国1790年联邦版权法保护对象仅限于地图、图表和图书，给作者和其他版权所有人的保护期也很短（对版权作品提供为期28年的保护，包括可续期的14年在内）。随着美国文化事业的不断发展，作品的种类日益增多，美国版权法于1831年、1856年、1865年才先后在版权作品的序列中增加了音乐作品、戏剧作品和摄影作品，延伸了"印刷作品"的含义；在版权主体类别中包括了歌曲作者、剧本作者及摄影作者，扩大版权受益者的保护范围。19世纪后期，随着美国具有创造性的作品的大量涌现，美国法院开始依据实质相似的标准审理侵权案件，逐步提高了对独创性的要求。

版权保护的单边主义。18—19世纪，美国是一个版权产品的进口国，因此美国版权法一直不对外国作品提供版权保护。直到1891年《国际版权法案》的颁布实施，美国才开始通过双边条约有条件地为极有限的几个外国的国民的作品提供版权保护。从1891年开始，美国根据《国际版权法案》，开始通过双边条约保护外国作者作品的版权。20世纪20年代，随着电影和广播等技术的出现，美国逐渐变成了版权产品出口国。美国开始对《伯尔尼公约》产生兴趣，但是几次申请加入都未成功，其主要原因是欧洲国家不愿意迁就美国的低水平保护。第二次世界大战以后，国际版权保护对美国版权产品出口的重要性进一步上升，原有双边版权保护的模式难以适应新形势的需要，而美国仍不愿意提高自己的保护水平以满足

---

① 包海波：《试析美国版权战略与版权业发展的互动》，《科技与经济》2004年第6期。

《伯尔尼公约》的要求。因此，美国倡导建立了与其版权制度相一致的新国际公约《世界版权公约》（1952），该公约的保护水平低于《伯尔尼公约》。

3. 商标法

美国国会在1881年制定了一些与商标注册和保护相关的成文法规，也就是联邦《商标法》，现行商标注册和保护的法律是1946年7月5日美国国会制定的1946年《商标法》，通常称为《兰哈姆法》。该法于1947年7月5日正式生效，于1988年予以修改，修改法令于1989年11月16日生效，此外，有关法规还包括1989年10月11日的商标法实施细则、1996年1月16日生效的1995年联邦商标淡化法、在1989年商标案例时间法则基础上修改的联邦法律第二部分第37号法令。当前美国商标法主要有以下特点。

商标权的确立采用使用原则。即在美国要想取得商标注册，该商标必须是实际使用或准备使用的，不使用或不准备使用的商标不能在美国取得注册，从而也不能取得商标权。商标在美国取得联邦注册，可以推定在全美各州的使用，并在全美受保护，而不管其是否在各州注册或使用。如果商标只在使用及注册的州受保护，则在其他州不受保护。并允许外国商标在美国注册，但需以该商标在美国的使用或意图使用和经原属国注册为前提向美国提出注册申请，必须提交说明该商标使用情况的证明和宣誓书，并提交原属国核发的注册证据。

对注册商标实行权利确立和权利保护分开的体制。即商标权的确立职能由联邦专利商标局和各州的商标主管机关行使，而对商标权的保护由美国司法机关负责。商标一经批准，很快便通过发布商标公告公布于众，并输入计算机传递给全国的商标代理机构和司法机关，司法机关借此受理侵权案件。

反淡化法律保护。美国联邦和州的商标法都给予著名商标更严格的保护，对商标淡化行为加以法律限制（商标淡化行为是指未经权利人许可，将与驰名商标相同或相似的文字、图形及其组合在其他不相同或不相似的商品或服务上使用，从而减少、削弱该驰名商标的识别性和显著性，损害、玷污其商誉的行为）。美国于1947年在马萨诸塞州通过第一部《商标反淡化法》，1996年又颁布了《联邦商标反淡化法》，规定了著名商标的保护和使用的原则，以及混淆、诋毁行为的法律责任等内容，解决了与互联网域名有关的商标淡化问题。[①]

4. 商业机密保护

在美国，对于版权、专利和商标的保护，都有联邦的法律予以规范。但对于商业秘密的保护，仍属于州法的范畴，不存在联邦法意义上的商业秘密法。各州的商业秘密法都是判例法。从理论上说，各州可以在有关商业秘密保护的判例中自由发展自己所认可的保护规则。然而在事实上，美国各州的现代商业秘密法差异很小，甚至可以说是基本相似。这主要是因为，各州的现代商业秘密法是由1939年的《侵权法重述》和1979年的《统一商业秘密法》支配的。1979年由"统一州法委员会全国会议"批准的《统一商业秘密法》，统一了商业秘密及其侵权的定义，商业秘密侵权的诉讼时效，以及明确了侵权的法律救济。1985年，《统一商业秘密法》又进行了修订。自1981年开始，《统一商业秘密法》相继被许多州所批准或采纳。至1998年，已经有41个州和哥伦比亚特区批准或采纳了《统一商业秘密法》。由此可见其在美国商业秘密保护中所发挥的作用。[②]

此外，美国制定了保护其国内企业和国家利益的知识产权保护条约，即"337条款"。"337条款"是美国关税法中的第337条款的简称。"337条款"主要是用来反对进口贸易中的知识产权侵权和不公平竞争行为，特别是保护美国知识产权人的权益不受涉嫌侵权进口产品的侵害。随着美国对外贸易政策从"自由贸易"向"保护贸易"转变，"337条款"已经成为管制外国生产商向美国输入产品侵犯知识产权的法律规制和单边制裁措施。[③]

随着互联网的普及和电子商务的发展，美国越来越意识到保护商业秘密的重要性，于是美国联邦政府在1996年制定了《反经济间谍法》，正式以联邦法对侵害商业秘密者加以严格之刑事责任，以补州法民事责任制裁之不足，使得美国在商业秘密的保护方面，形成两套系统，也就是各州根据《统一商业秘密法》自行制定的州法，以及属于联邦权限之内的经

[①] 徐士松、周晨、任丹娅：《美国知识产权保护和反倾销借鉴》，《杭州科技》2005年第6期，第52页。

[②] 李明德：《美国商业秘密法研究》，《外国法译评》2008年第10期，第84—100页。

[③] 何静：《美国"337调查"及相关应对策略》，《北京石油管理干部学院学报》2006年第4期，第8—12页。

济间谍法案。

三 行政保护体系

1. 美国专利商标局

美国专利商标局是美国商务部下的一个机构,为发明家和他们相关发明提供专利保护、商品商标注册和知识产权证明。主要职能是专利授权与商标注册;为发明人提供与其专利、产品及服务标识相关的服务;通过实施专利与商标等知识产权相关法律,管理专利、商标以及与贸易有关的知识产权事务;为商务部和其他机构提供涉及知识产权事务的建议和帮助;通过保存、分类和传播专利信息,帮助、支持创新和国家科技发展以及其他相关业务。根据美国专利商标局"21世纪战略计划",其发展方向是确保知识产权制度的不断完善,促进全球经济发展,鼓励创新投资,强化企业家精神,并改善每个人的生活质量。为此,专利商标局的工作目标是:提高专利和商标的审查质量,缩短审查期;积极加强电子化建设;加强国际合作,促进全球知识产权保护体系的发展与完善。[①]

2. 美国国会图书馆版权办公室

美国1790年的宪法中就有关于版权(版权即著作权)的规定。1800年,国会设立了国会图书馆,1870年,美国国会图书馆版权办公室开始负责美国的版权登记工作。版权办公室的职能还包括:起草版权法规,为国会对国内和国际版权事务提供建议,协助联邦政府和司法部的版权事宜,参与有外国政府参加的版权国际会议,进行版权相关研究。

3. 国际贸易委员会

国际贸易委员会主要负责美国对外贸易政策中有关知识产权保护的决策与执行。

除了以上这些行政主管机构外,美国还设有国家技术转让中心,作为联邦政府支持的、规模最大的知识产权管理服务机构,负责协调知识产权的相关资讯和促进技术转让事务(详见表5)。

---

① U. S. Patent and Trademark Office, *The 21st Century Strategic Plan*, http://www.uspto.gov.

表 5　　　　　　　　美国知识产权管理机构及职责

类型	机构		职责
行政主管机关	专利商标局	专利、商标审查登记部门	主管专利、商标计划控制及审查、登记
		专利、商标文件部门	主管有关文件分类、技术评估及预测等
	商务部下设的国际贸易委员会		负责美国对外贸易政策中有关知识产权保护的决策与执行
	版权办公室		负责版权登记、公告和版权纠纷的行政处理
	其他政府机构（如能源部、农业部、环保署、卫生部等）各自拥有的专利管理部门		有权以各自机构的名义进行专利的申请、维护以及许可转让
与科技法律有关的机构	如国会研究服务署、会计署、科技评估室、国会预算室等		研究科技政策、草拟科技立法、修正与知识产权有关的法案，以及收集最新的科技资讯

资料来源：上海科学技术情报研究所（ISTIS）。

四　知识产权保护的新趋势

国际金融危机爆发以来，全球经济活动明显放缓，世界贸易增速下降。在如此艰难而又复杂的国际经济背景下，美国进一步加强部署和调整其知识产权保护策略。当前美国知识产权保护有以下新趋势。①

（1）不断加强版权保护力度，尤其是互联网版权法的保护。2009年5月，美国贸易办公室把加拿大列入知识产权保护不充分的12个"优先观察名单"。美国贸易代表办公室认为，美国的知识产权权利人、商人和工人在国际盗版、假冒和其他偷窃知识产权的行为中承受了不小的损失，即使是最近的贸易盟友和邻居加拿大也要在以规则为导向的贸易体制下，加强知识产权的保护和实施。

（2）美国商业方法专利领域"专利适格标的"的判定标准发生变化——可专利性趋于严格。美国判例法在商业方法案件的处理中，曾归纳了"转换测试法""除外事项测试法""State Street"测试法。2008年10月，美国联邦上诉巡回法院针对方法发明是否为专利适格标的，确立了"机器测试法"或"转换测试法"的适用。同时，美国生物技术专利领域——专利显而易见性标准上判断原则紧缩和区域严格化。这两个专利领域的发展，表明美国已意识到对商业方法专利过滥授权问题的严重性。在

---

① 王德生：《美国知识产权保护制度及监管》，http://www.istis.sh.cn。

国际金融危机下，美国倾向于对商业方法专利采取严格的标准审查制度，加强专利的创新含量，保持美国的核心竞争力，而不是把财力、物力花费在对没有多少创新含量的产品和技术的专利保护上。

（3）十分强调政府介入知识产权标准化的制定，推动美国市场规则和标准在国际层面上的实施。美国认为，政府在签订国际协调的标准协定方面可以发挥重大的作用。因为知识产权保护中需要标准，将专利制度与技术标准巧妙地结合在一起，使得标准较容易利用其技术优势，从而在知识产权中处于有利地位。美国一些高新技术公司通常先把规则性的东西制定成为国际标准，然后把这种标准型的路径全部设定成专利进行注册，从而在市场竞争中处于优势地位。

第二节 日本的知识产权战略

第二次世界大战后，日本吸取了第二次世界大战中科技失败的教训，开始大规模引进和消化欧美先进技术，到1980年提出并实施"技术立国"战略，实现了经济的高速增长。2002年7月，日本又通过了《日本知识产权战略大纲》，明确提出了"知识产权立国"的目标。通过实践，日本在知识产权的创造、发展、应用、管理方面建立了一套科学合理的机制，实现了从"贸易立国"到"技术立国"，再到"知识产权立国"的战略升级，推动了日本经济的发展。

一 战略背景

日本知识产权战略的提出具有深刻的背景，是国家发展战略顺应形势变化、服务经济社会发展的产物，是发展理念不断升级、战略逐步高端化的具体体现。具体分为三个阶段。[①]

一是"贸易立国"阶段。20世纪50年代至70年代，日本主要实行"贸易立国"战略。通过大量引进欧美先进技术，并在消化吸收的基础上进行二次开发，形成规模生产，在产品加工组装、批量生产方面形成了领先世界的优势。70年代日本的汽车和家用电器等产品已席卷全球市场。

---

① 葛天慧：《日本"知识产权立国"战略及启示》，《前线》2009年第7期。

在此阶段日本的知识产权活动主要集中在外观设计方面，而在技术方面多是在模仿吸收别人的成果，创新性并不强。

二是"技术立国"阶段。20世纪80年代至90年代，日本实施了"技术立国"战略。由于在引进和改造别国现有技术的基础上进行生产贸易的战略日益引起了欧美国家的不满并受到打压，日本政府开始进行战略调整，在继续引进技术的基础上加强自主开发研究。在知识产权方面，从以外观设计为主的改进型技术向独立的发明创造转变，从传统的追求专利数量到注重专利质量转变，加强科技创新对日本产业发展的促进作用。

三是"知识产权立国"阶段。2002年开始实施"知识产权立国"战略。由于20世纪90年代来自欧美知识产权方面的压力持续增大，在信息技术等高新技术领域方面竞争力逐步落后于欧美，而在传统工业和劳动密集型产品方面又面临着亚洲新兴工业国家和地区的竞争，日本连续遭受十多年经济疲软和产业竞争力下降的困扰。在此背景下，日本政府决定再次进行战略调整，制定国家知识产权战略，希望通过从战略层面创造、保护和应用知识产权，来摆脱困境、重振经济，增强日本的国际竞争力。这既是"技术立国"战略的延续和深化，又是对其在知识经济时代的发展和突破。

二 战略体系与内容

1. 日本现行主要政策与做法

日本政府十分重视知识产权，鼓励科研机构开展创造性开发研究，积累和有效利用其成果，同时不断完善专利制度，为科研人员申请专利等提供良好的服务，使日本专利申请件数不断增加，专利和实用新型申请件数占世界的40%，成为世界工业产权大国。其主要的做法有如下几种。[①]

（1）加快审查

为加快审查，专利局（JPO）采取的主要措施有：推进自动化建设；适当增加审查员；采取巡回审查制（巡回审查：从1996年起，为方便与审查员会面机会少的中小企业、风险企业等申请人，审查员赴申请人所在地进行的审查）；充分利用民间力量为审查服务，把部分检索工作委托局

---

① 祝晓莲：《美日两国知识产权战略：比较与启示》，《国际技术经济研究》2002年第4期。

外机构承担等。

（2）提高国民知识产权意识

为普及知识产权知识，提高国民的知识产权意识，JPO 编写了有关中小学教材；举办面向中小企业的各种说明会、研讨会，以促进中小企业的知识产权活动。

（3）促进技术转移

JPO 在全国指定了 100 多名专利流通顾问，以促进技术转移，特别是促进大学及研究机构向民间转移技术。需要技术或欲出让技术均可通过专利流通顾问进行。

（4）申请、审批制度

日本实行先申请制、申请公开制和实审请求制；在发明技术已经实施或被侵权的情况下，申请人可要求提前审查；自授权日起 6 周内，任何人都可向专利局复审部提出异议；从 1994 年起，对日本的申请可提交英文版，但自申请日起 2 个月内须再次提交日文申请；日本设有提前复审制度。发明专利的保护期为自申请日起 20 年。日本曾对实用新型采用实审制，1994 年改为无实审登记制，申请人可要求专利局提供实用新型技术评价书。实用新型的保护期为自申请日起 6 年。日本对外观设计采用实质审查制（授权后公开）；申请人可要求提前审查。外观设计的保护期限为自申请日起 15 年。

（5）建立知识产权战略会议制度

为尽快确定、实施知识产权战略，增强日本的国际竞争力，刺激经济增长，日本建立了知识产权战略会议制度，这是由政府多部门参加的会议。该知识产权战略会议由小泉首相任最高领导，成员由经济产业省、文部科学省等部门的 9 位大臣（部长）和大学校长、大公司会长、相关协会会长、著名律师等 11 位民间人士组成。小泉首相出席会议并发表讲话指出：创造、保护和应用知识产权是提高日本工业国际竞争力、搞活经济的重点之一；知识产权应该作为"国家战略"，举国研究、推进。

2. 日本知识产权战略内容

尽管日本在知识产权方面起步较晚，但进入 21 世纪以来，日本国家知识产权战略动作之大、涉及面之广、推行之快，在全世界都非常突出，实现了后来居上。自 2002 年 3 月至 2003 年 1 月短短的 10 个月期间，日本政府先后召开八次"知识产权战略会议"，相继出台了《知识产权战略大纲》和《知识产权基本法》，将"技术立国"的国策修改为"知识产权立国"。2003年3月，政府内阁成立由首相亲自挂帅的知识产权战略本部，制定《知识产权战略推进计划》，由知识产权创造、知识产权保护、知识产权应用、发展多媒体素材产业、人才培养和提高国民意识等五大部分组成，其中包括270项措施，形成较为完善的知识产权整体战略体系。[①]

（1）战略目标

日本知识产权立国战略的核心是把研究活动和创造活动的成果作为知识产权从战略上保护应用，把产业发展的基础建立在技术、设计、品牌以及音乐、影视节目等信息化产品的知识创造上，以知识产权为基础，推进产品和服务的高附加值化，进而实现日本经济社会的新发展。

（2）战略实施

2003年3月，日本政府决定在内阁增设知识产权战略总部，作为过去直属首相的咨询机构"知识产权战略会议"的延续，由首相任部长，副部长由内阁官房长官、负责科学技术的大臣、文部科技大臣、经济产业大臣担任。整个部门由全体内阁成员和10名在知识产权方面有专长的成员组成，主要来自产业界、著名大学和研究所、法学专家、律师等各界人士。整个战略主要由文部科技省和经济产业省负责，法务省、法院和特许厅配合实施。

（3）战略重点

第一，激励知识产权创造。以大学、研究机构和企业为中心，促进知识创新和发明创造。第二，强化知识产权保护。从专利的审查到专利权的获得、转让和运用，都实行有效的保护政策。第三，推动知识产权应用。促进知识产权的转让和流通，使发明创造和研究开发成果产业化。第四，发展多媒体素材产业，以利用这些知识文化资产扩展海外市场，创造更大价值。第五，培养人才并提高国民意识。

知识产权立国战略的主要内容是：第一，创造战略。即以大学、公共研究机构和企业为中心，充分发挥个人的聪明才智和创造精神，促进知识创新和发明创造。第二，活用战略。所谓活用战略，就是促进知识产权的转让和流通，使发明创造和研究开发成果产业化，最大限度地实现经济社

---

① 葛天慧：《日本"知识产权立国"战略及启示》，《前线》2009年第7期。

会效益。第三，保护战略。即从专利的审查到专利权的获得、转让和使用，都实行有效的保护政策。保护知识产权不仅是保护知识财产所有者的利益，而且是保护知识创新者和发明创造者的积极性。第四，人才培养。知识产权战略的核心是知识创造，而知识创造主要是依靠个人智慧性、创造性的劳动，需要大批既具有丰富的专业基础知识，又甘愿为知识创新献身和奋斗的优秀人才。而且，在知识产权保护方面，也需要一大批既懂法律，又懂技术的专门司法性人才。[1]

三 知识产权的法律体系

日本为使其知识产权制度与国际接轨，以适应新技术发展的要求，不断地对知识产权法律进行修改。目前，日本知识产权法律制度由以下实体法组成：《专利法》《实用新型法》《外观设计法》《商标法》《版权法》《集成电路布图设计法》和《不正当竞争防止法》《商法》《半导体集成电路流程设计法》《种子和种苗法》《海关法》。

概括起来讲，日本的知识产权法律体系有以下特点：一是立法严谨且详尽具体，便于执法操作和保持执法的统一性。日本的各部知识产权法律所调整规范的范围，在总则中均有详细明确的规定，对关键术语做出定义，从各部法律的总则可以看出，其对知识产权客体的保护既全面又不重复。二是日本修改知识产权法律非常重视与国际条约的规定相一致，注重吸收德国或西欧等国家的经验，出于美国的压力，也注意在保护水平上与美国相一致。

四 行政保护体系

日本政府重视对知识产权法的实施和科学管理。在日本，执行知识产权法律首先是司法部门的责任，对于大量的民事侵权纠纷案件，当事人通过诉讼由法院判决处理；对于侵犯知识产权的刑事犯罪案件，由警察侦破，检察官批捕，法院定罪量刑或处以罚金；政府部门十分重视对知识产权法律的实施工作，有关主管部门制定、执行着一套科学的管理制度。其中：[2]

---

[1] 季风：《论日本科学技术创造立国》，东北财经大学硕士学位论文，2005年。
[2] 《日本的知识产权战略与管理》，http://www.3edu.net/lw/czlw/lw_41390.html。

专利局（JPO）负责制定、修改和解释《发明专利法》《实用新型法》《外观设计法》和《商标法》；受理和审批发明专利、实用新型、外观设计和商标申请；制定、实施工业产权政策；协调国际工业产权保护及其他国际合作事务；促进工业产权信息的传播。JPO由7个部及工业产权进修所、工业产权审议会组成。

文部省负责管理有关著作权，计算机软件也成为著作权法保护的对象。对著作权的管理，除政府职能部门外，民间还成立了各种社团法人性质的协会。

农林水产省负责实施《种苗法》。对植物新品种，培育者认为有经济价值，有必要获得知识保护的，可以提出申请，农林水产省对于申请保护的品种，除进行文件审查外，还进行实地调查或栽培实验，以确保新品种的质量和真实性。

知识产权协会（知的财产协会）是一个完全由企业组成的民间组织，它不同于发明协会、代理人协会等社团组织。协会总会下设各专门委员会，如发明（特许）委员会、实用新型（实用新案）委员会、外观设计委员会（意见委员会）、商标委员会、知识产权管理委员会、知识产权情报委员会、教育培训委员会等12个专门委员会。协会的主要工作有：进行知识产权相关的各种制度的调查研究，知识产权管理及战略的调查研究，知识产权创造活动的奖励与推进调查研究，知识产权情报信息收集和提供，对会员进行知识产权知识的培训。

第三节　韩国的知识产权战略

韩国在科技方面成功运用知识产权发展了本国的经济，其经济的崛起已经成为发展中国家成功的典范。韩国著名的技术经济学者Kim Linsu认为，韩国20世纪七八十年代能够快速追赶的背景之一是当时韩国企业面临的危机。这一危机主要是当时的韩国与美国之间由于一系列的知识产权争端引发的韩国企业的危机。从这一危机中，韩国得到启示，即只有知识产权的战略性运用才是摆脱危机的唯一出路。从此韩国走上了科技创新的道路。韩国政府和企业高度重视知识产权战略，这是韩国经济得以飞速发展的一个重要原因。

一 韩国知识产权发展历程

20世纪60年代以前，虽然韩国已经拥有《专利法》《外观设计法》和《商标法》等成文法律，但由于当时韩国的产业经济才刚起步，其经济主要依赖于初级产品的出口和外国的经济援助，对于技术发展重要性的认识程度尚不高，因此当时的知识产权制度并没有发挥出它的巨大作用。

1. 形成阶段

20世纪60年代至70年代中期，韩国进入知识产权制度形成阶段，为了适应国际国内经济新形势的要求，韩国开始制定和实施经济、技术发展的政策，不断修订知识产权法律政策、加强知识产权的保护力度、扩大知识产权的保护范围，并取得了显著成效。为了支持"构筑技术发展基础"的国家技术政策，保护技术成果，1961年韩国实施外观设计法和新专利法，原有的专利法和商标法被分为4部更加专门化、具体化的知识产权法：《专利法》《实用新型法》《工业设计法》《商标法》。至此，韩国的现代知识产权制度初步形成。[1] 70年代初，韩国连续三个五年发展计划成果显著，国内经济呈现快速增长的势头，韩国开始放宽限制，陆续建立一些出口自由区和出口加工工业基地吸引国外直接投资。随着经济的增长和技术的飞速进步，韩国需要更高标准的知识产权保护体系以鼓励国内产业的技术进步，应对未来国际自由竞争的形势。由此，韩国1973年再次修改知识产权法。1976年韩国国内知识产权申请数总量是1960年的8倍，同时韩国国外工业产权申请也从1960年的360件上升到1976年的4767件。[2]

2. 加强阶段

20世纪70年代中期至80年代中期，韩国产业发展战略开始转移到重化学工业，进入知识产权制度加强阶段。随着对国外资本和先进技术需求的增加，以及对技术的战略价值认识的提高，韩国开始注重制定技术发展政策。1977年韩国专利局成为一个独立的政府机构，更名为专利管理局，由副部级的官员来领导。此后，韩国加强与国际知识产权制度的接

---

[1] Kang-Hyun, The Economic and Technological Impact of the Industrial Property System：The Experience of the Republic of Korea, http：//www.kipo.go.kr.

[2] 《韩国的知识产权战略、管理及启示》，《国务院发展研究中心调查研究报告》2004年第145期。

轨，为技术引进和吸收提供知识产权制度保障，同时提高了对日趋增加的国内 R&D 投资的知识产权保护水平。[①] 韩国分别在 1979 年、1980 年和 1984 年加入了世界知识产权组织、巴黎公约和专利合作条约。韩国知识产权制度的国际化极大地促进了国际技术转移和本国的技术学习。外国直接投资从 1867—1971 年的 2.18 亿美元增加到 1982—1986 年的 10.76 亿美元。[②] 1986 年国外知识产权申请达到 18666 件，是 1976 年的 4 倍。[③] 在此阶段，韩国成功地完成了产业结构的调整，并实现了经济的迅速迅速增长。

3. 强化阶段

20 世纪 80 年代中期至 90 年代初期，韩国从政府主导型经济发展体制逐步转变为企业主导型体制，进入知识产权保护加强期。在市场经济的主导下，韩国企业开始对研发投入大量资金，积极进行高新技术的研发。1988 年，韩国将专利管理局更名为韩国工业产权局（KIPO）。在这一阶段，韩国的知识产权战略重点转移到"以创造更高附加值为目的的高新技术本土化战略和企业的产业竞争力发展战略，积极采取措施加强知识产权保护，促进技术发展。" 1980 年韩国企业的研发中心只有 54 个，1985 年增加到 183 个，1990 年则猛增到 996 个。[④]

4. 全球化时期

自从 1994 年韩国签订《与贸易有关的知识产权协议》（TRIPs 协议）后，韩国就将知识产权战略的核心定性为全球化战略。为了适应 TRIPs 协议的要求，韩国对本国的知识产权法律进行了相关的修改，也开始积极参与国际知识产权的合作及保护规则的制定以增强本国企业自主创新的能力及保护本国 R&D 投资的知识产权，适应企业全球化发展战略。韩国于 1998 年加入了《尼斯条约》和《斯特拉斯堡协定》，1999 年 12 月成为 PCT 国际检索单位和国际初审单位；2003 年 4 月成为马德里协定成员国。

1998 年的金融危机虽然对韩国产生了不利的影响，但是韩国在知识产权的全球化保护方面仍取得了极大的成功。2002 年韩国工业产权申请

[①] 徐明华、包海波：《知识产权强国之路》，知识产权出版社 2003 年版，第 161 页。

[②] 金林素：《工业化进程中技术学习的动力》，《国际社会科学杂志》（中文版）2002 年第 2 期。

[③] 韩国知识产权局，http://www.kipo.go.kr。

[④] 冯晓青：《美、日、韩知识产权战略之探讨》，《黑龙江社会科学》2007 年第 6 期。

总量达290086件，是1993年155870件的近2倍。2002年韩国PCT国际专利申请达2552件，位居世界第八。以每件平均在16个国家同时申请计算，国际专利申请量实际达到4万件。[1]

二 韩国知识产权战略实施

随着经济全球化和科技对经济增长贡献的加大，利用知识产权制度实现知识和技术资源的产权化和资本化，进而在国际经济活动中占据主导地位，已经成为韩国的基本国策。韩国政府把建设知识社会作为政府管理目标，并实施积极的知识产权发展战略。其战略核心是将知识产权制度发展成为对新技术的创造、产权化、商业化具有促进功能的系统化社会基础结构，强化韩国的知识创造力和知识产权竞争力；同时，为全面应对经济全球化和高新技术快速发展带来的知识产权问题，积极参与全球新型知识产权制度的建立，为企业参与国际知识产权竞争与合作创造良好的制度环境。

2004年3月，KIPO公布了"韩国知识产权管理：愿景和目标"计划。该计划旨在促进韩国知识产权的创造、保护和利用，确立了技术、商标和外观设计的创造与使用方向，并将改进韩国知识产权的基础结构。为此，该计划提出了7个目标：加速专利审查，强化知识产权保护；强化商标和外观设计的基础性保护政策；加速专利技术商业化和转让；扩大知识产权创造基础；实现知识产权管理的自动化和专利信息的传播使用；加强国际知识产权贸易和合作；加强内部专利管理能力。其主要做法有:[2]

（1）修改知识产权法律制度

目前，韩国保护知识产权的法律制度有：《专利法》《实用新型法》《外观设计法》《商标法》《版权法》《计算机程序保护法》《半导体电路设计法》《不正当竞争防止与商业秘密保护法》《种子产业法》《海关法》等。为适应以WTO的TRIPS协议为主导的国际知识产权保护标准，强化知识产权制度对技术创新和知识创造的激励作用，提高知识产权制度的行政效率，2001年韩国修改了7部知识产权法律及其相关制度。

（2）强化知识产权保护和执法

韩国在21世纪加强了对假冒商品的打击力度。韩国知识产权局、地

---

[1] 韩国知识产权局，http://www.kipo.go.kr。
[2] 包海波：《韩国的知识产权战略、管理及启示》，《杭州师范学院学报》2004年第3期。

方政府、检察院和警方的合作，定期召开有关知识产权侵权的联席会议，合作进行全国范围的打击假冒品活动，知识产权局成立了假冒品举报中心，取得了显著效果。但随着假冒品生产和流通逐渐转入地下，相关打击工作越来越困难，这就要求更多的有经验的执法人员。韩国政府对警察、海关、地方政府、知识产权局等方面的执法人员不断加强培训；同时，通过出版和广泛散发各种形式的相关资料，提供知识产权法律和反假冒实际技能教育，不断加强反假冒工作的专业化。

（3）发展一流的知识产权行政管理

韩国从 1999 年开始实施了知识产权行政管理全面创新计划，确定了行政管理改革的具体实施课题。经过近几年的努力，韩国知识产权局已具备世界一流的信息技术系统和审查工作效率，全面实现了知识产权行政管理的自动化、网络化，提高了知识产权行政管理的质量效率。2002 年，韩国知识产权局已完成知识产权服务网络的全面改进，拥有世界最先进的自动化知识产权系统。这样，韩国知识产权局在知识产权审查工作量不断增加的情况下，借助资源查询的网络化、国际化和增加审查员数量，达到国际一流水平的审查期和复查期。也因为其应用先进管理理念和方法进行管理改革，为申请人提供一站式服务，被评为韩国政府机构中最佳知识管理组织。为适应知识产权司法活动对复审的要求，韩国还建立了复审案例的内部公开交流制度，举办法律研究系列报告、建立研究专家团，保证了复审决定的权威性和一致性。

（4）促进专利的应用和商业化

韩国认识到，只有专利实现了商业化才能促进社会对专利技术的广泛应用，进一步开发出专利技术的经济价值、创造就业机会，同时可以增加对发明者的经济回报，从而实现知识产权制度既激励技术创新又促进技术扩散的基本目标。因此，韩国努力为促进专利技术的商业化创造有利环境。首先，提供法律保障，制定《促进技术转让法》。该法于 2001 年开始实施，以法律的形式保障了韩国技术交易所的设立与运营，为鼓励和实施技术转让提供了有力的法律保障。其次，建立知识产权市场和网上专利技术市场。韩国知识产权局的互联网知识产权市场促进了专利技术的商业化和销售，有效防止了先进专利技术的闲置。同时，积极组织知识产权市场和技术展览，为技术发明、申请和商业化活动提供有效支持。另外，由专利审查员成立的专利技术转移促进部，参照技术合同范本，帮助企业达成合理公平的许可合同。最后，扶持优秀技术和专利产品。2002年，韩国知识产权局为专利技术商业化实施了100亿韩元的投资和100亿韩元的财政资助。与此同时，韩国产业资源部在2003年投入1471亿韩元，加强专利技术的开发、转让、产业化扶持，促进专利新技术的产业化。

(5) 扩大创造知识产权的社会基础

韩国从两个方面扩大创造知识产权的社会基础，在全社会范围内鼓励发明精神，以有利于知识社会中经济持续稳定所必需的知识发展。一方面，注意培养学生及全社会的发明意识。韩国特别重视对有发明才能儿童的早期培养以形成青少年知识产权意识，积极发展并指导以"促进学生发明"为主题的各项活动。在180个学校建立了发明实验室；韩国知识产权局确定了许多发明教育模范学校，每所学校每年给予1100万韩元的资助；每年一次的韩国学生发明展览会是大规模、高档次的学生发明展览会；韩国将每年的5月20日作为"发明日"，以强调创新和知识经济的重要性，培养全社会的发明意识。近年来，韩国总统也多次参加与发明相关的活动。另一方面，注重知识产权领域的人力资源开发。韩国在1987年成立国际知识产权学院，旨在韩国政府和企业以及亚太地区发展中国家培养知识产权专家、促进国际合作。其活动内容包括：为韩国知识产权局、其他政府知识产权管理人员提供有关课程；为企业、专利法律事务所、研究所等提供有关的知识服务；为学校教师提供促进发明和知识产权教育方面的课程；承担学校培训项目；举办WIPO亚洲论坛、国际知识产权教育研讨会和韩日知识产权执法研讨会，并为亚太地区发展中国家培训知识产权官员。2003年，韩国在国际知识产权学院创立国家发明教育中心，为今后大规模培养发明人才做准备。

(6) 加强国际合作

韩国企业在国际市场竞争和国际知识产权开发方面已取得巨大成功，因而越来越关注国际知识产权制度规则的制定和国际知识产权的合作。目前，韩国已成为专利合作条约（PCT）的第八位申请国和第六位信息检索成员单位；同时，韩国在PCT制度改革和技术合作中发挥了重要作用；韩国知识产权局积极为PCT新成员（如菲律宾）提供教育培训；2003年4月，韩国成为马德里协定成员国；韩国还积极参与国际知识产权保护的合作和国际条约的制定与修改；在现有知识产权制度国际化的基础上，进一步加强对专利审查结果的合作开发、对公有技术联合检索等领域的国际合作，积极参加中日韩三方知识产权峰会，以及与美国、澳大利亚和发展中国家的双边合作。

三　知识产权管理与执法

1. 管理体系

韩国于1946年成立专利研究所，主要负责专利、实用新型、商标、外观设计和版权的保护，并制定了相应的法律。随后，在1948年专利研究所更名为韩国专利局，并入韩国的工贸部。1961年，韩国专利局成为工贸部的下属独立局，又分别于1977年更名为韩国专利管理局、1988年更名为韩国工业产权局（KIPO）、2000年6月再次更名为韩国知识产权局。韩国知识产权局的职能包括：专利、实用新型、工业外观设计和商标的审查和注册（包括服务标记），制定保护商业秘密的政策和半导体芯片布图设计注册；审查与知识产权有关的争端（由工业产权审判庭负责）；反假冒活动；国内外知识产权信息和文件的管理、计算机化和宣传；鼓励创造和创新活动；知识产权领域内的国际合作；知识产权领域内的人力资源开发等。

韩国知识产权局于2004年2月25日公布了"专利管理的远景和任务"计划。为促进知识产权的创造、保护和利用，KIPO在该计划中确定了专利管理的方向和任务。①缩短审查周期。KIPO计划在2007年前，将至少22个月的专利审查周期缩短至12个月，并增加500名有科技背景的专利审查员，以支持加速专利审查。商标和设计的审查周期也在2007年由10.7个月和7.1个月缩短至6个月。②保护地理标志。为提高审查效率，KIPO将改进实用新型先注册制度。从2005年7月起，对具有特定地理来源并且由于该产地而具备某种品质或声誉的产品予以商标保护，把权利赋予该地区的生产者团体或加工者团体，以促进形成地方特有的产品品牌。③减缓专利费。为帮助中小企业获取专利，KIPO将继续减缓专利费（2005年以前有效的收费标准），并为已获专利权的产品交易建立网上商城。2004年3月20日，韩国政府宣布，把原属贸易、工业和能源部（MOCIE）的韩国知识产权局（KIPO）转属于科技部（MOST），并计划将KIPO的职能重新部署为：包括为国家、社会以及科技等提供强有力的支持，协调、评估科技政策，提高国内科技研发活动能力等。其他有关知识产权的管理机构，包括：专利信息协会（KIPI）；科技信息协会（KISTI）；韩国发明促进协会（KIPA）。①

2. 知识产权执法体系

韩国知识产权执法分为知识产权审判部（IPT）、专利法院和民事法院。知识产权审判部和专利法院负责知识产权的无效和专利权范围的确定（即确定某个物品或方法是否纳入专利权的范围内），民事法院负责侵权行为的一般司法审判。知识产权审判部成立于1998年3月1日，是韩国知识产权局的内部机构，由以前的审判委员会和上诉审判委员组成。知识产权审判部下设13个合议组和审判行政管理部组成。每个合议组由1名高级审判审查员和2—4名普通审判审查员组成。审判行政管理部负责受理文件、形式审查和进行诉讼程序等。知识产权审判部是三级专利诉讼体系的第一级审查，主要负责对审查员驳回和撤销决定不服提起的请求的审查；无效宣告请求的审查；确定知识产权的保护范围；对修改的审查；对修改的无效的审查；授予非排他许可的审查的一审工作。

专利法院作为高等法院，成立于1998年，与其他国家不同的是，专利法院是专门的知识产权行政法院，其上诉法院是最高法院。专利法院由院长、首席法官、法官、技术咨询员和秘书组成。院长负责法院的司法管理和工作人员管理；首席法官作为听证的主席；技术审查官均来自韩国知识产权局，分别属于机械、电学、电子、化学和生物学等领域；秘书处负责司法行政事务。专利法院负责对不服设在知识产权局内的工业产权审判庭针对以下三类案件所作裁决的上诉案件的审理：①审查员拒绝或者撤销对工业产权（包括专利、实用新型、工业设计和商标）授权；②请求宣告工业产权无效；③确认工业产权的范围。韩国专利法院由10名法官（分为3个组）和一些技术审查官以及秘书处组成。②

民事法院负责一般的知识产权侵权诉讼。作为一审，依次可以上诉到高等法院和最高法院。对于其他不服知识产权局的决定和不服文化旅游部关于版权的决定以及信息交通部关于计算机软件的决定的案件，依照行政诉讼法可以直接向高等法院起诉，直至向最高法院提出上诉。韩国专利法院未来的发展方向是成为一个像美国联邦巡回上诉法院和德国专利法院那

---

① 包海波：《韩国的知识产权战略、管理及启示》，《杭州师范学院学报》2004年第3期。
② 同上。

样的专门负责知识产权司法的法院。

第四节　企业的知识产权战略

企业知识产权战略是企业运用知识产权法律制度，为充分维护因知识产权带来的合法权益，获得与保持市场竞争优势，谋求长远的最佳经济效益而进行的整体性筹划和采取的一系列策略和管理手段。企业知识产权战略是促进现代企业产权制度建立的有效途径，是企业参与市场竞争的重要手段，也是企业参与国际竞争的桥梁。所以，对企业知识产权战略进行管理，是促进企业经济增长，提高企业竞争力的有效手段。

一　企业知识产权战略的概念及内容

企业知识产权战略属于企业战略与知识产权战略的交叉领域，知识产权学者吴汉东认为，"企业知识产权战略是指企业运用知识产权及其制度的特点去寻求市场竞争有利地位的战略。"知识产权学者冯晓青认为："知识产权战略可定义为运用知识产权保护制度，为充分地维护自己的合法权益，获得与保持竞争优势并遏制竞争对手，谋求最佳经济效益而进行的整体性筹划和采取的一系列的策略与手段。就企业知识产权战略而言，可以简单地定义为企业为获取与保持市场竞争优势，运用知识产权保护手段谋取最佳经济效益的策略与手段。"也有人认为，知识产权战略是指企业结合自身科技、经济发展的实际情况，通过对知识产权信息及其有关信息的收集与研究，获取有关技术发展信息、市场竞争信息、法律信息等，预测相关的技术、经济发展趋势与方向，争取赢得知识产权竞争乃至整个竞争的主动权，而在知识产权方面采取的相应对策的总和[①]。

企业知识产权战略是综合法律、经济、管理、科技、文化、社会学、心理学等学科于一体的边缘学科，主要研究企业技术创新战略、知识产权战略、技术标准战略、国际化战略、品牌战略和增值战略等内容。但值得注意的是，一个完善的、有效的知识产权管理体系是企业知识产权工作顺

[①] 范德成、贾爱梅：《我国企业知识产权管理中存在的问题及其对策分析》，《商业研究》2004年第5期。

利开展的前提和基础。没有完善的机构组织、知识产权制度、人员配备等，企业的知识产权战略就无从谈起。

企业的知识产权战略包括：技术创新战略，主要研究影响企业技术创新战略的因素、在技术创新中存在的主要问题、企业技术创新战略的运用、技术创新战略的法律保障等；知识产权战略，主要研究企业的专利战略、商标战略及商业秘密保护战略等；技术标准战略，主要研究技术标准战略的实质、企业在技术标准方面存在的主要问题、企业技术标准战略的运用及技术标准战略的法律保障等；国际化战略，主要研究企业在国际化进程中所面临的问题，包括专利申请的国际化、知识产权分析国际化、商标注册国际化、标准知识产权的国际化等；品牌战略，主要研究我国企业品牌发展及社会环境分析、企业品牌发展存在的主要问题、企业品牌战略的运用、品牌战略的法律保障等；知识产权增值战略，主要研究在企业的知识产权许可、转让、投资入股等方面的内容。

二 企业知识产权战略的特征

企业知识产权战略具有以下特征：[1]

（1）全局性与长远性。企业知识产权战略是一种事关企业全局的、为实现企业长远性目标的筹划与谋略，而不限于局部的、短期的目标。在具体的企业知识产权战略方案中，这一特点体现为企业在确定知识产权战略目标、战略定位、战略重点、战略措施、实施策略和战略步骤等方面，依照一定的时序步骤以战略管理的方式推进，而不局限于实现企业的短期赢利目标。

（2）法律性。企业知识产权战略是依托于知识产权法律制度的，企业知识产权战略的法律性体现了知识产权战略的启动和实施建立在有效的法律保护基础之上。实际上，企业知识产权战略和知识产权的保护之间本身具有双向互动的关系，企业知识产权战略以法律保护为基础，而其有效运行又反过来能够使企业知识产权得到更加有效的保护。

（3）保密性。企业知识产权战略与企业经营战略直接相关，实际上也是企业整体发展战略的组成部分。其实施涉及企业经济、科技情报分析、市场预测、新产品动向，以及经营者在某一阶段经营战略意图，这些

---

[1] 魏芳：《企业知识产权战略研究》，武汉理工大学硕士学位论文，2006年。

内容如果被企业竞争对手掌握，将对自己造成极为不利的影响。因此，企业知识产权战略中这些带有商业秘密性质的内容宜加以保密，企业知识产权战略因而具有保密性的特点。

（4）时间性和地域性。这一特点是由知识产权的时间性、地域性特点所决定的。以时间性而论，与某一知识产权战略相应的知识产权期限届满或因故提前终止，相关的知识产权战略就应及时调整。就地域性而论，企业在制定、实施知识产权战略时应考虑到知识产权的权利地域性。如何运用知识产权的转让与许可使用方式，开拓国际市场是极其重要的。

（5）实用性。企业知识产权战略是为企业开拓市场、取得竞争优势、获得丰厚利润的经营管理战略和运作策略。企业知识产权战略的目标主要是提高企业市场竞争力，它是在知识产权法律法规的约束和指导下，按照企业市场需求和竞争战略的要求，创造、保护、利用和有效运营知识产权的客体，提高企业市场竞争力的总体性谋划。从这一角度看，企业知识产权战略也具有很强的实用性。

三　企业知识产权战略的价值

企业知识产权战略是一个庞大的体系。从企业知识产权战略的内容来看，应包括企业专利战略、企业商标战略、企业版权战略、企业商业秘密战略、企业知识产权人才战略、企业知识产权信息战略等；从企业知识产权战略管理的动态过程来看，企业知识产权战略应包括企业知识战略的制定、企业知识产权战略的实施、企业知识产权战略的评估等几个层次。

在知识经济时代，企业知识产权战略的价值主要体现在以下几方面。

（1）有利于转变企业经济增长方式

目前，经济的增长正在从粗放型到集约型转变，企业对创新技术的依赖日益增加。知识产权法律制度是对技术创新、专利、技术标准和品牌的保障和激励，是企业经济增长方式转变获得必要的条件和前提。没有知识产权制度的保障和激励，经济增长方式的转变就无从谈起。

（2）有利于促进现代企业产权制度的建立

现代企业制度的基本特征之一是产权关系明晰。知识产权在企业产权结构中占据越来越重要的地位。知识产权战略的运用可以保障知识形成的商品按照价值规律和市场机制实现其价值和使用价值，调动知识产品的所有者和使用者的积极性，明确其人身权和财产权。因此，知识产权制度可以促进企业产权制度的完善，优化企业产业结构，实现企业资源的优化配置。①

（3）有利于确立企业竞争中的优势地位

实施企业知识产权战略有利于企业在激烈的国际竞争中依靠法律赋予的知识的垄断权而获取竞争优势，从而打败竞争对手的目的。企业通过知识产权法律提供的行为框架、运用法律资源获取竞争优势的过程就是企业实施知识产权战略的过程。在这一过程中，正确的运用知识产权战略，有利于确立企业在国际竞争以及行业竞争中的优势地位。如果没有知识产权制度，企业很难实现与国际市场的接轨。

（4）有利于我国知识产权法治建设

法治建设是立法、执法与用法的有机结合。我国知识产权法治的建设，除了通过立法建立法律的原则和制度，通过有效的执法加强法律的权威和信誉，还离不开通过知识产权战略的研究和实施所促成的法律关系主体对法律的深刻理解和具体运用，可以说，知识产权战略是知识产权法治建设不可或缺的重要一环。②

四　国外优秀企业知识产权管理模式

国外优秀企业的知识产权管理模式大致可分为三类，即集中管理模式，其代表企业如美国的 IBM 公司；分散管理模式，如日本的东芝公司、德国的拜耳公司；行列管理模式，如日本的佳能公司等。在不同的管理模式中，知识产权机构的规划情况也有所不同。③

1. IBM 公司的集中管理模式

IBM 拥有庞大的知识产权管理机构，即知识产权管理总部，负责处理所有与 IBM 公司业务有关的知识产权事务。其知识产权管理总部内设法务部和专利部，法务部负责相关法律事务，专利部负责专利事务。专利部下设 5 个技术领域，每个领域由 1 名专利律师担任专利经理。IBM 公司是一个跨国集团公司，其知识产权管理部门在美国本土主要设有研究所，在欧洲、中东、非洲、亚太地区设有分支机构。在没有设置分支机构的国

---

① 马海群、文丽、周丽霞等编著：《现代知识产权管理》，科学出版社 2009 年版，第 329—359 页。

② 范在峰：《企业技术创新与知识产权法律》，人民法院出版社 2004 年版，第 8 页。

③ 杨新华：《我国企业知识产权管理现状与发展浅析》，《热点观点》2011 年第 6 期。

家，或是由该地区各国知识产权管理部门的代理人管理，或是由邻近国家的知识产权管理部门负责，如亚太地区未设知识产权管理部门的国家，由日本的知识产权管理部门统筹管理。同时，IBM公司知识产权总部对全球各子公司知识产权部门要求严格，除向总部作业务报告外，世界各地子公司知识产权分部要执行总部统一的知识产权政策，并接受总部功能性管理。

2. 东芝公司的分散管理模式

东芝公司没有设立知识产权管理总部，而是设立知识产权本部、4个研究所、11个事业本部。在本部内设7个部门，分别是：①策划部，负责推动全公司的中长期知识产权策略，管理知识产权行政事宜；②技术法务部，负责处理知识产权诉讼事宜；③软件保护部，负责软件著作权的登记、运用、补偿事宜；④专利第一、二部，负责统筹管理技术契约工作；⑤专利申请部，集中管理国内外专利申请事宜；⑥设计商标部，负责设计和商标的申请、登记；⑦专利信息中心，负责管理专利信息，建立电子申请系统。在各研究所和事业部下分别设置专利部、科、组。同时，各研究所和各事业部均配置知识产权部，直接隶属于负责技术工作的副所长或总工程师，主要担负该研究所、事业本部的知识产权行政事务，并负责从产品研究开发初期的专利挖掘、专利调查、制作专利关系图到国内外专利申请等所有业务。

3. 佳能公司的行列式管理模式

佳能公司采取的是行政管理体制模式，即公司设立知识产权法务部，至少有300名工作人员，主要业务是专利管理，直属于公司总经理。该公司知识产权管理是依据产品类别和技术类别来进行的，知识产权法务部按产品和技术类别分项设置。比如，在产品类别上，设置了知识产权法务策划部、知识产权法务管理部、专利业务部、专利信息部。除了按照产品类别管理的这4个部门以外，知识产权法务本部另设有7个专利部。

第五节 知识产权战略的国际经验

一 国际知识产权保护的特点与趋势

"知识产权的私权保护在几百年的洗礼中，总的趋势是保护范围越来越大,保护水平越来越高。知识产权的私权发展史,也就是知识产权的扩张史。不过,在不同的知识产权法中,知识产权扩张的历史轨迹和特点不尽相同。知识产权的扩张不是偶然的,有多种原因。技术的发展、社会的进步要求加强对知识产权的保护,以激励更多的知识创造;而为了在新的环境中确保知识产权人的利益,也需要适当扩张知识产权的范围和内容,这可以说是知识产权扩张的重要原因。随着技术的发展和社会的进步,公众传播和使用知识产品的能力也在加强。知识产权私权的扩张反映了知识产权人的利益和在一般社会公众接近知识和信息基础之上更广泛公共利益之间的动态平衡。"[1]

自1883年,通过《保护工业产权巴黎公约》的实施,越来越多的国家加入这种多边国际条约来协调各国的知识产权法律,促进各国知识产权的国际化。据统计,截至2014年,《成立世界知识产权组织公约》已有187个成员国。[2]《巴黎公约》有175个成员国(2013年7月),《保护文学和艺术作品伯尔尼公约》有167个成员国(2013年11月22日)。[3]

1. 知识产权成为全球竞争的焦点

随着科学技术的发展和知识产权在国家地位的不断提高,在国际贸易中,竞争优势已由传统的资源、资本、劳动力的传播与使用转变为以知识产权为主的新型资源。经济发展越来越依赖于知识、技术和信息,而凝聚在知识、技术和信息中最重要的就是知识产权。知识产权在国家经济发展中的重要性日趋明显。知识产权在全球化环境下之所以变得越来越重要,是因为全球化经济催生出知识经济,而知识经济是以知识为基础的,立足于知识的创造、应用、传播的新兴经济模式和形态。一些发达国家为了抢占知识经济制高点,纷纷制定了知识产权保护战略,加快知识产权立法进程,强化知识产权的有效执行,以充分发挥知识产权制度对知识经济的促进作用。知识经济时代的知识产权对于国家和企业竞争力的提高具有关键性的意义。由于在知识经济社会,知识产权在创造财富和获得竞争力方面具有关键性作用,它本身也构成了国家和企业的核心竞争力,知识产权已成为当代全球化经济中国际竞争的焦点问题。[4]

---

[1] 冯晓青:《知识产权法利益平衡理论》,中国政法大学出版社2006年版,第211页。

[2] http://www.wipo.int/members/en/.

[3] http://www.wipo.orgwww.wto.org.

[4] 冯晓青:《全球化与知识产权保护》,中国政法大学出版社2008年版,第18页。

2. 知识产权扩张趋势明显

应当说，知识产权的扩张并不只是在全球化环境以及知识产权法全球化背景下才出现的现象，而是整个知识产权制度发展中的一个自然现象。在经济全球化环境下，知识产权的扩张具有加速的趋向并出现了一些新的特点：①保护客体不断扩大，并存在"宽松化"现象。知识产权保护客体扩大，与科学技术发展具有密切关系，因为新技术革命带来的成果需要获得知识产权法律保护。同时，全球化环境下，这种扩张从微观上看与厂商最大限度地追求产业利益相关；从宏观上看则与国家试图强化知识产权保护的政策导向有关。例如，近年来，以美国为代表的发达国家对基因片段、转基因动物、商业方法甚至医疗方法授予专利的热情和探讨，就是一个例子。保护客体扩张无论在著作权、专利权还是商标权领域都有充分体现。软件、数据库、集中电路布图设计、植物品种等被纳入知识产权保护领域，就是随着技术的发展而扩大知识产权保护客体的典型体现。扩张的直接后果是导致知识产权保护范围的扩大，而且，在接纳这些新的"成员"时，甚至有淡化传统的知识产权确立原则的趋势，如在生物遗传工程领域，发明与发现的界限在淡化。②知识产权在权利内容上大大扩大。这种扩张在不同的知识产权领域均有充分体现。例如，著作权领域中，随着信息网络技术的发展，增加了信息网络传播权、出租权、技术措施保护的权利。随着经济集约化程度和多种经营的扩大，驰名商标的反淡化扩张现象正成为一种立法趋势。③知识产权在权利内容上大大扩张。知识产权保护和对知识产权的限制是知识产权法中缺一不可的制度。知识产权限制是实现知识产权法制度宗旨所必需的，是协调和平知识产权人利益与社会公共利益的基本制度设计和安排。但是，在全球化环境下，知识产权存在一种过渡的保护主义倾向，在不断扩张权利的同时，对扩张的权利限制不够。例如，TRIPs 协议虽然强调保护私权与公共利益平衡的重要性，但整个协议的基调和内容涉及的是如何强化保护，而对权利限制的规定非常之少。从一定意义上说，这种对权利限制的严格限制（反限制）也体现了知识产权扩张的事实。

3. 知识产权与贸易直接相关并成为贸易本身的标的

20 世纪 90 年代以来，全球国际经济活动快速增长，特别是与受知识产权保护的技术商品有关的贸易迅速增长。这种增长与知识产权之间存在重要的联系——知识产权法律制度通过刺激发明、投资流向、技术转让等活动而直接影响了经济增长，知识产权制度成为与贸易和经济增长相关的一个重要因素。发达国家的公司从发明等知识产品中获得的经济利益主要来源于不同市场中的国际贸易。就知识与贸易关系来说：从历史上看，知识产权的功能与贸易没有联系；在当代知识产权与国际贸易之间的关系则是复杂的。随着与知识产权相关的全球贸易迅猛增长，知识产权引起了广泛的套路。值得注意的是，随着知识产权在国际经济技术中的地位越来越高，特别是世界贸易组织将其纳入国际贸易的重要支柱之一后，知识产权本身就日益成为贸易本身的标的，并存在"无形胜有形"的趋向。

4. 知识产权国际保护呈现新的变化

全球化环境对知识产权国际保护的影响无疑是巨大的，因为知识产权国际保护以及相应的知识产权制度的国际化，体现了知识产权法的国际协调，以及知识产权法与国家利益之间的关系。知识产权的国际化，对于一个国家开展国际竞争非常重要。从历史上看，知识产权国际保护经历了从双边保护到多边保护的过程。国际社会解决知识产权地域性与知识产品自然流动性之间的矛盾，在知识产权制度国际化发展到很高程度的今天，仍然是知识产权国际保护制度的立足点。从深层次上讲，知识产权制度国际化与当代社会科技与经济全球化一脉相承。各国知识产权法与经济和科技之间存在非常密切的联系。对整个知识产权制度来说，知识产权制度国际化对于解决知识产权的地域性与知识产品本身无国界的自然流动性之间的矛盾。

5. 跨国公司在推动知识产权法全球化中的影响增强

跨国公司是指在其总部所在构架之外仍拥有或控制着生产服务设施（如工厂、矿山、销售机构、研发机构）的企业。[①] 尽管跨国公司的总部和分支机构不在一个国家或地区，但它们之间仍然因存在共同的所有权和拥有共同的企业资源特别是专利、商标、著作权等无形资源而结为一体，并且具有共同的战略目标。跨国公司作为经济全球化的重要产物，其生产经营活动、竞争行为具有超越国界而在全球进行的特点。从历史沿革看，跨国公司从20世纪五六十年代发展至今，已经成为全球经济最具有活力的企业群体，也是国际经济活动的重要主体。国家之间的竞争原来集中于技术实力的竞争，在企业层面上则突出地表现为专利技术、商标信誉等知

---

① 谭力文：《国际企业管理》，武汉大学出版社2002年版，第335—337页。

识产权资产的竞争。企业拥有专利技术和高信誉商标等知识产权资产的数量和质量，在很大程度上决定了企业竞争力的高低。就跨国公司而言，其在知识产权资源的开发、利用、管理方面具有独特的优势，特别是跨国公司可以整合其在全球的资源实现资源的优化配置，利用其在技术和经济方面的巨大优势，以知识产权为战略手段开拓和占领国际市场、打败竞争对手，从而实现其全球战略目标。在 WTO 成立和 TRIPs 协议实施后，跨国公司更加重视利用全球化的知识产权国际保护制度，运用知识产权战略参与国际市场竞争。

随着知识经济的凸显，发达国家的公司特别是跨国公司希望利用自己的技术优势开拓和占领市场。他们认为，在不同国家实施强有力的知识产权保护是实现该目的的重要途径，在全球范围内给予更强的知识产权保护能够增加动态的效率，通过这种手段，可以对资源进行国际分配，以减少仿制的消极影响。发达国家希望通过知识产权的强保护达到全球的协调，所以其非常重视对知识产权的弱保护及差别保护对贸易扭曲的影响。这些国家，连同代表其利益的跨国公司在知识产权国际法领域积极推行知识产权保护的高标准，淡化知识产权的地域性，甚至要求发展中国家放弃从本国的国情出发自主选择其合适的知识产权保护制度的政策。现如今，知识产权事实上已经成为发达国家跨国公司垄断技术和市场的重要手段。

跨国公司在知识产权创造和应用方面的绝对优势和知识产权的全球范围内的高标准保护对其实现全球经营战略方面的重要意义，决定了其越来越重视对本国和国际知识产权制度的建立施加影响，从而使其在知识产权法的全球化进程中发挥着重要作用。

6. 知识产权成为国家战略

随着经济全球化和知识产权制度国际化的深入，知识产权在国内和国际上日益重要，发达国家越来越重视从战略的角度认识和制定知识产权政策和法律。特别是随着 TRIPs 协议的签订，知识产权成为世界贸易组织的管辖对象，成为与货物贸易、服务贸易同等重要的世界贸易组织的三大支柱之一，知识产权的国家战略性地位急剧上升，或者说知识产权成为国家战略。其中，美国和日本尤其具有代表性。[1]

---

[1] 冯晓青：《全球化与知识产权保护》，中国政法大学出版社 2008 年版，第 22—24 页。

二 知识产权法全球化带来的问题

知识产权保护不平衡可以说是知识产权全球化必然出现的结果。其原因在于，知识产权法全球化是知识产权保护在全球的趋同化，而这种趋同化并不是建立在保护水平较低的广大发展中国家所要求的知识产权保护水平上，而是建立在发达国家与其经济、科技和文化发展相适应的较高的保护水平上。事实上，关于知识产权保护水平与经济发展之间的联系，无论是经济学家还是知识产权法学家都进行过一些探讨，并且认为知识产权保护水平应当与经济发展水平相适应。如北京大学知识产权学院张平教授指出，"知识产权保护与国家发展水平密切关联，知识产权制度设计与社会需求密切相关。对发达国家适应的知识产权保护水平，并不当然适应发展中国家"。她还引证2000年国外研究成果，认为"在专利权和人均国民收入两者之间存在一个U形关系，即专利保护的力度会在人均国民收入达到最低点之前呈递减需求，在人均国民收入达到一个临界点时，专利保护的需求会逐步加大。而且，保护需求也会增强很快。经济学的计算表明，专利保护最弱时的人均收入，按照购买力平价接近1985年的2000美元。最不发达国家几乎没有创新能力，不存在知识产权保护需求的问题；当收入和技术能力达到中等水平以后，国家才倾向于采用弱保护政策，但其主要精力仍在于模仿；当收入和技术能力达到发达水平后，才开始重视知识产权的保护"。[①]

通过学习发达国家的知识产权政策，及其随着经济、科技发展历程的演化，不难看出：发达国家在工业化的早期，不仅谈不上比较高的知识产权保护水平（处于工业化初期的相当一部分发展中国家则不得不在TRIPs协议的全球化环境下实行比较高的知识产权保护），而且也谈不上对知识产权很好的尊重，更谈不上对其他国家知识产权的尊重。经济发达国家和地区的经济发展历程，是在知识产权保护相当宽松的环境下进行的，复制、仿制、模仿、技术转移在国家间没有像现在已经受到知识产权国际公约的严格控制。以美国为例，在涉及国际知识产权保护问题上，美国知识产权保护政策在早期是拒绝或者有条件地保护知识产权。美国著作权制度历史上注明的印制条款就是一个例证，美国直到1989年才参加《伯尔尼

---

① 张平：《对知识产权若干问题的认识》，人民网理论频道，2006年9月。

公约》则是另一个重要例证。而在美国经济、科技、文化发展到相当程度后，强化国际知识产权保护更有利于自身利益时，美国对国外保护其本国知识产权则提出了严格的要求。众所周知的美国《综合贸易与竞争法》的特殊301条款规定，将贸易伙伴最惠国待遇与对方对美国知识产权保护力度结合起来，对那些认为是保护美国知识产权不力的国家规定了贸易报复的制裁措施。我国也曾先后几次被美国纳入"重点国家名单"，甚至被拖进贸易报复战的边缘。TRIPs协议在相当大的程度上是美国极力推动的产物。美国政府2004年报告的如下表述无不体现了其知识产权强保护的观点："从美国立国基础来看，知识产权之保护始终是创新的支柱……维持一个正确而健康的、强制性的国内和国外知识产权结构。"[①]

[①] www.compete.org/pdf/NII_ Interim_ Report.

第五章

我国知识产权战略内容

2008年，为提升我国知识产权创造、运用、保护和管理能力，建设创新型国家，实现全面建成小康社会目标，我国发布实施了《国家知识产权战略纲要》。知识产权法律法规政策体系不断完善，各类创新主体创新能力持续提升，知识产权的作用日益彰显。知识产权不仅走进了人们的生活，也为经济社会发展提供了助力和支撑，同时成为国家核心竞争力的重要标志。

党的十八大报告中指出：深化科技体制改革，加快建设国家创新体系，着力构建以企业为主体、市场为导向、产学研相结合的技术创新体系。完善知识创新体系，实施国家科技重大专项，实施知识产权战略，把全社会智慧和力量凝聚到创新发展上来。报告中指出的实施知识产权战略，加强知识产权保护，是加快转变我国经济发展方式、推动创新型国家建设的重要支撑，为我国知识产权事业发展指明了方向。

但是，我国与"知识产权强国"还有相当大的距离。在"2013全球创新企业百强榜"中，中国内地入榜的仅有5家企业。[①] 中国企业众多，但相比西方发达国家，创新人才匮乏，企业创新能力偏弱。因此掌握核心竞争力、加强创新是中国企业未来的努力方向。但与此同时，知识产权保护领域，一些深层次的内生性问题逐步暴露出来：恶意抢注愈演愈烈，"傍名牌"现象层出不穷，驰名商标认定纠纷不断。

第一节 实施知识产权战略的意义

2008年6月4日，国务院正式颁布实施《国家知识产权战略纲要》，

[①] 资料来源：http://gb.cri.cn/42071/2014/08/22/7651s4663674.htm。

标志着知识产权战略与科教兴国、人才强国战略一起成为国家重要发展战略。知识产权战略的实施，不但是我国应对国际挑战的一项重要举措，也是我国发展创新型经济、提升核心竞争力的有效途径。

我国知识产权发展的战略目标是：从国家的整体利益出发，以培育和发展国家综合竞争能力为龙头，以大幅度提高自主知识产权的数量和质量为核心，以提高知识产权保护和管理的综合能力为重点，以推动技术创新、技术扩散，提高产业技术水平为目的，以完善知识产权的法律环境、政策环境、市场环境为内容，实现我国由知识产权大国到知识产权强国的转变。使我国知识产权工作真正做到为我国先进生产力和先进文化的发展服务，为广大人民群众的根本利益服务，为全面建成小康社会的战略目标服务。

1. 实施知识产权战略是提高自主创新能力、发展创新型经济的需要

党的十七大报告中强调：提高自主创新能力，建设创新型国家，是国家发展战略的核心，是提高综合国力的关键。要坚持走中国特色自主创新道路，把增强自主创新能力贯彻到现代化建设各个方面。知识产权制度在提高自主创新能力方面发挥着重大的作用，它的本质是鼓励创新，并通过保护知识产权持有者的合法权益来激发民众的创新热情。因此，实施知识产权战略有助于提高我国的自主创新能力、推动创新型经济发展，为建设创新型国家提供强有力的保障。

2. 实施知识产权战略是应对经济全球化、提高国家核心竞争力的需要

随着科技的飞速发展和经济的全球化，一个国家的核心竞争力越来越表现在对智力资源和智慧成果的培育、配置以及调控能力，也就是对知识产权的拥有、保护以及运用能力。随着国际贸易竞争愈演愈烈，与知识产权有关的贸易与投资活动也变得更加频繁，知识产权问题已经成为国际社会关注的热点，并且越来越多的国家已经把实施知识产权战略作为提高国家核心竞争力的重要手段。因此，我们必须站在全球化、国际化的角度，全面规划我国的知识产权事业发展的策略。

3. 实施知识产权战略是实现我国经济可持续发展、优化资源配置的紧迫需要

实施知识产权战略是维护和优化我国环境资源的根本，保障科学技术是第一生产力，但在科技进步贡献不大和知识产权相对贫乏的条件下，我

国经济的增长只能主要依靠人力资源和自然资源。事实上迄今为止我国的人力资源与自然资源一直是推动我国经济增长的主导因素。"三高一低"的高投入、高能耗、高污染、低产出的经济增长模式已使我国付出了极其惨重的代价，环境给了我们无情的惩罚，能源成了我们继续发展的瓶颈，民工荒意味着我们利用廉价劳动力保持快速发展的时代已经渐渐远去。由此可见，我国今后实现可持续发展的根本砝码绝不应当定位于环境、资源和劳动力，而是应当定位于科技进步和知识产权。[1]

4. 实施知识产权战略是构建和谐社会、促进文化发展繁荣的需要

社会和谐是中国特色社会主义的本质属性。构建社会主义和谐社会是贯穿中国特色社会主义事业全过程的长期历史任务，要通过发展增加社会物质财富、不断改善人民生活，又要通过发展保障社会公平正义、不断促进社会和谐。当前，我国经济发展处于黄金期，同时也处于矛盾凸显期，诸多社会矛盾正在显现，区域差别、城乡差别、收入差别、知识差别正在拉大，社会不稳定因素、不确定因素同时存在，解决这些潜在的深层次矛盾需要各方面的共同努力。全面实施知识产权战略，落实知识产权制度，可以有效地解决知识财产权的归属、知识资产的分配方式，有效地保护发明创造的积极性，规范我国知识产权发展过程中存在的社会竞争行为，合理调整利益关系，引领社会和谐进步，促进人的全面发展。

当今时代，文化越来越成为民族凝聚力和创造力的重要源泉、越来越成为综合国力竞争的重要因素，丰富精神文化生活越来越成为我国人民的热切愿望。要坚持社会主义先进文化前进方向，兴起社会主义文化建设新高潮，激发全民族文化创造活力，提高国家文化软实力，使人民基本文化权益得到更好保障，使社会文化生活更加丰富多彩，使人民精神风貌更加昂扬向上。运用高新技术创新文化生产方式，培育新的文化业态，加快构建传输快捷、覆盖广泛的文化传播体系，这都离不开知识产权战略的制定和实施。[2]

---

[1] 《知识产权战略：实现跨越式发展的重要路径》，http://www.sipo.gov.cn/ztzl/ywzt/zsc-qzl/zlmt/zwcx/200804/t20080424_392556.html。

[2] 张延栓：《我国制定国家知识产权战略的背景形势及重大意义》，《科技信息》2008 年第 10 期。

第二节 我国知识产权发展现状

自改革开放以来，我国不断加强对知识产权的保护力度，从立法、政策等各个角度不断完善，专利申请授权数量也在逐年增加。2013年我国发明专利授权量的有关数据显示，2013年我国共受理发明专利申请82.5万件，同比增长26.3%，连续3年居世界首位；共授权发明专利20.8万件。其中，国内发明专利授权14.4万件，与上年持平。截至2013年底，国内（不含港澳台）有效发明专利拥有量共计58.7万件。我国发明专利申请受理量保持高速增长，增速位居三种专利之首，且发明专利申请受理量占三种专利总量的34.7%，5年来首次超过1/3。我国企业获得发明专利授权7.9万件，占国内总量的54.9%。国内专利申请和授权结构不断优化，专利申请质量逐步提升，企业知识产权创造主体地位逐步稳固。但随着知识产权保护的全球化及区域一体化进程的加速，知识产权的保护地位逐步上升为贸易政策甚至是基本国策，知识产权在全球发展中呈现出从边缘向中心发展的趋势。国家知识产权局副局长何志敏表示："特别是在全球金融危机之后，各国都以'创新'为核心内容来推进知识产权保护。而全球知识产权的发展也逐渐由西向东转移，西方产业结构调整，看重创新能力的培养与开发。"

但在全球知识产权发展的进程中，目前还存在对公共利益保护不利于发展中国家利益、考量不充分等问题。因此，我国应认清全球态势以应对知识产权国际保护的挑战，政府应尽快制定国家知识产权的总体方针战略，完善规范知识产权权利行使的法律。

一 我国高校知识产权发展存在问题

伴随着科教兴国战略的实施，我国高校对科研创新体系日益重视，在科研领域也取得了喜人的成绩，但同时在高校知识产权的创造、管理、转化方面存在问题也不断增加，需要根据现状从体制建设、制度完善、人员配备、专利保护等方面针对高校知识产权管理及运用中存在的主要问题采取有效措施，促进我国高校对知识产权的管理及转化。

1. 观念和意识淡薄

虽然我国的知识产权制度已经建立20余年，但高校对知识产权的意识仍旧淡薄，无论是高校的管理者还是高校教师、研究人员都普遍缺乏对知识产权的保护意识和法律意识，导致高校的知识产权管理工作不能积极有效的进行，高校教师、研究人员的切身利益没有受到良好的保护。在高校，管理者仍普遍重成果、轻专利；重论文发表、轻专利申请；重专利授权、轻专利转化。[①] 仅有少部分高校开展对教师、学生的知识产权知识普及活动，目前仍普遍存在教师对研究成果没有申请专利的意识，或没有及时申请专利，从而丧失了申请专利的机会；有些教师虽然对自己拥有的无形资产有保护意识，但是不会运用法律保护其知识产权；更有些教师虽然已将科研成果申请了专利进行保护，但是由于法律知识的欠缺，导致在技术转让、实施许可等环节的知识权利丧失、利益受损。

2. 机构建制缺失

教育部在《关于进一步加强高等学校知识产权工作若干意见》中提出高等学校要设立专门的知识产权管理机构，形成人员场所经费三落实和管理人员专业化的知识产权管理体系。我国《高等学校知识产权保护管理规定》中也明确提出，高等学校应建立知识产权办公会议制度，逐步建立健全知识产权工作机构。但目前大多数高校尚未成立专门的知识产权管理机构，一部分高校是通过科技处进行对知识产权实施管理，其管理人员也通常为一般的科研管理人员，导致无法进行有效和全过程的知识产权管理和保护。更有不少高校还没有设立专门的人员管理知识产权，缺乏对专利权、著作权等无形资产的有效管理和掌控。就分工而言，科研管理主要推动科技成果的获取，而知识产权管理则侧重于促进科技成果的知识产权化和知识产权向生产力的转化。同时，高校还普遍缺乏独立于科研管理的、善于经营高校知识产权的专业管理人员。

3. 制度建设不完善

当前，我国高校的知识产权管理制度尚且笼统、过于原则，对规则的细化程度不够，制度的可操作性也有待加强，为了实现高校知识产权管理工作的高效开展，促进大学知识和技术创新、技术转移和高新技术产业化，我国亟须制定适合高校发展的知识产权管理体系，从资源管理、环节管理、分类管理及知识产权保障、促进、激励功能等角度进行完善和改革。

---

① 张茜、张成龙：《高校科研活动中的知识产权管理》，《知识经济》2012 年第 14 期。

4. 知识产权激励、保护不足

近年来，随着企业对应用新技术、新成果来提高经济效益和发展潜力的意识不断提高，企业对高校科技成果的认同和需求达到前所未有的程度，高校和企业发生的技术转移逐渐成为高校日常科技活动的重要组成部分。在我国，有近30%的大学反映有知识产权流失现象，通常外单位窃取占40%，化公为私占40%左右，随人员调配占20%，这些都折射出保护制度存在的不足与缺失。目前高校仍普遍重视论文发表、科技成果奖，教师和科研人员的晋升与津贴主要仍以发表论文和获得奖项为主要依据，知识产权成果所占的比重较小，且高校的科研课题经费的分配及奖惩考核制度缺少对知识产权创造与转化的长期鼓励支持。① 多数高校没有专项的知识产权保护基金来支撑专利的申请过程，也没有一个健全的知识产权评估体系用以直观和量化地反映高校科研成果和生产力转化的状况，在促进教师将科研成果转化为知识产权的同时有效防止知识产权的流失。

5. 知识产权运用转化率低

在我国，高校的科研成果平均转化率不到30%。主要原因是目前我国的科研和生产之间仍严重脱节，有的高校在专利申请中并不以市场为导向，陷入了"为专利而专利"的困境，从而影响了知识产权的转化。我国高校知识产权成果的获取率和转化率均不高，这与高校知识产权管理体制、制度、人员配备对技术创新与技术转移的促进和激励机制不足，有着直接的关系。②

二 我国企业知识产权发展存在问题

据统计数据显示，2013年我国共受理发明专利申请82.5万件，共授权发明专利20.8万件。企业获得发明专利授权7.9万件，占国内总量的54.9%。但同时，我国企业知识产权在管理上还存在很多的问题，制约了我国企业知识产权的发展。目前，我国企业知识产权发展还存在如下一些问题。

---

① 梁晨：《陕西省高校知识产权的管理现状及对高校技术创新的影响》，《科技资讯》2011年第35期。

② 葛莉、王先锋：《陕西高校知识产权管理存在问题浅析》，《渭南师范学院学报》2013年第5期。

1. 企业专利和知识产权意识缺乏

从 2008 年我国实施知识产权战略开始，企业越来越注重建立知识产权保护，高新技术领域及具有较强技术实力的企业基本都建立了企业知识产权管理制度，甚至是独立的知识产权管理部门。但在一般的中小企业中，由于技术实力、资金、知识产权意识等问题的限制，导致普遍对知识产权的保护意识不强，对他人的知识产权也缺乏应有的认知，使得企业在商业活动中处于被动和不利的境地。

科技部火炬中心 2011 年针对 1991 家高新企业的调查发现，制定《专利管理办法》的高新技术企业占 50.1%，制定《职务成果奖励制度》的占 43.4%，制定《商业秘密管理办法》的占 41.4%，制定《商标管理办法》的占 26.8%，无激励机制的企业占 8.7%。相比之下，同期调查的非高新技术企业则有 36.4% 的企业没有设置知识产权内部管理制度，无激励机制的企业占 24.6%。[1]

又如针对一项关于民营企业的知识产权状况调查表明，有的企业认为，只要是自己独立开发出来的，就当然地对开发成果享有专有的权利；有的企业认为，只要将研究开发成果以论文形式发表或者通过了技术鉴定，就享有对成果的专有权利。这些错误认识直接导致其技术成果产权的缺失。还有些企业既不重视创造和保护自身的知识产权，又由于知识产权意识淡薄而不大尊重他人的知识产权，以致屡屡出现侵犯他人知识产权的现象和事件。[2]

总体上，我国企业和高校一样，存在重有形资产、轻无形资产的观念。很多企业重视企业成果，热衷于申报科技奖励和进行科技成果鉴定，但轻视了专利的申请，以致创新成果出来后丧失获得专利权的机会。

2. 企业技术创新能力有待提高

自改革开放以来，我国逐渐成为制造业大国，成为全世界公认的"世界工厂"，但大部分产品和技术都是"拿来主义"的产物，自主创新能力不足。例如，在 1999 年的 DVD 事件中，由于日立、松下等六大技术开发商结成联盟并声明世界上所有 DVD 生产厂商必须购买它们的核心技

---

[1] 唐恒、付丽颖、冯楚建：《高新技术企业知识产权管理与绩效分析》，《中国科技论坛》2011 年第 5 期。

[2] 冯晓青：《我国企业知识产权战略现状与对策研究》，《中国政法大学学报》2013 年第 4 期。

术专利许可,才能生产和销售 DVD。按照当时日立公司的标价,我国国内生产厂家每生产 1 台 DVD,至少要向该技术联盟缴纳 100—200 元人民币的专利许可费。没有自主创新,我国企业将会被外资公司不断高筑的技术壁垒所包围,最后沦为外资企业在中国的加工车间,无法实现产业突围,其自身的知识产权管理也就无从谈起。① 因此,企业应不断提高创新意识,在经营活动中不断创新,获得更多的知识产权,以便在市场竞争中获得更大的主动性,取得更多的利润。

3. 企业知识产权管理机构与人员缺乏

一项国家知识产权局重点软科学项目的成果显示,在 121 家样本企业中,设立了专利管理专门机构的仅 5 家,设立兼职机构的 41 家,专职和兼职机构均未设的 75 家。②

而据四川省的一项知识产权人才调查结果显示,虽然大部分企业都设置有知识产权管理机构,但在人员配备方面重视不够。知识产权人才的数量较少,并且素质不太高。绝大部分企业专职人员人数在 10 人以下,更多的企业对知识产权管理人员配备兼职人员,即从事其他工作的同时兼顾知识产权的管理,这会导致知识产权管理人员只能用部分的精力来进行知识产权的管理工作。③ 人员的欠缺导致知识产权管理工作不完善,管理能力不强,不能够妥善处理诸如知识产权战略咨询、托管孵化、检索分析、代理代办、维权投诉、评估交易等事宜,直接影响企业竞争力。

专职的知识产权管理机构与人员的缺失,势必影响知识产权管理的效果。

4. 企业专利信息管理和利用水平低

由于缺乏系统的知识产权管理理念,那些具有自主创新能力的企业也往往会因为没有充分利用专利信息、专利检索工具,而发生重复开发、侵犯他人专利权等行为,致使企业自身的技术开发水平难以提高,产品难以主导或引领市场,企业竞争力不强。

---

① 杨新华:《我国企业知识产权管理现状与发展浅析》,《热点观点》2011 年第 6 期。

② 李立、邢光、张占贞等:《企业专利管理状况调查及特征分析——以青岛 284 家重点企业为例》,《经济理论与经济管理》2009 年第 4 期。

③ 邓翠薇、陈家宏:《企业知识产权人才实证研究——以四川省知识产权示范企业为例》,《企业经济》2013 年第 7 期。

5. 知识产权中介机构没有完全发挥作用

各类知识产权中介机构在市场经济运作中发挥着重要的管理、服务和协调功能。企业应在完善自身知识产权管理制度、部门、人员的基础上，适当利用中介机构，以提高企业知识产权管理的效率和企业知识产权管理的水平。

6. 企业知识产权运营效率低

企业的知识产权运营应始于专利授权，终于该知识产权产生市场化效益，目前中国高技术企业在知识产权运营方法存在的最大问题就是授权专利的市场化运作效低，大量的授权专利不被市场接纳，或由于资金、企业目标等问题无法进行规模生产，难以商业化运作。

三 我国在知识产权管理中存在问题

1. 知识产权法制建设进程缓慢

2008年6月，我国颁布了国家知识产权战略纲要。提出了完善知识产权制度、促进知识产权创造和运用、加强知识产权保护、防止知识产权滥用及培育知识产权文化等战略重点，但在该纲要中，并没有具体的实施办法与措施。目前，在知识产权法制建设方面，还存在着传统知识、遗传资源和地理标志等领域的知识产权立法进展相对缓慢、知识产权保护不够与知识产权滥用现象并存、知识产权立法不能够及时地应对该领域出现的一些新问题、与其他民事法律制度的衔接还有待加强等问题。

2. 部门分割多头分散管理，缺少预警和协调机制

知识产权管理和保护涉及各个行业，贯穿在知识产权创造、保护和技术利用的各环节，与知识产权有关的管理部门很多。但是，在现行条块分割的管理体制下，缺少沟通渠道和协调机制，知识产权管理出现一些盲区。[①] 企业方面，由于宣传、责任以及制度等问题，企业中遇到的一些知识产权问题不知道该找哪一个部门；另外，知识产权管理的相关部门由于渠道和信息不畅等问题无法及时参与企业的协调或咨询，基层机构和企业因此得不到应有的援助和指导。

3. 知识产权行政执法与司法并行

自20世纪80年代至今，我国一直采取行政执法与司法并行的"双轨

---

① 《试析知识产权战略化研究》，http://www.doc88.com/p-2995578258247.html。

制"来进行知识产权保护。这种做法与其他国家普遍采用的单一司法保护模式相比,既不符合我国加入WTO后的经济发展需求,也跟不上国际同类纠纷案的司法要求。其弊端主要表现在:知识产权纠纷作为民事纠纷,政府机关不应主动介入,不能使用公共资源"用纳税人的钱"救济私权纠纷;设立平行的两套执法系统来解决同样性质的纠纷,在实际操作中容易产生执法程序上的矛盾,客观上也造成了公共资源的浪费。[①] 因此,我国应积极探索知识产权保护的新模式,减少并适时取消知识产权纠纷行政执法,强化知识产权的司法保护。

4. 知识产权地区发展不平衡

图3为我国2013年中国地区知识产权运用发展状况,从图3中可以看出,我国的知识产权发展呈东、中、西部地区逐级递减趋势,区域差别显著。

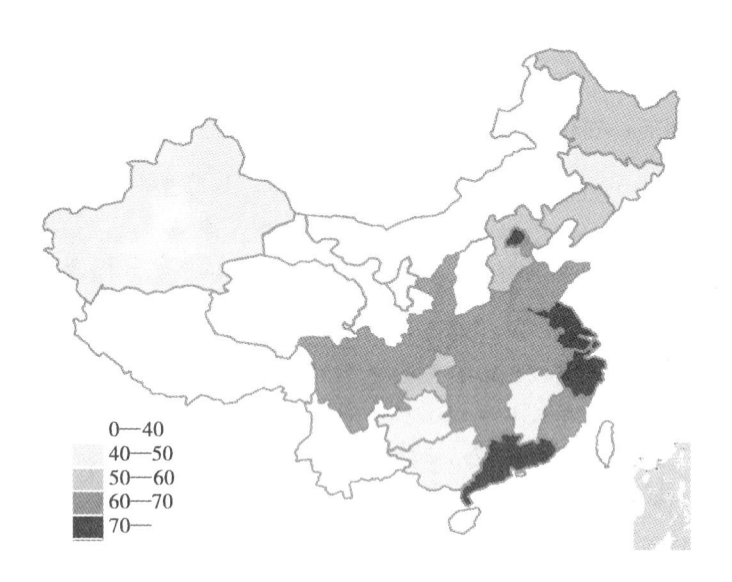

图3 2013年中国地区知识产权运用发展状况

(知识产权综合发展指数)

5. 知识产权转化和运用能力欠缺

知识产权的最终目的是为其持有者产生利益,因此,在知识产权确权后更重要的是将其产业化、市场化,而不仅仅是停留在知识产权的确权阶

---

① 张龙钢:《施知识产权战略与健全知识产权法制的理论探析》,《法制博览》2014年第1期。

段。只有通过产业化、市场化，才能发挥出知识产权的作用，提升企业的核心竞争力。而且知识产权的产业化也是落实国家知识产权战略的重要内容。但据统计，在授权专利中，真正产业化的不到15%，在我国，80%的科技成果被束之高阁，专利法实施以来专利技术成果转化率还不到20%。这些与发达国家相比还有很大的差距。因此，有必要通过行业督导、中介介入等方式提升我国知识产权的转化与运用能力，实现企业经济利益的最大化。

第三节　我国实施知识产权战略的基本思路

一　我国实施知识产权战略的基本原则

1. 国家利益最大化原则

国家利益最大化原则既是构建和完善国家知识产权制度，又是制定和实施国家知识产权战略所应遵循的总原则。最大限度地维护国家利益、增强国家核心竞争力、实现知识产权强国，是国家制定知识产权战略的出发点和归宿点。[1]

2. 国际化原则

随着我国在世界贸易中地位的提高，我们的知识产权战略不应仅以加强对本国的知识产权保护为出发点，还应站在全世界的高度，主动与国际标准、国际知识产权条约接轨，在更好地维护国家利益的同时扩大对外开放、引进国外投资和先进技术，全面发展我国的经济。与此同时，我们也应该积极参与国际知识产权组织的各项活动，加强与世界各国的经济合作与交流，在掌握国际最近动态的同时更好地为我国知识产权战略的制定提供思路和方向。

3. 结合中国国情

我国知识产权战略的制定，在跟进国际局势的同时，也应该兼顾我国的国情，要充分考虑我国总体经济水平不高、地域经济发展不平衡、知识

---

[1] 许春明、单晓光：《知识产权制度与经济发展之关系探析——兼论我国知识产权战略的背景和原则》，《科技进步与对策》2007年第12期。

产权"含金量"不足、知识产权尚未全民普及等实际情况，结合我国国情来制定具有中国特色的知识产权战略。

二 我国知识产权战略在实施中存在的问题

与其他发达国家相比，我国的知识产权起步较晚，在国民经济中的分量还有待提高。但从1978年以来，我国在较短的时间内建立起了相对完善的知识产权法律制度，对知识产权的保护也取得了长足的进步，这与国家对知识产权的重视是分不开的。但与此同时，在我国知识产权战略的实施过程中，我国的知识产权从制度、政策、管理到应用还存在一些问题和不足，需要通过政府引导，并加以改变和完善，来促进我国的知识产权发展和经济转型。

1. 我国知识产权发展的现状

在最后30年的时间里，我国政府对知识产权的重视程度日益提高，我国的知识产权发展取得了有目共睹的进步，走过了发达国家通常需要几十年甚至逾百年的历程。目前，我国政府知识产权发展的现状如下。

（1）政策法规方面

目前，我国已经建立起了相对完善的知识产权法律制度，通过法律、法规的制定、修订和实施，为我国文化艺术和科学技术的繁荣、进步与发展，提供了法律保障。一方面，政府通过积极推行各种有效的知识产权政策，引导各类市场经济主体提高知识产权创造能力、运用能力、保护能力和管理水平，提升市场主体参与国际竞争的能力和水平，进而提高我国的科技能力和综合竞争实力。另一方面，中国在遵循知识产权国际规则和WTO规则的同时，按照国情不断完善知识产权保护的法律体制，不断加强知识产权保护的执法力度，努力平衡知识产权创造者、所有者、应用者、消费者以及社会公众之间的利益关系，尤其是在侵犯知识产权现象较严重的领域开展了转向的治理行动，促进了我国经济的发展和社会的进步。[1] 我国于2008年12月在全国人大常委会上表决通过了《关于修改中华人民共和国专利法的决定》，修改后的《专利法》已于2009年10月1日起执行。这已经是《专利法》的第三次修改，说明政府在不断结合我国国情的基础上逐步完善了知识产权制度，为我国自主创新能力的提高、

---

[1] 于君伟：《论我国知识产权战略的制定与实施》，中国政法大学硕士学位论文，2011年。

促进经济社会发展提供了更加有力的制度支撑。知识产权法律法规体系建设稳步推进。2013年国家又完成《商标法》的修改与施行。完成《著作权法实施条例》《计算机软件保护条例》《信息网络传播权保护条例》《著作权集体管理条例》《植物新品种保护条例》等行政法规修改工作。并出台了《政府机关使用正版软件管理办法》，起草了《林业植物新品种保护行政执法管理办法》等规章。

（2）知识产权的登记与授权

2013年，我国知识产权在审批登记的数量和统计质量都有新的突破。据中华人民共和国国家知识产权局网站：全年受理三种专利申请237.7万件，授权131.3万件，其中发明专利申请受理量达82.5万件，占三种专利总量比例五年来首次超过1/3，同比增长26.3%。我国PCT国际专利申请量首次超过2万件，占全球申请总量的比重首次超过10%，在《专利合作条约》体系中跻身至第三位。每万人口有效发明专利拥有量由2012年的3.23件增长到4.02件。全年共受理商标注册申请188.15万件，同比增长14.15%，连续12年居世界首位。商标有效注册量为723.79万件，继续保持世界第一。作品登记量84.5万件，同比增长22.89%，计算机软件著作权登记量16.4万件，同比增长18.04%，双双达到历史新高。农业植物新品种全年申请量达1333件，林业植物新品种申请量累计突破1200件。

（3）行政执法和司法保护

2013年，政府软件正版化工作取得阶段性成果，截至2013年底，所有地市级和县级政府完成软件正版化检查整改任务。年内，多部门加强配合，开展了打击网络侵权盗版专项治理"剑网行动"、知识产权执法维权"护航"行动、打击"傍名牌"专项执法行动等，取得明显成效。在日常执法方面，知识产权各相关部门加强日常执法，执法力度和效率都有大幅度的提高。2013年，据中华人民共和国国家知识产权局网站数据显示：全国地方法院共新受理知识产权民事一审案件88583件，新受理一审知识产权行政案件2886件；共审结一审知识产权案件10万件。全国检察机关共批准逮捕涉及侵犯知识产权犯罪案件3272件5081人，提起公诉4975件8232人。全国公安机关破获侵犯知识产权和制售假冒伪劣商品犯罪案件5.9万起，抓获犯罪嫌疑人5.3万名，涉案价值406亿元。全国海关共扣留侵权货物1.9万批，涉及货物6000余万件，新核准知识产权海关备案 4932 件。全国专利行政执法办案总量 16227 件，同比增长 79.8%，其中专利纠纷办案量 5056 件，同比增长 101.5%。全国工商系统共立案查处侵犯知识产权和制售假冒伪劣商品案件 83141 件，涉案金额 11.2 亿元。依法向司法机关移送涉嫌犯罪案件 477 件，涉案金额 2.8 亿元。全国版权系统立案查处侵权盗版案件 3567 件。

（4）国际合作与交流

国家在加强知识产权保护的同时，还在知识产权领域积极开展国际间的交流与合作，不但积极参与知识产权相关的国际事务，深入参与世界知识产权组织等各相关国际组织的讨论进程，且深化与各知识产权机构和组织的合作关系，提升合作层次，拓展多双边合作，合作伙伴不断增多，对外交流合作不断深入。2013 年，世界知识产权组织设立中国办事处事宜取得重要进展。据国家知识产权局数据统计，全年我国共签署知识产权各类有关协议 51 份。签署世界知识产权组织通过的《马拉喀什条约》。与世界知识产权组织签署《关于发展基础设施服务以支持专利审查工作共享的合作协议》，实现了云专利审查实验系统（CPES）和 WIPO 管理的检索与审查集中式接入（CASE）系统的互联；与 16 个国外知识产权机构签署"专利审查高速路"试点合作协议；首次召开金砖国家知识产权局局长会议，制定了金砖国家知识产权局合作路线图；参加中日韩美欧商标五方会谈；成功举办国际植物新品种保护联盟（UPOV）测试及分子技术会议；与美国海关联合开展为期一个月的知识产权执法行动，共查扣输美假冒消费类电子产品千余批，涉及货物逾 10 万件。

2. 我国知识产权发展面临的问题

从我国知识产权发展的现状可以看出，我国在知识产权的管理、保护、应用方面都取得了巨大的成绩，但同时，相较于其他国家，我们确实还存在一些问题，有待改进。

（1）国家的资金投入方面

这一方面主要表现在：

首先，国家对教育事业的投入不足。我国教育经费支出占 GDP 的比例在 2012 年首次突破 4%，但仍未达到联合国规定的教育支出标准。值得注意的是，我们今天的教育投入上的短缺恰恰是在我国 GDP 总量快速扩张、税收和财政收入不断增长的情况下发生的，目前，我国的农村教育依然处于相对落后的状况，教育的投入与教育发展的需求相差甚远。

其次，国家对科研经费的投入不足。据统计，2013年全国共投入研究与试验发展（R&D）经费11846.6亿元，占国内生产总值GDP的2.08%，而发达国家科研经费的投入一般都会占到国民生产总值的3%左右。可见我国在科研经费投入上与发达国家相比仍存在较大差距。

最后，科研经费的配置不合理。在中国，科研资金大部分投向了短期内即可获利的应用科学，而基础科学研究要想争取本来就数量不多的资金，也往往是在一种不平等的条件下进行的。通常，每到课题申请的月份，科研人员都不得不放下手中的研究工作，大量填写课题申请报告，奔波于经费发放部门之间。在外界看来，这似乎是中国科技界的一种普遍现象。虽然每年国家对科技的投入都在不断增加，但是仍然有许多科研项目因为缺乏经费而不得不半途而废。这其中的深层次原因就在于资源配置的不合理，形成了有限资源恶性竞争的不良发展环境。在这样的环境下，要实施知识产权战略无疑等于纸上谈兵。而相比之下，发达国家，包括一些发展中国家对教育的投入却都很多，而且更有保障，并不是因为这些国家的政府更加具有战略眼光，而是在政府之上设有多种相关的、政府不得不去执行的配套法律，以保证科研投入能够得到有效利用。如美国、日本、德国、英国等发达国家都设有非常具体的针对政府的科研经费方面的法律。这些法律规定得十分详细和具体，并且对政府行为具有现实的威慑力，如果这些经费不能落实到位，政府相关负责人则要受到法律的制裁。显然，与这些国家相比，我国还有很长的路要走。[①]

（2）法律法规方面

首先，政府制定的鼓励技术创新政策没有落到实处。近年来，我国各级政府和主管部门相继推出了很多鼓励企业自主创新的政策，但由于企业尤其是民营企业同政府信息不对称，申请程序复杂，很多企业没有充分享受到政府提供的鼓励政策，因此大大影响了企业技术创新的热情。

其次，我国部分地方政府对各地区中小企业制定的创新政策，经过实践检验存在一些失误。虽然很多省市很早就确立了自主创新的战略目标，

---

① 付长江：《基于科技发展的我国知识产权战略研究》，吉林大学硕士学位论文，2009年。

但在其支持中小企业技术创新的政策实践过程中，没有把任务很好地落到实处。比如某些地方政府实施引进美国和日本鼓励技术创新的政策（例如：重视科技研发投入；采用政府采购的形式刺激科技创新；扩大专利引进；重视基础科学研究，建立高水平科研队伍；根据本国实际消化、吸收、综合和创新等）。但是，由于对这些国家创新政策的研究不充分，没有真正意识到模仿战略的成功取决于：自身要有较强的设计和工程能力，模仿者需要大量的研发投入，要提高模仿起点、模仿他人尚未市场化的成果，争取能够实现二次创新和集成创新[①]。

最后，配套立法不全面、执法环境不乐观。知识产权的配套立法不完善，知识产权权益人的相关利益就得不到保护。目前，我国的立法仍是注重保护成果和给予激励，却缺失了相应的辅佐制度。还需对一些中国相对薄弱的环节或产业进行保护使其良性发展。由于司法保护力度的不够，直接导致我国知识产权司法环境不容乐观，同时，在一些区域地方保护主义严重，政府仅出于税收的考虑，对违法企业睁一只眼闭一只眼，让被侵权的企业无可奈何。

（3）行政机构设置方面

知识产权的管理是通过政府管理机构实现的。由于历史原因，我国的知识产权行政管理是根据知识产权客体的不同而划分管理机构的。知识产权的保护涉及多个部门以及多个部门的联合。具体如表6所示。这样交叉的知识产权行政管理体制和机构的设置已经逐渐显露出其弊端。

表6　　　　　　　我国中央知识产权行政管理机构列表

序号	机构名称	主要知识产权职能	内设主要知识产权部门
1	国家知识产权局	统筹协调全国知识产权保护工作及涉外知识产权事宜、负责专利及集成电路布图设计的保护	设职能部门、专利局、其他直属单位、业务主管社团四部分
2	科技部	与科技有关的知识产权保护	其高技术研究发展中心设有知识产权项目处、知识产权研究处和法律服务处

---

① 萌芽、曾长虹：《简析我国地方政府促进中小企业技术创新的政策》，《工业技术经济》2007年第5期。

续表

序号	机构名称	主要知识产权职能	内设主要知识产权部门
3	工信部	负责电信知识产权、软件与集成电路知识产权保护、互联网域名管理、管理知识产权标准化问题	科技司、电信研究院知识产权中心和软件与集成电路促进中心
4	农业部	农业植物新品种权的保护	植物新品种保护办公室、植物新品种复审委员会、新品种测试中心和分中心
5	林业局	林业植物新品种权的保护	国家林业局植物新品种保护办公室
6	商务部	国际贸易中的知识产权、反不正当竞争	商务部未设专门的知识产权部门，其负责知识产权事务的主要部门有：反垄断局（国务院反垄断办）、世贸司（咨询局）
7	海关总署	与进出境货物有关的知识产权保护	其政策法规司下设知识产权处
8	国家工商行政管理总局	制止不正当竞争	反垄断与反不正当竞争执法局
9	商标局	负责商标权的保护及地理标志的审查	设综合处、申请受理处、审查部门（共八处）、地理标志审查处、国际注册处、异议裁定部门（共三处）、商标信息档案管理处、变更续展处等22个职能处
10	国家质检总局	地理标志产品保护、标准中的知识产权保护、知识产权执法打假、知识产权国际交流与合作及其他质检领域的知识产权工作	科技司（地理标志的保护主要由其负责）、执法督查司（国家质检总局打假办公室）、国际合作司（WTO办公室）
11	国家版权局	著作权保护	设版权管理司，版权管理司又下设综合处、版权处、国际处和执法处。此外，还设有中国音乐著作权协会、中国版权协会等非营利性机构。
12	国家广电总局	负责邻接权、广播影视系统涉及的知识产权保护	法规司、电影事业管理局

资料来源：冯晓青、邵冲：《我国知识产权行政管理现状及其市场规制功能完善研究——以知识产权行政管理机构设置为视角》，冯晓青知识产权网，2012年。

首先，知识产权行政管理机构的设置过于分散。中国各类知识产权管理分属于不同的管理部门，从而行政执法保护也分别由相应的行政部门履行。因此，不同的管理机构之间各自为政，缺乏必要的联系，在很多方面都有自己的一套规章制度。同时，行政执法也有自己的执法标准，导致了对同一问题的处理出现了不同的结果。当然也存在对同一知识产权重复管理的问题。比如，地理标志由国家质量技术监督检验检疫总局负责，同时商标局作为集体商标和证明商标也可以管理,这样就造成了重复管理和权力冲突。实际上,国家质量监督检验检疫总局不应当负责地理标志保护工作①。

其次,知识产权管理机构在设置上混乱无序,主要表现在各管理机关隶属关系混乱,职能不统一,行政效率低下。在隶属关系上,版权局属于国家新闻出版总署,专利局属于国家知识产权局,商标局属于国家工商行政管理总局,国家信息化工作领导小组办公室属于信息产业部等等;在机构职能上,国家知识产权局只负责专利部分,而不负责商标和著作,是最名不副实的管理机构,而地方的知识产权局却是知识产权的综合管理机构。由于知识产权行政管理机构的冗杂、职能的交叉、称谓的复杂,导致了行政管理效率的低下。

最后,我国知识产权行政管理机构分散管理的体制,给知识产权的国际保护带来重重障碍。政府对知识产权的管理不仅仅是为了保护中国国内的知识产权,同时也是为了促进知识产权的国际保护。中国的这种分散管理的体制不但降低了中国知识产权管理的效率和权威,还削弱了知识产权国际保护的力度和水平,影响了我国在世界上的形象以及同国际的合作和交流。②

(4) 知识产权意识方面

随着全球经济一体化的加剧,自觉运用知识产权制度保护自身技术并将其转化为经济利益显得日益重要。但由于受传统教育意识的束缚以及经济、科技发展的分离,我国的知识产权意识还相对薄弱。如,虽然我国每年发表的科技论文和专利数量都在持续增加,但由于科技创新主体的专利意识不强,导致了科技论文和专利增长不成比例。也正是由于这一原因,造成我国知识产权的司法和行政执法力度不够,假冒伪劣、侵权、盗版和地方保护主义严重,知识产权人的利益难以得到切实保障。

从另一个角度,政府对知识产权意识培养和引导还不够重视,我国的知识产权工作经历了从无到有的发展过程,但是社会公众似乎对知识产权在经济社会发展中所起到的作用还没有形成一个充分的认识。在现实情况

---

① 张玉敏:《我国地理标志法律保护的制度选择》,《知识产权》2005年第1期。
② 邹云潞:《我国知识产权政府管理问题对策研究》,哈尔滨理工大学硕士学位论文,2013年。

中，有部分企业不了解知识产权工作的性质，缺乏对知识产权制度的了解，仍没有把知识产权保护上升到关乎企业生死存亡的高度来看待，尤其缺乏对国际规则的了解和掌握，在参与国际市场竞争中常常处于劣势地位。在加入世界贸易组织以后，我国企业因知识产权纠纷引发的经济赔偿累计超过 10 亿美元[①]。

(5) 专业人才缺失

当今世界的竞争归根结底是经济实力的竞争，是科技创新能力的竞争，是人才的竞争。因此，在知识产权战略中必须把人才战略摆在首要位置。但是，目前我国面临的形势却十分严峻。据中国教育部留学服务中心发布的《万名留学人员回国就业报告（2012）》指出，目前我国回国就业海归的学位比例为：博士：硕士：学士 = 1：8：1。留学回国就业人员中，约一半为国外 1 年期硕士学位项目研究生。

而获得博士学位又有相应研究或其他工作经历的高层次留学人才的回国率仍处于较低水平。中央人才工作协调小组办公室的负责人也指出："我国流失的顶尖人才数量居世界首位，其中科学和工程领域滞留率平均达到 87%。"也就是说在回国的海归中，高层次的创新型人才比例很低，人才结构不合理。

另外，国家在人才培养方面也存在许多问题。目前，由于我国高等院校本科生、研究生的不断扩招，虽然增加了具有高层次学历的人数，但盲目的扩招也导致了人才质量的下降。

三　我国知识产权的未来发展态势

1. 在今后相当长的时期内仍将处于后起发展的地位

虽然我国知识产权取得了令人可喜的成绩，但由于我国的知识产权发展时间较短，总体来说还处于初级阶段。虽然我国建立起了与国际接轨的知识产权法律体系，但我们的制度运用经验尚待提高。这主要是因为目前我国知识产权还存在知识产权意识薄弱、法律制度不健全、政府职能部门分割管理、人才不足、执法水平不高、执法环境不乐观等问题尚待解决。

2. 由战略防御阶段向战术进攻阶段转型

我国知识产权发展整体上比较落后，目前只能是属于防御性阶段。波

---

① 郑凯：《中国知识产权保护问题及对策》，《湖北师范学院学报》（哲学社会科学版）2008 年第 4 期。

士顿国际咨询公司（BCG）的调查认为，一个国家的企业在知识产权方面大体要经历5个发展阶段：第一阶段主要以出口技术含量较低的产品为主导，靠的是廉价劳动力和低成本原材料；第二阶段通过加大研发投资，推动技术含量较高产品的出口；第三阶段遭遇发达国家企业的知识产权壁垒，被迫付出高昂代价；第四阶段吸取教训，加大在收购、自主开发和知识产权管理方面的投资力度；第五阶段则开始享受知识产权的互惠互利，有的企业甚至可以通过知识产权获取竞争优势。目前，日、韩两国都已完成了从第四阶段到第五阶段的飞跃，而我国将由第三阶段向第四阶段迈进。①

3. 由知识产权大国向知识产权强国迈进

据世界知识产权组织在日内瓦发布的《2013世界知识产权指标》报告显示：2012年，中国是唯一一个在知识产权4个领域均实现两位数增长的国家。其中，中国的专利申请量增长了24%，中国居民申请量达56万件，名列各国榜首。在商标申请中，中国共提交了158万件，位居首位；美国约60万件，德国约39万件。在工业品外观设计申请中，中国有65万项，之后是德国，约7.6万项。在小发明申请中，中国共提交82.7万件，占到全球申请总量的89.5%。弗朗西斯·高锐总干事说，中国申请量的持续快速增长成为全球知识产权申请量增长的主要推动力。

但同时，我们仍需看到，虽然专利数量在高速增长但质量却没有同步前进，我国在专利设计高新技术领域和科技前沿方面，与发达国家还存在着比较明显的差距，这是因为国家的创新水平还有待提高，仍需要一个发展的过程。

四 实施国家知识产权战略的对策措施

温家宝总理曾指出，当今世界，科学技术是综合国力竞争的决定性因素，自主创新是支撑一个国家崛起的筋骨。只有拥有强大的科技创新能力，拥有自主的知识产权，才能提高我国的国际竞争力。

1. 提高全民知识产权意识，加快知识产权人才培养的步伐

提高全社会的知识产权意识，是提高我国国际竞争力的前提。我国应

---

① 刘露：《我国知识产权的未来发展态势及发展路径研究》，《科技进步与对策》2011年第4期。

积极引导社会各界树立全民知识产权意识、提高品牌意识、强化知识产权保护意识。鼓励和保护人们的创造性，并使得民众的创造性获得物质上的回报，从而激励全民的创新热情。

同时注重人才的培养。知识产权人才是复合型、高端型、应用型和国际型综合为一体的人才，不仅要有多学科的知识背景，而且需要具有国际视野、熟悉国际规则、能够处理国际事务。[1] 完善的知识产权人才社会体系才能充分发挥出知识产权人才的作用，提高企业管理水平和竞争力。

2. 强化知识产权宏观战略

要通过对发达国家知识产权战略的跟踪研究、客观分析制定符合我国国情的知识产权战略，并在高新技术及关键领域开展知识产权战略研究与运用工作，提高我国知识产权运用的水平。同时通过制定扶持政策来支持发展拥有自主知识产权的高新技术产业，通过鼓励高等院校、科研机构与企业开展合作研究来促进拥有自主知识产权技术的产业化转移。

3. 加强知识产权法律体系建设

我们应当密切注视与高科技企业相关的技术和知识产权政策相关的国内外法律法规和世界贸易组织 WTO、国际电信联盟 ITU 等国际组织和论坛的动态消息，及时了解国际知识产权的发展趋势。尽快完善《反垄断法》及相关法律、法规，增大对反知识产权垄断的保护力度，对在知识产权保护领域的垄断或限制竞争行为进行规范，并建立知识产权损害预警技术体系，及时准确地对知识产权损害做出预告性和警示性反应。

4. 建立知识产权统筹协调机制

从世界范围来看，绝大多数的国家采取的是相对统一的知识产权行政管理机构设置。据统计，在实行知识产权制度的 196 个国家和地区当中，只有阿拉伯联合酋长国、沙特阿拉伯、利比亚、巴基斯坦、埃塞俄比亚、希腊、埃及、文莱和中国不到 10 个国家，采取的是将专利、商标和版权分开管理的分散管理模式[2]；180 多个国家实行的是"二合一"模式，即将专利和商标的行政管理机构合并设置在一起，统一称为工业产权局或专利商标局，如美国、日本、德国、法国、韩国和澳大利亚等；其中的 74

---

[1] 贡朋燕：《中国经济发展与知识产权：理论与实证》，西南财经大学硕士学位论文，2013 年。

[2] Paul Claus, "Survey of the Annual Technical Reports on the Trademark Information Activities of Industrial Property Offices in the Year 2000," *World Patent Information*, 2002, 3, p. 211.

个国家和地区实行"三合一"模式，就是将专利、商标、版权由一个部门统一进行管理，如英国、加拿大、新加坡。

因此，我国有必要成立一个由国家牵头的最高层次知识产权协调机构，建立权威性部门协调机制，就具体事宜进行规划协调和执行实施。同时建立起国家知识产权总局，将知识产权职能部门进行合并。与此同时，实行审查授权和行政执法相分离，由两个系统负责。

第六章

经济增长与发展理论

第一节 经济增长与发展

经济增长是指一个国家或地区在一定时期内生产的产品和劳务产出的总量不断增长，是以货币形式表现的国民生产总值不断增加的过程。而经济发展则是以经济的增长为核心，出现的经济、社会和政治结构的转换，这些变化包括投入结构、产出结构、产品结构、分配状况、生活水平、社会结构、政治制度等在内的变化。区域经济增长，是指一个国家或地区的社会财富的增加，即各种产品和劳务总量的不断增长、国民生产总值不断增长的过程。任何区域实现经济发展的主要指标都是追求经济的增长。

某一区域的经济增长表现为一系列经济指标的增加，如国民生产总值、人均国民生产总值、人均收入水平、就业水平、人口规模等。这些指标的变化将最终导致区域经济结构和空间布局的演进。

一般意义上的经济增长有三个基本特征：

增长是指国民生产总值的扩大。并不意味着国民经济中某个产业部门或经济指标都相应增大，相反，某个部门可能处于萎缩状态，但这个部门的萎缩不影响整体经济的增长和迅速增大。如产业结构变动过程中的农业产值的相对下降和工业、服务业产值的相对上升所伴随的是经济总量的快速增长。

增长是地域经济总量攀升变动的长期过程。在此过程中，每个时段的经济增长不一定都呈正值，有时会出现负增长，但总的趋势是呈增长势的。

增长是区域经济发展的基础前提和区域经济发展的必然结果。伴随经济增长的是收入水平的提高、人口的集中和城市规模的扩大以及就业的增多。

经济发展史指在经济增长基础上经济结构、社会结构不断优化和高级化的过程。发展不仅包含经济的增长，更重要的是包含了结构的调整和社会的进步。从经济运行的角度看，经济发展一方面要通过有效地利用现有资源和积累追加资源来提高生产水平和收入水准；另一方面是实现经济结构的根本转变，从单一的农业结构社会转变为多元化的经济结构社会。与此相联系，区域经济的发展有五个基本特征。[①]

第一，发展具有广泛的含义。既可以表示经济的增长和生活的富裕，又可以表示人类的文明与进步，还可以表示政治经济和社会结构的演进。

第二，区域经济发展既包括外延的发展，也包括内涵的发展。外延的发展是指经济规模的扩大，而内涵的发展史之科学技术的进步和组织管理水平的提高。

第三，发展是一个多层次的变动过程。发展不仅包括物质产品生产的增长，而且包括社会和经济结构的完善和人们价值观念的转变。

第四，发展是一个长期的变动过程。在一个较长时期的发展过程中，才能更好地反映出经济发展的本质特征。

第五，经济发展不仅代表人类的进步，而且蕴含着人类采取的一系列先进措施的落实及技术和管理水平的创新。创新是一个民族进步和发展的灵魂，是形成持久发展动力的真正源泉。没有创新就没有发展，真正的经济增长必须建立在不断创新的基础上。

经济的增长与发展存在不可分割的内在联系。尽管经济发展以经济增长为基础和条件，但二者并不完全等同。经济增长偏重于数量的增加，主要指由投入的变化导致产出数量的增加，而经济发展既包括数量的增加，也意味着经济社会结构的相应变革。它强调经济系统由小到大、由简单到复杂、由低级到高级的变化。[②] 一方面，经济发展中包含经济增长，没有经济的增长，经济、社会、政治结构的变革就将成为空谈；另一方面，经济增长不一定能带来经济社会的全面发展和变革，中东地区的经济增长速度因依靠资源而始终处于较高的水准上，但是这一地区的贫困、失业、收

---

① 张建平、李红梅、田东霞等：《区域经济理论与实践》，中央民族大学出版社2007年版，第157—161页。

② LWJ：《简析区域经济增长与区域发展之间的关系》，区域经济学研究生论文，2013年。

入不均等现象却长期没有得到很好的解决，经济、社会以及政治结构等都没有相应的改善。

当然，经济发展与经济增长间存在极其密切的互动关系。虽说从短期看经济增长不一定能带来同量的发展，但从长期看这种增长必然会引发社会进步和结构的变革。反过来看，社会发展水平的提高，物质财富的积累，又会相应带来区域经济的增长，从而提高经济的增长速度。

第二节　经济增长理论

经济增长理论的成长经历了古典、新古典和新增长三个发展阶段。

一　古典增长理论

在古典经济学时期，经济学家就特别关注对经济增长的分析，其中的代表人物有，亚当·斯密、大卫·李嘉图、托马斯·马尔萨斯。

1. 亚当·斯密理论

亚当·斯密（1776）认为，可以通过两种方式促进经济增长，即劳动数量的增加和劳动效率的提升。劳动效率的提升需要分工合作；劳动数量的增加则需要生产工人的增多，因此需要雇佣工人资本的增加。由此，他将国民财富的增长最终归结为劳动分工和资本积累，并进一步分析了两者对提高劳动生产率的作用。

在国民财富增长的两种途径中，斯密更强调劳动效率对增长的促进作用。

首先，斯密认为劳动分为能生产价值的生产性劳动和不能生产价值的非生产性劳动，他的观点是只有生产性劳动才能创造财富，而非生产性劳动只会消耗财富。所以斯密认为，在劳动投入量中增加生产性劳动投入的比例将会促进经济增长。

其次，斯密认为劳动效率的提高是由分工程度和资本积累的数量所决定的，因此分工协作和资本积累是促进经济增长的基本动因。分工协作使得劳动者的熟练程度提高，减少了由工作转换所造成的损失，且有利于机器的发明，所以，分工协作使得单位劳动时间内的产出量增加，进而导致收益递增。至于分工的程度，他认为分工取决于交换，交换又取决于交换的能力，而交换能力的大小由市场容量加以刻画。这样一来，分工程度受制于市场容量的制约。所以，斯密认为市场容量的扩大导致分工加深，而分工又促使劳动效率的提高，并最终导致经济增长。除此之外，斯密也注重资本积累对经济增长的影响。他认为，资本积累可以使得资本存量扩大，与之相联系的劳动数量增加，从而直接促进经济增长。而且，资本积累往往与专业化和分工相联系，从而也会借助于分工间接地促进经济增长。①

2. 大卫·李嘉图理论

与斯密相同，大卫·李嘉图（1817）也认为资本积累是国民财富增长的源泉，因此在其1817年的著作《政治经济学及赋税原理》中对经济增长的分析也是围绕着收入分配展开的。他提出，资本积累就是利润转化为资本，国民财富的增长速度取决于利润率。在考察了工资、利润和地租的关系、变动规律以及影响这些分配比例变量的外部因素后，他认为长期的经济增长趋势在收益递减规律的作用下而停止。

大卫·李嘉图认为，土地的数量是有限的，而土地上生产的产品（谷物）也是有限的。随着人口的增加，人们对土地上生产的产品需求增加，这将导致生产向肥力较低的土地上扩展。这就意味着，随着土地投入的增加，土地上产出的增加越来越小，从而出现边际收益递减现象。收益递减趋势使得土地上产出的价值提高，从而又导致劳动的工资上涨，进而使得资本家的成本提高，利润降低。由于利润是投资的引导器，致使投资下降，最终导致资本积累减少。同时，由于土地产出的价值提高，这将引起有限土地的地租增加。但地主只进行非生产性消费而不进行投资，因此上述过程必将导致资本积累停止。

由此可见，李嘉图更注重斯密增长分析中的劳动量增加和资本积累的作用。但由于土地边际收益递减规律的作用，这两个因素对增长的贡献越来越小，因而资本主义的增长是有限的。不过李嘉图在这所论述的收益递减与现代经济学所讲的收益递减是有区别的。现代的边际收益递减规律是基于数量取向的，意指在其他条件不变情况下，随着某一要素（投入）数量上的增加（同时质量保持不变），该要素的边际报酬将逐渐下降。但李嘉图的边际收益递减规律是基于质量取向的，他指出收益递减的原因主

---

① ［英］亚当·斯密：《国民财富的性质和原因的研究》上卷，郭大力等译，商务印书馆1983年版，第235页。

要是土地的质量将逐渐降低（而数量是不变的）。这也说明某些资源具有可耗竭的特征。①

3. 托马斯·马尔萨斯理论

托马斯·马尔萨斯（1798）对经济增长的讨论是与他的人口原理联系在一起的。在他看来，人口增长与产出增长是不同步的。人口以现有的数量为基数不断增长，而其增长率会随着产出的增长而进一步增大。由于人类生存的基本需求来源于土地上的产出，但土地上的产出却遵循收益递减规律。当土地全部被使用时，对土地的每一次改良，土地上的产出增加量逐步降低，因而"人口的增长有超过生活资料增长的趋势"。所以，以人均产出表示的经济增长会受到人口增长的限制。如果人口得到增长，在边际收益递减的作用下，产出增加量减少，从而生活水平下降，进而导致出生率下降，死亡率上升。在均衡状态下，人口增长率为零，从而经济增长也为零。这种不愉快的结果是因为人口增长和经济增长受到两个不同规律的作用，任何耕种土地的数量扩大或技术进步都将导致超过产出增长的人口增长，即人口灾难是不可避免的。②

他提出了国民财富不断增长主要有四个刺激因素：第一是人口的增加，这是需求增加的主要因素，但如果只有人口增加而缺乏对劳动的有效需求的国家，财富增长往往反而较慢；第二是资本积累，它是财富持续增长的必要因素，但只有存在对商品的有效需求，增加资本积累才能促进财富不断增长；第三是土地肥力，能提供财富增长的最大自然潜力，但如果仅是土地肥沃也不足以刺激财富不断增长；第四是节约劳动的新发明，会使生产便利，但能带来利益的多少还要取决于对消费者的刺激是否增加。

可见，古典经济学家已经指出了经济增长的规模性动因（资本、技术、土地）以及拓扑性机制（分工），也注意到了自然资源在增长中的特殊性。但他们的分析侧重于农业生产占主导地位的经济，土地肥力递减等边际收益递减规律被过分地强化了。同时，尽管已经考虑到了技术进步的作用，但其连续性则没有引起足够的重视。③

---

① 吴景泰：《经济增长若干问题研究》，东北大学博士学位论文，2005年。

② 《经济增长理论概述》，http://ternjack.blog.163.com/blog/static/496558062008111805457661/。

③ 黄红建：《江苏省区域经济协调发展的知识产权对策研究》，南京理工大学硕士学位论文，2010年。

二 新古典增长理论

19世纪中后期，以"边际分析"为特征的新古典经济学的兴起标志着西方经济学进入了一个新的成长阶段。新古典增长理论是经济增长理论一个重要的里程碑。它的意义不仅体现在新古典增长理论的思想性上，更重要的是体现在研究经济增长问题的方法上。其代表性的思想是阿弗里德·马歇尔（Alfred Marshall）对规模收益递增的分析及约瑟夫·熊彼特（Joseph Alois Schumpeter）的创新经济增长理论。代表性的研究方法则是数学经济模型的引入，数学模型使用为数不多、定义精确的经济变量对经济增长过程做出了相应的解释，这些经济增长模型已成为现代经济增长理论的代表。其代表为哈罗德（Harrod，1938）和多马（Domar，1946）发展起来的哈罗德—多马模型。

1. 阿弗里德·马歇尔理论

马歇尔认为，如果所有投入品的数量都以相同的百分数增加，并导致产量增加的百分数大于该百分数，就是规模收益递增的。在对经济增长动力的探源上，马歇尔同样认为，人口数量的增加、财富（资本）的增加、智力水平的提高、工业组织（分工协作）的引入等，都会提高工业生产，促使经济增长。这些因素对厂商生产的全体影响表现为收益递增。所以，经济增长与收益递增相联系。

此外，马歇尔还将厂商的收益递减与行业的收益递增进行了区分。他认为，在长期经济均衡过程中，代表性厂商主要表现为收益递减，而行业产出的变动则可以使得代表性厂商出现收益递增。这是因为：一方面，厂商内部经济发挥作用导致厂商成本的下降以及行业的扩大，呈现出规模收益递增；另一方面，由于行业产出扩大所产生的外部经济也使得厂商出现规模收益递增，这便是后来经济增长理论的"外溢"模型的思想渊源。

尽管如此，马歇尔的基本理论分析仍然是静态的和局部的，因此他更强调的是经济中规模收益的递减现象。直到1928年，阿林·扬（Allyn A. Young）在其经典论文《递增收益与经济进步》中，才进一步论述了史密斯和马歇尔的分工、规模收益递增和经济增长的关系，提出了经济内生演进思想，以"斯密定理"为主题，在协调收益递增与竞争性均衡方面做了突出的尝试。把马歇尔对规模收益递增的解释推广到了全社会，并对持续的规模收益递增给出了一个内生化的解释。马歇尔和阿林·扬对规模收益递增、分工与经济增长所进行的分析对新增长理论产生了重要的影响。但遗憾的是,他的经典思想为正统的新古典经济学所湮没。[①] 直到20世纪80年代中期,罗默重新发掘了阿林·扬的经典思想,并运用动态模型证明了"收益递增可能会导致无约束的增长,外部性可能会允许竞争性均衡存在"的观点。

2. 约瑟夫·熊彼特理论

熊彼特对经济增长过程的分析独辟蹊径,为新经济增长理论中的技术创新模型提供了一个理论基础。他强调企业家的创新是造成经济增长和波动的源泉,他认为企业家的职能就是不断地引进生产要素和生产条件的"新组合"以实现"创新"。[②] 他使用"创新"概念来解释资本主义社会的经济发展。熊彼特在其代表作《经济发展理论》中指出"创新即生产要素和生产条件在生产体系中的重新组合,具体分为新产品、新技术、新市场、新能源和新组织"。

熊彼特认为,在一个简单再生的静态经济中,当所有的生产资源达到最佳使用状态时,经济处于均衡。如果经济中各种投入量能维持给定的数据,这种均衡就会自行重复。不过,在静态均衡中,没有超额利润,没有积累,也没有经济发展。经济发展的可能性来自静态均衡的破坏,而打破静态均衡的关键仍在于超额利润诱发的创新。在一些企业家为谋取超额利润而进行创新之后,有一批企业为分享利益进行模仿,还有一批企业为生存进行更大规模的模仿和适应,创新和由此引起的模仿、适应共同推动经济产出的增加。在这一过程中,模仿能力差、适应能力差的企业将被淘汰。熊彼特创新经济增长理论对后来的新经济增长理论产生影响,如:AghiorlandHowitt的技术进步所产生创造性破坏影响的新增长模型(1992)[③] 和Segerstrom的创新、模仿增长模型(1991)[④]。

3. 哈罗德—多马模型

哈罗德(Harrod,1938)和多马(Domar,1946)发展起来的哈罗

---

① 谭崇台:《发展经济学的新发展》,武汉大学出版社1999年版。

② [奥地利]熊彼特:《资本主义、社会主义和民主主义》,绛枫译,商务印书馆1979年版,第1640页。

③ Aghion, P. and P. Howitt, "A Model of Growth through Creative Destruction", *Econometrica*, 1992 (60), pp. 323–351.

④ Segerstrom, P., Innovation, Imitation, and Economic Growth, Journal of Political Economy, 1991 (99), pp. 807–827.

德—多马模型是第一个经济增长的数学模型,他们在凯恩斯短期静态分析的基础上,将其长期化和动态化,力图形成长期的动态均衡分析。

哈罗德—多马模型的前提假设:

①假设全社会只有一种产品,既是资本品又是消费品。即假定社会只存在一个生产部门、一种生产技术。②假定只有两种生产要素:资本和劳动。两者按照一个固定的比例投入生产,不能相互替代。③假定规模收益不变,即单位产品的成本与生产规模无关。④假定不存在技术进步,因而资本—产出比不变。

哈罗德—多马模型的结论是,增长率随储蓄率增加而提高,随资本—产出比扩大而降低。并且经济的增长路径是不稳定的。

4. 索洛和斯旺的理论

经济增长成为现代经济学中的核心问题始于20世纪50年代末索洛等人建立的新增长理论,索洛(Robert Solow)的《对经济增长理论的一个贡献》和斯旺(Trevor Swan)的《经济增长和资本积累》奠定了新古典经济增长理论。

为了克服哈罗德—多马模型的局限性(假定生产技术是不变的,对于一个给定的储蓄能够实现均衡的有保证的增长率只有一个唯一的数值。但是实现充分就业的稳长的条件除非特殊情形,一般很难实现),索洛、斯旺、米德和萨缪尔森等经济学家提出了一类新的增长模型,这类模型的一个共同特点是:认为哈罗德—多马模型的"刀锋"式的增长路径是可以避免的,充分就业的稳定增长可以通过市场调节生产中的劳动与资本的配合比例来实现。同时,索洛等人还指出:从长远角度来看,不是资本积累和劳动力的增加,而是技术进步才是经济增长的决定因素。索洛的增长理论包含了许多重要的经济内涵,但其理论框架却比较简单而且精致。索洛等人理论模型的核心是关于总量生产函数性质的假设,新古典增长理论中的生产函数具有以下性质:①规模收益不变;②生产要素的边际收益递减;③生产要素之间是可替代的。

以索洛为代表的新古典增长模型,把技术进步作为外生变量对待(即模型中未给解释的变量),使技术进步变得不可解释。因此,无法解释技术进步如何促进经济增长的机制。另外,索洛模型认为,经济增长是会收敛的,穷国会比富国获得更快的经济增长速度,这与经验研究不太一致。在这种背景下,催生了新经济增长理论。

三 新经济增长理论

20世纪80年代中期出现的新经济增长理论（又称为内生增长理论）以罗默（Paul Romer）、卢卡斯（Rober Lucas）等为代表。其重要内容是将新古典增长模型中的"劳动力"的定义扩大为人力资本投资，即人力不仅包括绝对的劳动力数量和该国所处的平均技术水平，而且还包括劳动力的教育水平、生产技能训练和相互协作能力的培养等，这些统称为"人力资本"。虽然新经济增长理论被称为一个理论，但是它并没有像新古典增长理论那样形成一个统一的理论体系。

新经济增长理论的典型模型主要有三类。

1. 罗默（1986）模型

罗默（1986）[1]的知识外溢模型是建立在阿罗的干中学模型基础上的，他认为知识或技术是私人厂商进行意愿投资的产物，像物质资本投资一样，私人厂商进行知识投资也将导致知识资本的边际收益递减。为了说明即使在人口增长率为零时知识积累也足以保证经济实现长期增长，罗默假定：①知识生产的私人收益率递减；②新知识的社会收益率递增；③知识具有正的外部性；④经济是完全竞争的，生产者是价格接受者。

在上述假定下，罗默得出知识溢出足以抵消固定生产要素存在引起的知识资本边际产品递减的趋势，从而使知识投资的社会收益率保持不变或呈递增趋势。因此，知识积累过程不会中断，经济能够实现长期增长。

2. R&D模型

罗默（1990）[2]、格罗斯曼（Grossmaa）和霍尔普斯（Helpman）（1991）[3]、阿洪（Aghion）和霍伊特（Howitt）（1992）[4]发展的R&D模型讨论了多种资本投入情况下的技术进步与经济增长模型。这些模型将

---

[1] Romer, P., "Increasing Returns and Long-run Growth," *Journal of Political Economy*, 1986 (99), pp. 1002-1037.

[2] Romer, P., "Endogenous Technological Change," *Journal of Political Economy*, 1990 (98), pp. 71-102.

[3] Grogsman G. M. and E. Helpmaa, *Innovation and Growth in the Global Economy*, Cambridge, M. A.: The MIT Press, 1991.

[4] Aghion, P. and P. Howitt, "A Model of Growth through Creative Destruction," *Econometrica*, 1992 (60), pp. 323-351.

R&D 理论与不完整竞争整合进增长理论，在这些模型中，技术进步是有目的的 R&D 活动的结果，而且这种活动获得了某种形式的事后垄断力量以作为奖励。其中技术涉及新观念的创造。由于新观念是部分非竞争性，因而具有了公共品的特征。如果企业追加的生产要素中包括非竞争的观念（idea），则规模报酬趋于递增。

3. 卢卡斯的人力资本模型

卢卡斯（Lucas，1988）[1]认为在其人力资本模型中，人力资本对经济增长的贡献比物质资本更为重要。因为人力资本的积累会产生外部性，从而导致规模报酬递增。该模型强调资本积累是增长的关键，但资本的含义更加宽泛，包括了教育与人力资本。

新经济增长理论的"新"是区别于新古典增长理论而言的，将经济增长源泉完全内生化，因此，这一理论又被称为"内生经济增长理论"。该理论认为经济体内部力量才是经济增长的根本原因，外部力量并不起决定作用。因为知识或技术进步如同资本和劳动一样是一种生产要素，并且是"内生的"，是由谋求利润最大化的经济体的知识积累推动的。在新古典增长理论中，人均投资收益率和人均产出增长率被假定为是人均资本存量的递减函数，如果没有外生的技术变化，经济增长就会收敛于一个人均水平不变的稳定状态。而在新经济增长理论中，知识、人力资本等内生技术变化因素被引入经济增长模型中，其结果是资本收益率可以不变或增长。总之，新经济增长理论认为，技术进步的意义在于产生了报酬递增现象，从而解释了经济持续增长的现实现象。

第三节 知识产权促进经济发展的理论分析

知识产权促进经济发展的理论，主要有制度经济学派观点、经济增长动因理论等。这些理论的基础是把经济增长定义为人均产量的增加和人均国民收入的增加，即将人均实物量和价值量作为衡量一个国家经济增长的标准。

---

[1] Lucas R., "On the Mechanics of Economic Development," *Journal of Monetary Economics*, 1988 (22), pp. 3–42.

一 新制度经济学派

新制度经济学派是当代西方经济学的主要流派之一。在当今西方经济学舞台上，该学派主要有两种：一个是以加尔布雷思为代表的新制度经济学派（New-institutional economic school），另一个是以科斯等人为代表的新制度经济学派（New institutional economic school）。

1. 以加尔布雷思为代表的新制度经济学派的主要理论

20世纪50年代，以加尔布雷思为代表的新制度经济学派登上了学术舞台。他承袭了以凡伯伦为代表的旧新制度经济学派的传统，在研究对象、研究方法上发展了制度经济学。其主要代表人物还有缪尔达尔、格鲁奇、贝尔等。60年代，新制度经济学派的经济学家结合多种分析方法来分析美国当时的资本制度的缺陷与矛盾。其研究方法上的基本特点是，采用制度分析或结构分析方法，说明社会经济现实及其发展趋向，揭露资本主义制度的现状与矛盾，提出要从结构方面进行改革的设想或方案。这一时期的制度学派在研究方法上取得的成就显得尤为突出。

加尔布雷思的主要理论是：第一，抗衡力量。加尔布雷思认为在劳动市场上，垄断组织是强大的买者，而工人则是弱小的卖者，由于工人长期遭受垄断组织的损害，促使他们组织工会，并发展成抗衡力量。而合作社组织，在加尔布雷思看来，是小商品生产者可以建立的，并与垄断组织抗衡的一种力量。在消费品销售市场上，消费者虽然并不能成为组织抗衡的一种力量，但他们求助零售商从消费者的利益出发，组织和发展抗衡力量。第二，丰裕社会。加尔布雷思所谓的"丰裕社会"是指"全民福利国家"。主要内容有：①收入均等化，消除贫富悬殊现象。②社会福利。③充分就业。④经济安全。第三，新工业国。在加尔布雷思看来，在美国，几百家大公司，几乎提供商品和劳物的一半。这些大公司组成工业社会或工业体系，它们决定着现代美国社会经济的性质。在加尔布雷思看来，经济演进的整个过程和经济生活的一切方面，都是由技术发展决定的。第四，新社会主义。加尔布雷思认为资本主义和社会主义趋同，而且这种趋同是经济和技术发展的必然性结果。

2. 以科斯为代表的新制度经济学派的主要理论

以科斯理论为代表的新制度经济学，是由威廉姆森最先提出来的。它既有别于旧的制度经济学，又有别于以加尔布雷思为代表的新制度经济学。其主要代表人物为科斯、威廉姆森、阿尔奇安、德姆塞茨、诺斯及张五常等人。这一学派运用新古典经济学的逻辑和方法去分析制度的构成和运行，并发现这些制度在经济体系运行中的地位和作用，把自身的理论视为对新古典经济学的发展，使新制度经济学成为"本来就应该是的那种经济学"（科斯，1994）。在一些经济学家看来，自科斯以后的新制度经济学是可以被主流经济学所接纳的，甚至能够被归并到新古典经济学中去。

这一学派的主要理论是：第一，产权、外部性与资源配置。关于产权安排与资源配置的效率的问题，产权学派运用科斯第一定理（即交易成本为零的情况）和科斯第二定理（即交易成本为正的情况），认为只要在产权清晰界定，交易成本为零，并能满足其他一些条件的情况下，经济的外部性问题可以通过产权的交易和重组加以解决。第二，交易成本理论。交易成本理论是用制度比较的方法研究经济组织制度的理论，其基本思路是围绕交易成本的节约这一核心问题，把交易作为分析的基本单位，找出区分不同交易的特征性因素——资产专用性、不确定性和交易频率，然后分析何种交易应当采取何种体制组织，如市场、企业、政府或其他中间形式来协调。第三，委托—代理理论。委托人通过契约将某些经济决策权授予代理人，来代表自己进行谋利的经济活动，但是代理人也有自己的利益，当双方利益不一致时，如何借助于契约或者制度来约束或激励代理人为委托人的利益行事，或者至少不损害委托人的利益，这就是委托—代理理论所致力研究的问题。第四，新经济史学派的制度变迁理论。新经济史学派中的制度变迁理论是对新制度经济学派理论与方法加以应用和扩展的又一个重要方面，他们通过对新古典经济学的假定进行修订，并围绕制度、制度结构和制度变迁的主轴，构造了一套以制度理论为核心，超越纯经济领域的经济史研究的独特框架，把产权、国家和意识形态作为影响历史进程的三个基本因素，引入到历史研究中去。

新制度主义经济学派把新古典经济学的基本方法运用于研究制度结构，包括法律、企业组织、社会文化等，并引入了交易费用、产权等理论。他们修正了新古典经济学的零交易费用的假定，认为如果所有的交易成本为零，那么，不论生产和交换活动怎样安排，资源的使用都相同。这种从零交易费用假定到正交易费用假定的修正，使经济学的研究更接近于现实。这种应用现代经济学的方法研究制度问题，拓展了新古典经济学的研究领域。

除此之外，新制度经济学在研究经济组织制度的时候保留了新古典经济学的三个基本要素：稳定性偏好、理性选择模型和均衡分析方法。不过新制度经济学对新古典经济学的保护作了修正，即主体的环境约束问题、主体所拥有的信息问题和主体与客体问相互作用的方式问题。在此基础上再引入新的变量，如信息、交易成本、产权约束和政府行为干预等，从而形成了新制度经济学发展的方法论基础。原有的新古典经济学的方法在这里得到了一般化的应用。

新制度经济学不仅具有独特的理论思想和理论特色，而且它运用的研究方法也颇具特色，因此，在整个现代经济学体系中，它都是非常引人注目的。

二 经济增长动因理论

经济增长动因理论产生于美国20世纪40年代。比较有代表性的包括以斯密、李嘉图和马尔萨斯为代表的古典增长理论、熊彼特的技术创新理论、英国经济学家哈罗德和美国经济学家多马提出的哈罗德—多马模型、50年代美国索洛提出的索洛模型。及西蒙·库兹涅茨和美国经济学家E. F. 邓尼逊的理论。

西蒙·库兹涅茨是熊彼特之后研究经济增长理论的西方经济学家。他总结经济增长的动因主要有3个方面：①知识存量的增长；②劳动力受教育、规模经济和技术知识传播所带来的劳动生产力的提高；③制度、观念的变化。美国经济学家E. F. 邓尼逊认为有7个主要因素：①就业人数及其构成；②投入的工作时间；③劳动者的教育程度；④资本存量的规模；⑤知识的进展；⑥资源配置；⑦规模经济其中"知识进展"的含义是技术进步，管理和组织的改进。

这些经济学家都讨论了技术进步是否是推动经济增长的主要动因。这个背景正好催生出了知识产权。经济增长理论以及经济增长动因理论恰好反映出了经济增长与知识产权的关系。这些观点，都强调制度尤其是其中的产权制度对于经济增长的作用，反映了这样一条脉络：经济增长—劳动生产率的提高—技术进步—科研、发明、创新—研究、开发上的资源投入—知识存量的增长—教育的增加—知识产权制度的保障。可解释为：社会劳动生产率的提高推动经济的增长，而劳动率提高的主要因素是技术进步，这种技术进步是劳动力受教育程度、规模经济和技术知识①综合运用的结果，技术进步要依靠科学研究的进行、把科学思想转变成产品生产的思想即发明以及将发明运用于具体的生产过程之中（创新），即依靠的是科学研究、发明和创新，直接影响科研、发明和创新能力的因素是研究、开发上的资源投入，能够解决资源投入的影响要素是代表国家总的知识的全部②，即知识的存量，只有知识存量的不断增长，才有可能提供给开发、创新以巨大的知识支持③。

知识存量的增长，靠的是教育的增加，教育的增加，最终靠的是制度的安排，显然，知识产权制度的合理有效就成为最终解决问题的重心。这样的脉络恰恰能够给我们这样的启示：经济增长内在的需要知识产权制度。知识产权制度能够基于经济的和人性的特点提供对人的努力，人的行为的刺激；知识产权制度能够内在对创新能力的产生提供适时的推力；知识产权制度能够提供促进社会知识存量产生并增长的机制；知识产权制度具备平衡私人利益与社会公众利益的矛盾关系，以寻求私人收益和社会收益相等的能力。由此上述要素最终在经济增长问题上形成合力，成为决定经济增长的重要因素。也就是说，经济增长的内在需要知识产权。知识产权能够刺激人的努力和行为，能够推动创新能力的提升，能够提供促进社会知识存量产生并增长的机制。④

因此，建立知识产权法律制度对于促进一个国家的知识存量的增长有着重要的作用。我国有必要根据经济学理论，遵循促进知识存量发展的制度安排及其变迁的历史，制定适合现有国情的知识产权制度。

第四节　影响经济增长与发展的主要因素

经济的增长，是一个长期的过程，并且它的增长必须通过一定的指标来衡量，在比较早的文献中，通常用国内生产总值（GDP）来衡量经济

---

① 刘满强：《技术进步系统》，社会科学文献出版社1994年版，第30—43页。
② 刘茂林：《知识产权法的经济分析》，法律出版社1997年版，第39—40页。
③ ［美］道格拉斯·诺斯：《经济史中的结构与变迁》，刘瑞华译，上海人民出版社1991年版，第4页。
④ 赵莉：《知识产权与现代经济增长模式之选择》，《上海经济研究》2006年第5期。

增长。经济增长的最终结果是人民生活水平的不断提高。有些经济学家认为，经济增长必须尽可能少地给环境带来负面影响，尽可能多地给世界上最穷的人带来福利的增长。

马克思研究经济增长主要体现为财富的增加，而财富的增加主要体现在物质生产领域。马克思在其著作中关于影响经济增长因素的论述涉及资本、劳动、技术、产业结构、制度、管理、人力资本、对外贸易等各个方面。在物质生产部门的基础上，马克思将经济增长因素划分为影响物质生产的内部因素和外部因素。其中内部因素包括资本、技术、劳动、人力资本等，外部因素包括市场环境、制度、社会分工等。[①]

影响经济增长的因素有很多，就其内部因素而言，可归纳为：①生产要素的合理配置和有效使用；②劳动力的数量和素质；③教育水平；④资源和资本。因为只有有效的和合理的配置生产要素，才能使得产出最大化，达到较好的经济效益；劳动者的受教育水平直接影响着企业的管理、开发、销售各个环节，因此教育水平和劳动力的数量和素质是实现经济增长的先决条件；资源和资本，包括设备、厂房、存货的存量以及在劳动者身上的投资、培训等，这些要素均构成了影响经济增长的内部因素。

影响经济增长的外部因素主要包括：①政治环境；②符合经济发展要求的各项体制；③有利于经济增长的宏观经济政策；④科学技术进步。

政治环境包括相对稳定的国内环境和国际环境；符合经济发展要求的经济体制和政治体制决定着人们的经济行为和其他活动，因此只有在健全的制度下才能实现经济的增长；而符合国情的各项宏观经济政策，包括财政政策、金融政策、产业政策、投资政策、人口政策等，能消除经济发展中的不健康因素，使经济朝着全面、协调和可持续的方向发展；最后，科技的进步有利于新技术、新方法的引入，从而提高生产的效率。因此技术进步在经济增长中起了最重要的作用。

第五节　知识产权对促进经济发展的作用

美国前总统林肯曾经说过，"专利制度给天才之火添加利益之油"。

---

① 陈娜娜：《马克思经济增长理论研究》，西安理工大学硕士学位论文，2007年。

这充分说明了知识产权是加快经济发展方式转变的核心推动力。

首先，利用全球的知识产权资源和创新资源可以更好地促进产业结构的调整，并促进全球间的经济和技术交流合作。知识产权资源的全球发展趋势在很大程度上能客观地反映全球的产业动态，并且给我国在全球范围内吸收、再创新技术提供了便利。同时，引进国外的先进技术和管理经验，不但有利于我国吸收提高再创新，促进经济的发展，也为我国的产品出口提供了可能性和便利。

其次，有效的知识产权激励可提高自主创新能力并保护创新。目前，知识产权已经成为新产品流入市场的通行证，企业只有将核心技术及时知识产权化，形成自主知识产权，才能提高企业的核心竞争力，并且在国际竞争中占据有利地位。只有全面的实施知识产权战略，激励企业提高创新的投资，才会使企业的创新能力得以提升并为经济发展做出贡献。

最后，经济贸易中出现的知识产权纠纷问题需要健全的知识产权制度来应对。随着知识产权的全球化，越来越多的经济贸易中牵扯到了知识产权的纠纷问题。在国际金融危机的冲击和影响下，知识产权再次成为美欧贸易保护主义的重要手段，我们必须更加积极地应对和处理对外贸易中面临的知识产权纠纷、摩擦。同时，通过知识产权制度的健全及建立预警机制来掌握各国的知识产权法律状态，积极推进我国产品的国际化、全球化。

并且，全面的分析知识产权态势与现状，有利于提高产业对发展趋势的把握能力，减少转变经济发展方式的盲目性。发达国家的企业早已将知识产权信息应用于制定其研发、竞争策略来获取竞争优势。自主的创新活动，无论是原始创新，还是集成创新或消化吸收再创新，都不可避免地会碰到其他国家的技术封锁和专利壁垒，全面的分析知识产权现状可以避免由于这一情况带来的研发和产业投资的失误。

第六节 我国知识产权推动经济增长的路径

目前，我国的知识产权创造和运用水平还有待提高，社会的自主创新能力与经济、社会的发展需求仍有差距，这些都导致了我国的知识产权对经济增长的作用没有得到充分的发挥。因此，在经济发展过程中，应加强如下的知识产权工作来推动经济的增长。

首先，要采取适合我国国情的知识产权战略。由于我国的区域经济发展不均衡，因此知识产权保护的强度也要根据经济发展水平、行业来制定。通过积极跟进知识产权对不用经济发展水平区域经济增长的影响来制定适合各区域的知识产权保护策略。在此过程中，还要充分考虑到知识产权保护对落后行业的不利影响。

其次，要培育创新文化。在发挥自主创新能力、加快发展科技事业的同时，政府应该提倡、培育和发展创新文化，通过教育、宣传、培训等形式形成浓厚的创新氛围，继续推行"科教兴国"的政策，保护创新者的积极性，激励更多的人去创新。

再次，完善知识产权制度。面对科技竞争日益激烈以及科技进步与经济发展联系越来越密切的态势，为了让现存的知识产权制度能够担当为科技进步和经济繁荣提供必要的条件和适宜的环境，从而去促进和保障科技进步和经济发展。我们应及时完善我国的知识产权制度。

最后，加强并完善知识产权保护与利用政策，运用好市场与政府这两只"手"。就知识产权制度本身来说，它也是有局限性的，其作用应当被置于一个恰当的位置——知识产权机制只是促进和保障技术进步和经济发展的一个方面（尽管是基本方面）的法律机制，它与其他法律机制都只是在各自的领域内发挥其独特的作用。因此要看到，知识产权制度的修订与调整不是一蹴而就的。但是，现代科技的发展，带来了知识总量的迅速扩大、知识传播的明显加快，而且也带来知识更新的愈益加速，技术的生命周期也在缩短，有人测算，技术每年的淘汰率是 20%，这意味着技术的生命周期平均只有 5 年。英特尔公司的创始者戈登·莫尔在 1965 年就提出一条所谓的莫尔法则，即每 18 个月微处理机的能力翻一番，而其价格却不变，这为后来的事实所证明。所以，运用知识产权机制来推动经济增长最直接有效的途径，应当是加强并完善知识产权保护与利用政策，运用好市场与政府两只"手"，即要更多地在操作层面上下功夫。"相信市场，也就是说相信民间的解决方法通常比政府的解决方法更有效。"这是美国运用知识产权制度的成功经验，这一点在我国还没有形成机制。我们应当看到，市场的作用是首要的，一个强大的私营市场是推动经济增长最有效的途径。同政府的决定相比，民间和个人决定的速度更快，更多样化，对消费者的要求也能做出更直接的反应。另外，政府的决定往往代价很大——它们可能需要行政官员达成一致意见，要专家进行研究，既花时间，也多花钱。而民间决策往往能让全社会花更少的钱。如果能让市场中的个人更多地做决定，政府和社会将由此节省可观的资金。在此基础上，如果地方或企业的知识产权战略的设计中能接受市场经济的基本规律来保护与利用知识产权，建立更具有服务型的经济模式，将一定会是积极的、有效的。[1] 我们应积极推行行业会议、行业联盟等形式、通过建立行业自律公约、加强企业合作交流，进而形成促进经济增长的新模式。

---

[1] 赵莉：《知识产权与现代经济增长模式之选择》，《上海经济研究》2006年第5期。

第七章

区　域　经　济

区域经济是指在一定区域内经济发展的内部因素与外部条件相互作用而产生的生产综合体。区域经济以一定的地域为范围，这是因为每一个区域的经济发展都会受到自然条件、社会经济条件和技术经济政策等因素的制约。它是一种综合性的经济发展地理概念，反映了区域性的资源开发和利用现状及其问题，主要表现在地区生产力布局的科学性和经济效益上。区域经济不仅以区域内的经济指标来衡量，还要考虑社会的经济效益以及地区性的生态效益等。

第一节　区域的概念与特征

一　区位

1. 经济区位

区位指某一主体或事物所占据的场所及其与其他事物的空间联系。而经济区位则是指某一经济体为其社会经济活动所占有的场所。[1] 从这一角度经济区位可分为工业区位、居住区位、城市区位等。

2. 区位单位

所谓区位单位，是指布局在某一社会经济统一体内的各个组成部分。它是经济区位的布局主体。根据研究的层次不同，区位单位的具体内涵也不相同。例如，城市、农村；工业区、商业区、文化区；工厂、学校等。可见，区位单位是经济区位的主体因素，是社会经济活动区位布局的物质

---

[1] 高洪深编著：《区域经济学》，中国人民大学出版社2006年版，第20—23页。

实体。

3. 区位因素

区位因素是指区位单位进行空间配置的外部约束因素。在不同的区位上,人口分布、市场供求、资源分布等状况不同,从而其区位利益就具有很大差异,区位单位的布局状况也就不同。正是各区位上区位因素的差异,才决定各区位的优劣,从而才有区位差异。

根据埃德加·M. 胡佛的总结,一个区位的相对优劣,主要取决于四类区位因素:

(1) 地区性投入:该区位上对不易转移的投入的供应情况。它具体是指存在与某一区位、难以从他处移入的原料供应品或服务等。

(2) 地区性需求:该区位上对不易转移的产出的需求情况。

(3) 输入的投入:从外部供给源输入该区位的可转移投入的供应情况。

(4) 外部需求:可以向外部市场销售可转移产出中得到的净收入情况。

在不同的区位上,由于区位因素的不同,造成区位利益的差别,从而决定了各个区位的相对优劣。

4. 区位决策

区位决策也即决策主体(又称区位决策单位)的区位选择过程。在一定的经济空间中,各区位所处的地位不同,其区位因素各异,从而其市场、成本、技术、资源约束不同。为追逐最大化的经济利益,各决策主体将根据自身的需要和相应的约束条件选择最佳的区位,这就是区位决策。

须指出的是,区位决策单位与前面所说的区位单位并不相同,尽管有的区位单位,如居民个人、组织机构、管理机构等,可以自主地选择区位,因而是自己的区位决策单位,但在多数情况下,区位单位与其决策单位并非一致,例如,在工商界,公司是指定区位决策的单位(即区位决策单位),而具体的企业(如工厂、商店、银行分行等)则是由外部决策确定区位(即区位单位)。换言之,只有当决策主体与区位单位一致时,区位单位的区位选择是自主的;否则,则是由外部决策所决定的。[1]

---

[1] 本章节概念部分主要参考高洪深编著《区域经济学》,中国人民大学出版社 2006 年版,第 23 页。

二 区域的概念

地理学认为："区域"是地球表面的一个单元，是地球表面上某一特定范围中一个连续的地段，以一种或多种标志区别邻近部分；而政治学认为："区域"是国家实施行政管理的单元；社会学认为："区域"是具有相同民族、文化、宗教、语言等社会特征的人群聚集居住的社区；而经济学认为，区域是一个在经济上相对完整的单元。

本书从经济学的角度，认为区域包括三个层面的内容：①国内的经济区域，如我国的东部地区即一个区域；②超越国家界线由几个国家构成的世界经济区域，如欧盟也是一个区域；③由几个国家的部分地区构成的经济区域，如湄公河流域经济区。一般而言，区域是一国经济范围内划分的不同经济区。[①] 美国区域经济学家胡佛认为：区域是基于描述、分析、管理、计划或指定政策等目的而作为一个应用性整体而加以考虑的一片地区，它可以按照内部的同质性或功能一体化原则划分。

区域的主要特征如下。

界线：界线可以是明确的也可以是模糊的；

异同：区域内部表现出明显的相似性和连续性，而区域之间则具有显著的差异性，区域内部具有相对的一致性，但内部也有差异，知识区域的空间尺度越小，区域内部的差异性就越小；

特色：区域具有一定的优势、特色和功能；

联系：区域之间是相互联系的，一个区域的发展会影响到周边和相关地区。但按照区域内部的特性，区域可分为自然区域、经济区域、文化区域以及综合区域。按照考察对象的不同，区域又可分为自然区域、行政区域和经济区域。典型的区域划分是法国经济学家布代维尔（J. B. Boudeville）提出的将区域分为匀质区域、功能区域和计划区域。

同质区域也称为匀质区域，它是根据区域内某一因素的一致性来划分的，如生产结构、消费类型的一致性或自然资源、自然条件的相似性等，都是划分同质区域的依据。美国经济学家奥登和莫尔在 1938 年将美国划为六个大的同质经济区。他们解释自己使用的尺度是"为尽可能多的目

---

① 陈秀山、张可云：《区域经济理论》，商务印书馆 2003 年第 1 版。

的，用尽可能多的指数来衡量，以达到尽可能大的同质性"[①]。这种划分的结果往往是大规模的经济区，因而要忽略很多差别，只适用于一般性研究工作。

功能区域则是指区域所属范畴被某种形式的纽带联系在一起，从而形成一个有内聚力的空间组织的、在功能上联系紧密的区域。如区域中有某一中心，它与周围地区形成某种信息物质、能量的交换，从而形成功能区域。因此，在功能区域中，更强调的是各组成部分间的相互依赖性，即核心及其周围地区，哪一方离开另一方都不可能繁荣兴旺。在各种区域分类中，同质区域和功能区域是基础。

计划区域是政府的计划和政策的实施区域，即各级管理行政区。计划区域通常是政府按照政策的目标所划分的区域，有时候政府会忽略区域各单元间的功能联系，因此降低了计划实施的有效性。

在现实中，区域划分并不是完全绝对的，区域间存在着有形或无形的交叉，并且，区域的划分界限并不是一成不变的，也会随着客观条件的变化而变化。

三 经济区域

经济区域是一个地理空间概念，是地球表面的一个地区，并且表现为空间上的连续性。它是指经济活动相对独立、内部经济联系紧密、体系较为完整、具有特定功能的地域空间。主要有以下基本特征。

（1）独立完整性。区域一般包含在一个国家的疆域内，是具有一个独立利益的主体。各区域的经济活动相对独立，具有比较完整的经济结构和地域结构，并具有独特的活动规律。

（2）关联性。作为生产、流通、分配可自成体系的经济综合体，经济区域内相互联系密切，并已经形成一个完整的体系。但一个独立的区域并不是封闭性的，区域间存在着有机的联系。

（3）层次性。经济区域具有一定的地域层次结构，如中心城市控制次级城市、次级城市控制城镇、城镇控制乡村。次级区域是高级区域的一个组成部分，在高级经济区域中具有特定的功能。如为其他区域提供能源

[①] H. W. Odum、H. E. Moor：《美国的区域经济》，1938年，转引自高玉芬《区域经济发展与我国社会主义市场经济》，湖北教育出版社1995年版，第4页。

或资源；为其他区域提供工业品和高级服务；为其他区域提供农产品的农业区等。

（4）整体性。区域内部呈某种一致性特征，如自然条件、资源、经济条件的类似、经济发展水平的相当以及经济发展方向的一致等，这是因为区域内部是一个有机的整体。

经济区域的划分是一项复杂的系统工程，涉及自然、经济、社会、政治等各方面的因素，一般来说，区域划分要考虑如下条件。

（1）自然条件。包括地理位置、地质、气候、水文、生物、土壤等自然条件的状况。要充分考虑这些自然条件和自然资源的类似性和相关性。

（2）经济条件。包括该地区的经济发展历史、现有产业结构特点以及未来的发展方向。

（3）社会条件。各地区的文化、科教、技术水平差异会直接反映在该地区的劳动资源素质上，因此会对劳动生产率及产业布局产生一定的影响。

（4）行政区划。在我国，行政区在实施行政管理职能之外，还兼顾着经济管理和组织的职能，因此在区域划分时还要考虑行政区域完整性这一因素。

一般有两种类型的经济区域划分方案：依据经济区域的不同属性，可将其划分为聚类经济区、协作经济区、城市经济区、自然经济区及行政经济区；依据衡量指标和表述内容的不同，经济区域又可分为经济地带、大经济区、功能性经济区以及行政经济区。

四 区域关系

区域关系可以分为两大类：一类是区域内部的关系，另一类是区域之间的关系。但不论哪种关系，都是通过各种活动的相互作用反映出来的。这些关系可以分为下面几种主要类型。[①]

水平关系，区域内外的水平关系主要反映在相似单位之间的竞争上，这既可以是市场区域的竞争也可以是供给区域的竞争，是一系列活动的组合。在区域内部，由于使用这类地方性资源的新活动不断增加，将提高这

---

① 黄本笑主编：《科技进步与区域发展》，武汉大学出版社2002年版，第153—155页。

些活动的成本，这就有可能阻止需要相同资源的其他活动的进入。区域规划和区域政策的目的是为了实现区域关系的协调发展。

垂直关系。区域关系中一种活动的产出表现为另一种活动的投入所结成的相互吸引的关系，这种相互吸引的关系就是垂直关系。垂直关系一般有后向联系和前向联系两种。后向联系是针对供给性活动的相互吸收，它含有将一种活动的结果，依照操作顺序不断地向后传递，使自然资源和劳动力之类的初级投入转化为最终消费产品的过程。前向联系则是指变化产生的影响通过一系列操作过程传向另一种活动。它是买方被卖方吸引的结果。例如，一座城市能否提供大量的外部聚集经济，包括良好的公用基础设施和服务，在区域经济发展中至关重要，这就是强调基础设施这些前向联系的关键性作用的表现。

互补关系。区域活动之间存在着十分普遍的互补关系，这是由于区域效应往往都是相互之间的吸引导致的。无论是区域内部还是区域外部，一种活动的增加都可能促进互补活动的增加。这种互补情况既可以表现在互补产品供应者之间的相互吸引，也可以表现为附带供给品使用者之间的相互吸引，使各个部分形成了一个有机整体，要素之间表现了"自组织"的效应。例如，原材料生产地和产品加工地之间的相互补充就是区域互补关系的典型。

五　区域经济的行为主体

企业：企业的区位选择决策是对区域影响意义重大的决策。企业的区位选择决定了它在一个区域内的什么地方进行生产、营销、研究开发或管理活动。

家庭：家庭（居民）作为区域经济行为主体，一方面，他们是商品和服务的最终需求者；另一方面，他们又是资源——劳动力、企业经济者、投入——的提供者。与企业类似，家庭（居民）也要进行区位选择决策。

公共机构（政府）：政府决策对区域经济的影响是多方面的：一方面，它的决策在很大程度上决定了不同区位的质量；另一方面，它本身也要对政府机构区位选择进行了决策。

居民与企业间：劳动与工资交换、商品和服务供应
居民与政府间：劳动与工资交换、税收
政府与企业间：货物和信息流动、财政

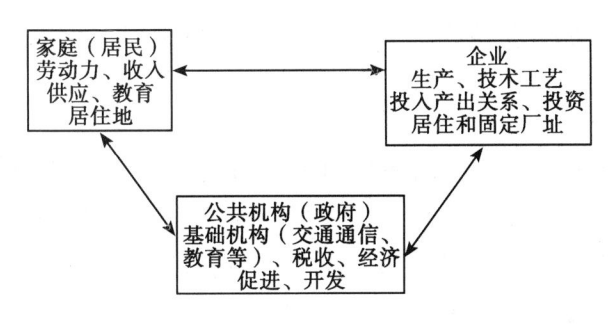

图 4　区域经济的行为主体

第二节　经济区位理论

作为区域经济理论起源的基石，区位理论是区域经济学的核心基础理论之一，它主要研究经济活动中关于人类活动占有场所以及该场所内经济活动的组合理论。按照时间的先后，经济区位理论又分为古典区位理论和现代区位理论。

一　古典区位理论

1. 农业区位论

德国经济学家、经济活动空间模式的创始人冯·杜能（Johan Henrich von Thunen）在其1826年发表的《孤立国同农业和国民经济的关系》一书中，首次提到了农业区位的概念，奠定了农业区位理论的基础。

杜能认为：在城市近处种植相对于其价格而言笨重而体积大的作物，或是生产易于腐烂或必须新鲜消费的产品；随着距城市距离的增加，则种植相对于农产品的价格而言运费小的作物；在城市的周围空间，将形成以某一种农作物为主的同心圆结构。杜能创造了孤立化的研究思维方法，运用类型归纳和理论演义相结合的方法，提出了农业地理学的两个原理：①不存在对所有地域而言具有绝对优势的农业生产方式，即农业生产方式

的相对优越性;②距市场越近、单位面积收益越高的农业生产方式越合理。并从理论上系统阐述了空间摩擦对人类经济活动的影响,成为土地利用的一般理论基础。

但该理论也存在着如下缺陷:该理论中没有考虑技术和交通条件的改善对运输距离制约的削弱;并且追求最大地租收入的行为动机也与现实状况不完全相符。

2. 工业区位论

德国经济学家韦伯运用杜能的研究方法,并综合分析了德国工业的实际情况,于1909年出版了《工业区位论:区位的纯粹理论》,提出了工业区位论的基本理论。他认为,区位因子是工业区位论的核心,该因子包括了从自然到社会的各类工业区位的形成条件。但对生产成本费用起决定作用的区位因子只有运输费用、劳动力费用和集聚力这三者。在这三个区位因子中,运费对工业的基本定向起最有力的决定作用。劳动力费用产生的影响可能引起由运输定向的工业区位产生第一次"偏离",而集聚是指由于外部经济引起的向一定地点集中的一般区位因素,可以改变运费和劳动力费用的作用,从而产生第二次"偏离"。

韦伯是第一个系统地建立了工业区位理论体系的经济学者。他的区位论是经济区位论的重要基石之一,不仅是理论研究的经典著作,对现实工业布局也具有非常重要的指导意义。就其突出特点来说,主要有:①首次抽象和演绎的方法运用于工业区位研究中,建立了完善的工业区位理论体系,为之后的区位论学者提供了研究工业区位的方法论和理论基础;②韦伯区位论的最大特点或贡献之一是最小费用原则,即费用最小点就是最佳区位点。他之后的许多学者的理论仍然脱离不开这一经典法则的左右,仅仅是在他的理论基础上的修补而已;③韦伯的理论不仅限于工业布局,对其他产业布局也具有指导意义,特别是他的指向理论已超越了原本的工业区位范畴,而发展成为经济区位布局的一般理论。[①]

3. 中心地理论

中心地理论是德国地理学家克里斯泰勒(W. Christalle)于1933年提出的,随后在1940年被德国经济学家廖士(A. Lsch)所改进。该理论主要用于研究区域中城市的数量和规模。

[①] 李小建:《经济地理学》,高等教育出版社2006年版,第67—76页。

该理论是地理学由传统的区域个性描述走向对空间规律和法则探讨的直接推动原因，成为现代地理学发展、城市地理学、商业地理学以及区域经济学研究的理论基础，对研究区域结构具有重要的意义。在区域规划中，按照中心地理论可以合理地布局区域的公共服务设施和其他经济和社会职能。但该理论仍存在一些局限性：在现实中很难满足克里斯泰勒提出的假设条件，在其理论中缺少对商品和服务供应范围下限的分析，并且忽视了集聚效益，只注重了各等级设施的出现，没有深入讨论出现的数量。[1]

二 现代区位论

现代区位论从20世纪50年代的新古典区位理论开始，经历了行为区位理论及20世纪70年代以后所发展的区位论。现代区位论改变了过去孤立的研究区位、生产、价格、贸易等因素的方式，而是对多种因素进行了综合研究，并注重协调人与自然之间的关系。

新古典理论的代表理论有廖什的市场区位论以及艾萨德区位指向论，廖什认为大多数工业区位是选择在能够获取最大利润的市场地域，区位的最终目标是寻找最大利润点。而艾萨德的区位指向理论是运用替代原理分析了区位的平衡。但在20世纪60年代，新古典区位论由于其理性经济人和完全信息的假设遭受到了许多的批评，经济学家开始从人的行为这一角度来研究区位理论，这一时期的代表理论有史密斯的收益性空间界限分析以及普雷德的行为矩阵。70年代后，区位论又有了新的发展，经历了结构主义、生产方式以及不完全竞争为主的发展阶段。

传统的区位理论主要研究经济活动的区位，描述了经济活动的空间布局，但是，由于其假设过于严格，没有涉及经济活动为什么会发生在该空间这一问题。自第二次世界大战以来，一些经济学家在研究区位理论的基础上，开始了对区域经济的整体研究。

第三节 区域经济发展理论

自德国经济学家约翰·冯·杜能（Johanna Heinrish Von Thunen）在

---

[1] 许学强、周一星、宁越敏：《城市地理学》，高等教育出版社2009年版。

其代表作《孤立国同农业和国民经济的关系》一书中首次提出了农业区位这一概念，区域经济理论的发展由此伊始。但区域经济发展理论则是在20世纪50年代后才开始大量出现的。区域经济理论，是研究生产资源在一定区域内优化配置和组合，以获得最大产出的学说，包括了对区域经济发展的原因、机制、过程、结构、影响的研究等。根据研究侧重点的不同，可将区域经济发展理论划分为以下几类。

一　区域经济均衡发展的主要理论

1871年，法国经济学家瓦尔拉（W. Walras）提出一般均衡论，这是经济学中最早建立的有关均衡问题的理论。20年后，自新古典学派的创始人、英国经济学家马歇尔（Marshall）的新古典经济学理论开始，慢慢演绎出区域均衡发展理论，该理论不仅强调部门或产业间的平衡发展，而且强调区域间或区域内部的平衡（同步）发展，即空间的均衡化。认为随着生产要素的区际流动，各区域的经济发展水平将趋于收敛（平衡），因此主张在区域内均衡布局生产力，空间上均衡投资，各产业均衡发展，齐头并进，最终实现区域经济的均衡发展。[①] 关于均衡发展理论主要有临界最小努力命题论、平衡增长理论、低水平均衡陷阱理论和大推进理论。

1. 临界最小努力命题论

美国经济学家莱宾斯坦（Leibenstein）于1957提出临界最小努力命题论。他主张发展中国家应努力使经济达到一定水平，冲破低水平均衡状态，以取得长期的持续增长。不发达经济中，人均收入提高或下降的刺激力量并存，如果经济发展的努力达不到一定水平，提高人均收入的刺激小于临界规模，那就不能克服发展障碍，冲破低水平均衡状态。为使一国经济取得长期持续增长，就必须在一定时期受到大于临界最小规模的增长刺激。

该理论的中心思想是：由于发展中国家经济增长中存在两种对立的力量，即提高收入的力量和压低收入的力量两组相互对立、相互制约的努力。提高收入的力量决定于上一期的收入水平和投资，压低收入的力量决定于上一期的投资规模和人口增长速度。所以发展中国家要打破"恶性循环"、跳出"陷阱"必须先使投资率足以使国民收入的增长超过人口的

[①] 杨竹莘：《区域经济差异理论的发展与演变评析》，《工业技术经济》2009年第8期。

增长，从而人均收入水平得到明显的提高，即以"临界最小努力"使国民经济摆脱极度贫困的困境。①

2. 平衡增长理论

20 世纪 40 年代，发展经济学家纳克斯（R. Nurkse）从"贫困恶性循环论"出发，提出在不发达经济中推动平衡增长战略这一构想。该理论认为，在整个工业或国民经济各部门同时进行大规模投资，使其按同一或不同比率全面得到发展，以此来实现工业或经济发展。

该理论避免了过度强调工业化而忽略其他部门发展的倾向，强调大规模投资和合理配置有限资源的重要性，重视市场机制作用存在的局限性和实现宏观计划的必要性，为发展中国家实现工业化和经济迅速发展提供了一种发展模式，并对一些国家的经济发展战略政策的制定产生了一定的影响，但是，该理论过分依赖计划性和国家干预，并受到资源、技术、管理等因素的制约，因此较难实现。

3. 低水平均衡陷阱理论

1956 年，美国经济学家纳尔逊（R. R. Nelson）在其《不发达国家的一种低水平均衡陷阱》一文中提出低水平陷阱理论。他利用数学模型考察了发展中国家人均资本与人均收入、人口增长与人均收入增长、产出增长与人均收入增长的关系，并综合研究了在人均收入和人口按不同速率增长的情况下，人均资本的增长与资本形成问题，说明了发展中国家存在低水平人均收入反复轮回，难以增长的现象。不发达国家的人均收入水平低下，仅仅能够维持最低生活水平的需要，死亡率高，人口增长缓慢，与此同时较低的居民收入使储蓄和投资受到极大限制。如果以增大国民收入来提高储蓄和投资，又会导致人口增长，从而将人均收入拉回到较低的水平，这就是不发达国家难以逾越的"低水平均衡陷阱"。在外界条件不变的情况下，要走出陷阱，就必须使人均收入增长率超过人口增长率。

4. 大推动理论

英国经济学家罗森斯坦·罗丹（Paul N. Rosenstein Rodan）在其《东欧和东南欧国家的工业化问题》一文中提出大推动理论，该理论的主要内容是：对国民经济的几个部门同时进行大规模投资，克服经济发展过程

---

① 莱宾斯坦：《经济落后与经济增长》，1957 年，转引自车维汉主编《发展经济学》，清华大学出版社 2006 年版，第 87 页。

中的供给和需求的不可分性，引起这些部门的平衡增长，从而达到推动经济发展的目的。该理论强调投资与增长的部门间的平衡，认为只有部门或产业间的均衡发展才能推动国家或地区经济的整体发展。

我国20世纪五六十年代，就是在区域均衡发展理论的指导下，平衡布局，均衡发展，经济建设大规模向内地推进，提出各地要建立完整的经济体系，遵循"五项原则"。在平衡布局理论指导下，从而把全国经济分为华北、华东、东北、西北、中南、西南六大区域。到60年代末，从战备的角度考虑，又把全国划分为一线、二线和三线地区。采取"加快中、西部地区经济发展，统一规划、合理布局、统筹兼顾、发挥优势、均衡发展"的区域经济均衡发展战略。国家在资金、技术、人才、建设项目等方面向中西部倾斜，特别是利用东部高比例的财政收入补贴中西部欠发达内陆地区，使中西部与东部的差距缩小。但也由此带来全国的经济发展水平在低水平上徘徊，发展速度缓慢，与世界的差距加大。[①]

区域均衡发展理论虽然是为了促进经济协调发展、缩小地区发展差距，但是该理论存在以下缺陷：一方面，在经济发展初期，由于资本、资源、地理条件等因素，并不具备推动所有产业和区域均衡发展的资源；另一方面，这些理论忽略了技术进步和市场力量的影响，完全靠竞争市场中的供求关系来决定劳动和资本的流动。这显然是从理性观念出发，采用静态分析方法，把问题过分简单化了，因此无法解释现实的经济增长过程，无法为区域发展问题找到出路，在实际应用中缺乏可操作性。但在经济发展的初级阶段，非均衡发展理论对发展中国家起到了一定的现实指导意义。

二　区域非均衡发展的主要理论[②]

1. 不平衡增长理论

著名的美国经济学家赫希曼（A. O. Hirschman）是"不平衡增长"理论的创立者。在其1958年出版的《经济发展战略》一书中，以极化—涓滴效应学说完善了极化、扩散理论。他的主要观点如下。

如果一个国家的经济增长率先在某个区域发生，那么它就会对其他区

[①] 杨竹莘：《区域经济差异理论的发展与演变评析》，《工业技术经济》2009年第8期。

[②] 本章节概念部分主要参考朱国传《区域经济发展——理论、策略、管理与创新》，人民出版社2007年版。

域产生作用。经济相对发达区域的增长，将对欠发达区域产生不利和有利的作用，分别称为极化效应和涓滴效应。极化效应是指使生产要素（劳动力、资本）流向相对发达地区，在竞争中处于优势地位，而欠发达地区则处于从属地位。涓滴效应是指发达地区通过购买欠发达地区的原料、燃料和向欠发达地区输出资本和技术等经济活动，在一定程度上对欠发达地区的经济发展起到了带动效应。赫希曼认为：极化效应与涓滴效应始终存在；并且在经济发展的初期，极化效应占主导地位，区域差异会逐渐扩大；但从长期看，涓滴效应会大于极化效应而占据优势，区域趋于平衡。

赫希曼的理论认为经济增长过程是不平衡的，强调经济部门或产业的不平衡发展。他认为：一个国家在选择适当的投资项目优先发展时，应当选择关联效应最大的产业，也就是产品的需求价格弹性和收入弹性最大的产业。在他看来，发展中国家应集中有限的资源和资本，优先发展少数"主导部门"，尤其是"直接生产性活动"部门。以此为动力逐步扩大对其他产业的投资，带动其他产业发展。最终使得整个经济得到全面发展。该理论的核心是联系效应，即怎样选择引致投资最大的部门问题。赫希曼认为，充分利用现有资源，并最大限度发挥其效率比单纯的资本形成更重要。他认为联系效应是经济增长的有效机制。因此，一个国家在适当的投资项目中应该优先选择具有联系效应的产业。这就是产业部门优先发展次序原则的技术标准。

不平衡发展理论遵循了经济非均衡发展的规律，突出了重点产业和重点地区，有利于提高资源配置的效率。

2. 循环积累因果关系理论

诺贝尔经济学奖获得者、瑞典经济学家缪尔达尔（G. K. Myrdal）1957年在其《经济理论和不发达地区》一书中首次提出了循环积累因果原理。随后，该理论又被卡尔多（Kaldor）、迪克逊（Dixon）和瑟尔沃尔（Thirlwall）等人进一步发展和完善。

缪尔达尔运用动态的和结构分析的方法，提出在不发达国家的经济发展中存在着"地理上的二元经济"，即经济发达地区和不发达地区并存的二元经济结构。由于这种二元经济结构的存在，各地区之间的劳动力的转移、资本的运动、贸易的发展不仅会阻碍某些落后地区的发展，而且还可能使整个经济增长放慢。他也因此获得1974年的诺贝尔经济学奖。

缪尔达尔认为事物发展是循环累积的过程：初始变化—次级强化—上

升或下降—影响初始变化；同时经济发展不仅由生产要素的变化决定，也受到技术、社会、经济、政治、文化和传统等多种因素影响。基于此，缪尔达尔提出了区域经济发展的政策主张：在经济发展初期，政府应当优先发展条件较好的地区，以寻求较好的投资效率和较快的经济增长速度，通过扩散效应带动其他地区的发展；当经济发展到一定水平时，也要防止累积循环因果造成贫富差距的无限扩大，政府必须制定一系列特殊政策来刺激落后地区的发展，以缩小经济差异。

3. 增长极理论

法国经济学家弗朗索瓦·佩鲁（F. Perroux）于1950年在其论文《空间经济理论与应用》中首先提出"增长极"理论，该理论认为经济增长并非同时出现在所有地方，而是以不同的强度出现于一些增长点或增长极上，然后通过不同渠道向外扩散，并对整个经济产生不同的最终影响。

增长极是指具有推动性的经济单位，或是具有空间聚集特点的推动性单位的集合体。区域增长极则是指具有推动性的主导产业和创新行业及其关联产业在地理空间上集聚而形成的经济中心。

"增长极"的效应包括：①极化效应：主要表现为极点的集聚，即极点对外围地区产生巨大的吸引力，将外围地区的资源和生产要素聚集到中心，形成规模经济效益，从而增强极点的竞争能力。②扩散效应：增长极一旦形成并继续发展，必然对区域经济产生影响，这种影响称为扩散效应。"扩散效应"主要表现为极点的生产要素向外围转移，是一种离心运动。③溢出效应：增长极的极化效应和扩散效应的综合影响。如果极化效应大于扩散效应，则溢出效应为负值，结果有利于增长极的发展。反之，如果极化效应小于扩散效应，则溢出效应为正值，结果对周围地区的经济发展有利。

在经济增长过程中，不同产业的增长速度不同，其中增长较快的是主导产业和创新产业，这些产业和企业一般都是在某些特定区域集聚，优先发展，然后对周围地区进行扩散，形成强大的辐射作用，带动周边地区的发展。这种集聚了主导产业和创新产业的区域被称为"增长极"。该理论的中心思想强调区域增长的不平衡性，主张通过政府的作用来集中投资，尽可能把有限的经济资源集中投入到发展潜力大、规模经济和投资效益明显的少数地区，使增长极的经济实力强化，从而形成与周围地区的势差，并通过市场机制的传导作用来引导整个区域经济的平衡发展。在发展的初级阶段，极化效应是主要的，当增长极发展到一定程度后，极化效应削弱，扩散效应加强。

增长极理论以不发达地区经济发展模式为研究指导对象，在此类地区建立集聚点见效较快，并且有利于政府发挥主导作用来弥补市场的不足。该理论在经济发展理论史上反映了一个发展观念的重大变革，即"增长并非同时出现在所有地方，它以不同的强度出现于一些增长极，然后通过不同渠道向外扩散，并对整个经济产生不同的最终影响"。但是，此理论存在两大缺陷：一是将增长极构筑在抽象的经济空间基础上，忽视了增长的地理空间，缺乏可操作性；二是忽略了在注重培育区域或产业增长极的过程中，也可能加大区域增长极与周边地区的贫富差距和产业增长极与其他产业的不配套，影响周边地区和其他产业的发展。

4. "中心—外围"理论

劳尔·普雷维什（Raúl Prebisch）是20世纪拉美历史上"最有影响的经济学家"，被公认为是"发展中国家的理论代表"。他于20世纪40年代在其《拉丁美洲的经济发展及其主要问题》的报告中系统完整地阐述了"中心—外围"理论，主要是阐明发达国家与落后国家间的中心—外围不平等体系及其发展模式与政策主张。1966年，美国经济学家约翰·弗里德曼在其撰写的《区域发展政策》一书中将中心—外围理论的概念引入区域经济学，试图解释一个区域如何由互不关联、孤立发展，变成彼此联系，又由极不平衡变为相互关联发展的平衡状况的区域系统。

该理论的中心思想是：任何国家的区域系统，都是由中心和外围两个子空间系统组成的。资源、市场、技术和环境等的区域分布差异是客观存在的。当某些区域的空间聚集形成累积发展之势时，就会获得比其外围地区强大得多的经济竞争优势，形成区域经济体系中的中心。外围（落后地区）相对于中心（发达地区），处于依附地位而缺乏经济自主，从而出现了空间二元结构，并随时间推移而不断强化。不过，政府的作用和区际人口的迁移将影响要素的流向，并且随着市场的扩大、交通条件的改善和城市化的加快，中心与外围的界限会逐步消失，即最终区域经济的持续增长，将推动空间经济逐渐向一体化方向发展。

中心区域一般指城市或城市集聚区，此区工业发达，技术水平高，资本集中，人口密集，经济增长速度快。边缘区域是国内经济较为落后的区域，分为过渡区域和资源前沿区域。而过渡区域分为：上过渡区：连接两个或多个核心区域的开发走廊,一般处于核心区域外围,与核心区域之间已建立一定程度的经济联系,受核心区域的影响,经济发展呈上升趋势;下过渡区:社会经济特征处于停滞或衰落的向下发展状态;资源前沿区:一般地处边远,但拥有丰富的资源,有开发的条件。此区域可能发展成为次一级的核心区域。

这一理论对于促进区域经济协调发展,具有重要指导意义。即政府与市场在促进区域经济协调发展中的作用缺一不可,既要强化市场对资源配置的基础性作用,促进资源优化配置,又要充分发挥政府在弥补市场不足方面的作用,并大力改善交通条件,加快城市化进程,以促进区域经济协调发展。它阐明了中心与边缘的联系:重视核心的发展,合理确定城镇发展规模,有步骤地主动向外围扩散,同时带动边缘区域的发展。

5. "倒 U 形"学说

1965 年,美国经济学家威廉姆逊(J. G. Williamson)通过实证分析在其论文《区域不平等和国家发展过程》中提出了"倒 U 型"区域经济的发展规律。

威廉姆逊首先收集了 1950 年 24 国区域的各项资料,通过断面分析比较发现:经济发展较成熟的国家(美国、英国、瑞典),其区域间不平衡程度较小,而中等收入国家(巴西、哥伦比亚、西班牙)因正处于经济起飞阶段,区域不平衡程度极大。大多数发达国家,其区域不平衡程度多经历了递增、稳定、下降三个阶段。他认为经济增长和区域平衡之间呈现出的倒 U 形曲线。即在国家经济发展的早期阶段区域间成长差异将会扩大;之后随经济成长,区域间不平衡程度趋于稳定;到达发展成熟阶段,区域间成长差异将会逐渐缩小,则倾向均衡成长(见图5)。

在经济发展的初期,非均衡过程即区域发展差异扩大是经济增长的必要条件;而当经济发展到一定水平后,均衡过程即区域发展差异缩小又构成经济增长的必要条件。

6. 梯度转移理论

该理论源于美国跨国企业问题专家弗农(Vernon)提出的工业生产的产品生命周期理论。区域经济学者把生命循环论引用到区域经济学中,创造了区域经济梯度转移理论。

该理论认为,工业各部门及各种工业产品,都处于生命周期的不同发展阶段,即经历创新、发展、成熟、衰退等四个阶段。①区域经济盛衰主

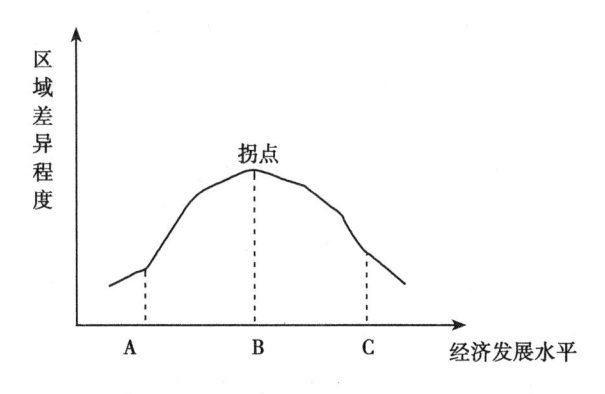

图5　不同发展阶段的区域差异程度

要取决于产业结构的优劣，产业结构的优劣又取决于地区经济部门，特别是主导专业化部门在产业生命周期中所处的阶段。②创新活动大都发源于高梯度地区，然后随着时间的推移，生命循环阶段的变化，按顺序由高梯度地区向低梯度地区转移。③梯度转移主要通过多层次城市系统扩展开来。④梯度转移理论主张发达地区应首先加快发展，然后通过产业和要素向较发达地区和欠发达地区转移，以带动整个经济的发展。

根据梯度发展理论，发达地区应首先加快发展，然后通过产业和要素向较发达地区和欠发达地区转移，以带动整个经济的发展。一个落后地区要实现经济起飞，必须循阶梯而上，不可超越。它应该重点发展占有较大优势的初级产业、简单劳动密集型产业与资源密集型产业，积蓄力量尽快接过那些从高梯度地区淘汰、外溢出来的产业，如钢铁、纺织、食品等衰退部门。

梯度转移理论也有一定的局限性，主要是难以科学划分梯度，有可能把不同梯度地区发展的位置凝固化，造成地区间的发展差距进一步扩大。

7. 辐射理论

辐射是一个物理学概念，是指能量高的物体和能量低的物体通过一定媒介互相传送能量的过程。在这一过程中不仅能量高的物体向能量低的物体辐射能量，而且能量低的物体也向能量高的物体辐射能量，只不过由于后者小于前者，因此从净辐射的能量数量来看，能量低的物体的能量不断增加，最后两者达到相同水平。

区域经济学的辐射是指经济发展水平和现代化程度相对较高的地区（辐射源）与经济发展水平和现代化程度相对较低的地区进行资本、人才、技术、市场信息（辐射媒介）等的流动和思想观念、思维方式、生活习惯等方面的传播。通过流动和传播，进一步提高经济资源配置的效率。

辐射源是指经济发展水平和现代化程度较高的地区，辐射媒介是指交通条件、信息传播手段和人员流动等。辐射一般可分为：点辐射、线辐射和面辐射。点辐射一般是从中心城市向周边地区推开，逐步扩散到较远的地区；线辐射一般以铁路干线、公路干线、大江大河以及大湖沿边航道和濒临沿海的陆地带为辐射的带状源，向两翼地区或上下游地区推开；面辐射分为两类：一类是摊饼式辐射，另一类是跳跃式辐射。摊饼式辐射是指经济发展水平相对较高的地区逐渐与周边地区进行资本、技术、人才、市场信息的交流，跳跃式辐射是指各经济发展水平和现代化程度相对较高的地区跨过一些地区直接与落后地区进行资本、技术、人才、市场信息、自然资源和思想观念、思维方式以及生活方式的流动和传播，使后者的发展速度进一步加快。

经济发展辐射理论的主要思想是：发达地区与欠发达地区之间存在着彼此的辐射，两者的影响是双向的，而不是单向的；现代化和经济发展水平较高的城市或地区首先并较强地向周边地区辐射；辐射的媒介主要是道路、交通、通信等，它们所决定的市场一体化水平，直接决定着辐射的有效性；经济发展中辐射是指所有影响经济发展的积极因素和消极因素。

辐射理论的意义主要表现在经济发展和现代化战略制定、经济资源的流动和优化配置、市场信息传播、思想观念等非经济因素的扩散等方面。制定中国经济发展和现代化战略的几个主要问题，如道路、交通基础设施规划问题；南北、东西经济互补通过什么方式实现的问题；中心城市、小城市和小城镇的建设和规划应该注意哪些问题；就业问题怎样解决等，都可以用辐射理论得到很好的解释。

8. 点轴开发理论

点轴开发理论最早由波兰经济学家萨伦巴和马利士提出。该模式是增长极理论的延伸，但在重视"点"（中心城镇或经济发展条件较好的区域）增长极作用的同时，还强调"点"与"点"之间的"轴"即交通干线的作用，认为随着重要交通干线如铁路、公路、河流航线的建立，连接地区的人流和物流迅速增加，生产和运输成本降低，形成了有利的区位条件和投资环境。产业和人口向交通干线聚集，使交通干线连接地区成为经济增长点，沿线成为经济增长轴。在国家或区域发展过程中，大部分生产要素在"点"上集聚，并由线状基础设施联系在一起而形成"轴"。

该理论的主要思想是：在一定的地域空间范围，选择若干比较优势明显的具有开发潜力的重要线状基础设施经过的地带，作为发展轴予以重点开发；在各发展轴上确定重点发展的中心城镇，使之成为增长极，并确定其性质、发展方向和主要功能；确定中心城镇和发展轴的等级体系，重点开发较高级别的中心城市和发展轴，随着区域经济实力增强，开发重点逐步转移扩散到级别较低的发展轴和中心城镇，最终形成由不同等级的发展轴和中心城镇组成的多层次结构的点轴系统，进而带动整个区域的经济发展。

点轴开发理论是在经济发展过程中采取空间线性推进方式，它是增长极理论聚点突破与梯度转移理论线性推进的完美结合。该理论强调地区发展的区位条件、强调交通条件对经济增长的作用，认为点轴开发对地区经济发展的推动作用要大于单纯的增长极开发，也更有利于区域经济的协调发展。因此该模式往往成为开发程度较低、经济比较落后的地区首选的空间开发模式。

改革开放以来，我国的生产力布局和区域经济开发基本上是按照点轴开发的战略模式逐步展开的。我国的点轴开发模式最初由中国科学院地理所陆大道提出并系统阐述，他主张我国应重点开发沿海轴线和长江沿岸轴线，以此形成"T"字形战略布局。

9. 圈层结构理论

圈层结构理论主要观点是，区域经济的发展应以城市为中心，以圈层状的空间分布为特点逐步向外发展。

该理论的主要观点是：城市是一个不断变化着的区域实体，城市对区域的作用受空间相互作用的"距离衰减律"法则的制约，必然导致区域形成以建成区为核心的集聚和扩散的圈层状的空间分布结构。世界城市和周围地区，由内到外可以分为内圈层、中圈层和外圈层。内圈层，可称为中心城区，是城市的核心建成区，是地区经济最核心部分，也是城市向外扩散的源地；中层圈是中心城区向乡村的过渡地带，是城市用地轮廓线向外扩展的前缘；外圈层可称为城市影响区，土地利用以农业为主，农业活动在经济中占绝对优势。

城市圈层经济理论把城市化与工业化有机结合起来，意在推动经济发展在空间上的协调，对发展城市和农村经济、推动区域经济协调发展和城乡协调发展，都具有重要指导意义。

  区域经济发展理论源于实践，又指导实践，对制定合理的区域经济发展战略、指导区域经济发展有着非常重要的意义。因此在选择区域经济的发展模式时，有必要结合当地自然资源、地理环境、人文、经济、社会等各方面的因素，并充分考虑区域内外的发展环境，做出合理的选择。

第八章

我国经济区域的划分

第一节 经济区域的划分

经济区域划分是国民经济在地域空间上进行总体部署的基本构架,是有计划地建立于加强区际和区内经济联系,因地制宜地发挥区域优势,提高社会生产地域分工水平和宏观经济效益的有效途径。[1]

一 经济区域划分

区域内部各经济单位之间的内在经济、技术、制度及组织联系、数量关系,是影响区域经济增长的重要因素之一,决定着区域内的资源配置。

经济区划是从国情出发,根据社会劳动地域分工的规律、区域经济发展的水平和特征的相似性、经济联系的密切程度,对全国领土进行战略性的划分,揭示各地区发展的有利条件和制约因素,指出各经济区专业化发展的方向和产业结构的特点。通过经济区划可以协调在经济发展过程中总体与局部、目前与长远、人口增长与资源和环境的关系。

结合我国的实际,经济区是以综合性的大中城市为核心、具有全国意义专业化的地域经济综合体。经济区具有以下特征。[2]

(1) 经济区的客观性。经济区是社会劳动地域分工发展到一定阶段的表现形式,它和社会劳动地域分工一样是客观存在的。既然是客观存在的,就是可以认识的,因此,研究经济区划问题就必须坚持从实际出发,把调查研究贯彻到区划工作的全过程。认清国情和区情是开展经济区划工

---

[1] 高洪深编著:《区域经济学》,中国人民大学出版社 2006 年版,第 76—83 页。
[2] 杨树珍:《中国经济区划研究》,中国展望出版社 1990 年版,第 13 页。

作的前提，也是划分经济区的基本依据。

（2）经济区的阶段性。经济区是客观存在的物质实体，它的发展变化是渐进式的，并具有继承性。经济社会的发展会引起经济区的内部结构和外部联系的变化，并从初级形式向高级形式演变。当这种变化处于量变过程时，经济区的形式和特点表现为相对的稳定；量的积累，引起质的变化，则使经济区的发展显示出阶段性的特点。因此，研究经济区划问题应以辩证唯物主义为方法论，要和国民经济发展紧密结合，按照客观形成的历史阶段分析每一个经济区。

（3）经济区的过渡性。经济区在时间发展上具有阶段性，而在空间分布上则有过渡性的特点，因为经济区是国民经济大系统中的子系统。每个经济区的经济结构都是由几十个甚至上百个行业所组成，包括数千个或上万个大中小型企业。这些经济实体对外经济联系的范围是千差万别、错综复杂的，故而各经济区之间的界线必然是重叠交错，不可能是泾渭分明的。在现实生活中经济区的界线往往是一条过渡带，它标志着两侧地区之间既存在错综复杂的经济联系，又分属于不同的地域经济系统。

（4）经济区的综合性。经济区是一个多因素的综合体。地理环境、自然资源、人口、民族、科学技术、社会经济，以及历史传统等都是影响经济区形成和发展的重要因素。这些因素相互作用的"合力"决定着经济区的面貌。这是经济区具有综合性的客观基础。

二　经济区域划分的主要任务与原则

进行经济区域划分的主要任务是：明确区域的界线；明确区域经济发展的优势和劣势；明确区域经济发展方向和核心区；确立区域经济发展的主导产业、基础产业和相关产业并制定产业发展方案和实施步骤。

经济区域划分的原则包括以下几点。

（1）国家经济体系和地区优势相结合的原则。在经济区划时，必须考虑全国经济的统一性和地区经济的特殊性，国家利益是最终目标，地区经济优势要结合全国经济发展的需要。

（2）经济专门化方向和综合效益相结合。即发展与专业化部门相适应的产业体系，以增强地区经济的综合发展能力。

（3）坚持社会经济效益和环境生态效益相结合。这是为了保证区域经济能够持续、稳定地发展。因此需要正确地处理经济、人口、资源与生态之间的关系。

(4) 坚持经济增长与社会协调发展相结合。因为我国地大物博、民族众多，地区间的经济发展不平衡，在这种情况下，进行经济区域划分时需要注意不发达地区的资源开发能力和自我发展能力。

同时，经济区域的划分虽然多种多样，但是却都存在某些共性，在划分时要充分考虑以下几方面。①

①区内各种条件的相似性和区域间的差异性。区域内的相似性是指区内的主要资源、经济发展水平、发展潜力、发展前景及方向等都具有明显的相似性。而区域间的差异性则客观上决定了不同区域的存在。②区域优势与国民经济综合发展相结合。经济区域的划分既要从全国的整体利益出发保证国家产业结构和生产力配置的合理性，又要考虑各个地区的实际情况和特点，根据各地的优势来发展地区经济。③专业化分工与综合发展相结合。经济区域是建立在专业化分工基础上的地域经济组织。为了促进地区分工协作的发展，必须充分利用区域优势，形成各具特色的专业化生产部门，提高区域经济的竞争力和在全国经济分工中的地位。④经济区域与行政区域相协调。行政区域属于上层建筑，经济区域以市场为导向，通过行政区地方政府的指导完成，行政区对经济区域的影响不可忽视。⑤经济中心与经济腹地相结合。中心城市是组织和协调区域经济发展的核心，它可以把区内各级城市的经济活动凝聚成一个整体。中心城市的规模和实力不同，对腹地的影响力自然也不同。反过来说，经济腹地的实力及综合作用力也将对中心城市产生不同程度的影响。因此，经济区域的划分必须正确处理中心城市与经济腹地的理性关系。

三 区域的类型划分

1. 区域的类型划分

经济区的类型划分是区域经济研究的一项重要内容。根据经济区域划分目的和内容的不同，可以划分出不同类型的经济区。

(1) 经济类型区。根据经济区内同一性和区外差异性原则确定区划的指标，划分出的经济区是经济类型区。如原料区、出口加工区、经济发

---

① 张建平、李红梅、田东霞等编著：《区域经济理论与实践》，中央民族大学出版社2007年版，第73—75页。

达地区、贫困地区、重点开发区等。这种类型区的划分可用于分区、分类指导当地经济，为国家在制定区域经济政策、进行经济布局时提供理论依据。

(2) 部门经济区。划分部门经济区的目的是为了认识经济的地区差异现状，面向未来，为国民经济的合理布局提供科学依据。根据不同需要，在部门经济区下还可以进一步分为各种类型的综合部门经济区和单项部门经济区，如综合农业经济区，包括农、林、牧、渔所有农业部门，而畜牧业经济区、林业经济区、棉花经济区等则属于单项农业经济区。[①] 由于各地区间的自然条件和社会经济条件的差异，在进行经济区域划分时应使每一个经济部门都尽可能在对它有利的地区发展，以期获得最佳经济效益。

(3) 综合经济区。综合经济区是为整个国民经济发展的战略部署提供科学理论依据。它以一个中心城市为核心，以交通通信网络系统为脉络，上下级城市密切联系、城乡结合，拥有某些方面优势和一定经济实力，可以为实现更高一级（直至国家）总的发展目标独立承担一个方面任务的连接成片的区域。在全国宏观经济战略布局中，形成相对完整的经济结构和体系。综合经济区是相对完整的区域经济系统，是国民经济大系统中的区域经济子系统。例如，经济协作区、经济行政区、城市经济区等。

这三种类型的经济区相互依赖、相互配合、相互补充，为国民经济发展和生产力布局等提供全面系统的、协调一致的科学依据。

2. 分级综合经济区划

由于经济区域存在上、下级的等级差异关系及大小不同的特点，在进行经济区域划分时有必要进行多级划分，来体现这种客观存在的差异。根据区域对象、区域划分繁简程度、上下级关系的不同，区域划分彼此衔接，从全国到地方形成一个网络、一个完整体系。

一个国家经济区划分级系统的确定，主要根据国家领土的大小，区域自然经济条件的差异和生产力发展水平。各国国情不同，经济区的分级体系应有自己的特色。一般来讲，领土较大的国家会将经济区域划分成三级或四级。如法国经济区划是按城市及其影响范围，照顾到省级行政区划而分成国家、经济区、省区三级经济行政区。美国通用的是第一级为全国，第二级为北、南、西三部分，第三级是各由几个州组成的8个区，第四级

[①] 高洪深编著：《区域经济学》，中国人民大学出版社2006年版，第79页。

为各州，第五级是州以下由县结合组成的标准都是统计区。[①] 由于国家经济发展经历的历史阶段不同，同一个国家的经济区的分级体系也会出现不同。经济区域划分方案总是和一定时期的国民经济长远计划相结合，随着计划的实现，又会有新的经济区域划分方案出现，以朝着新的远景计划前进。

第二节　我国经济区域的发展历程

自新中国成立以来，我国经济区域发展战略经历了三次大的转变，即从区域非均衡发展战略转向区域均衡发展战略（1949—1978年），从区域均衡发展战略转向局部区域优先发展战略（1978—1999年），从东部优先到全面区域协调发展战略（2000年以来）。

我国经济区域划分的具体演变过程如下。

一　区域非均衡发展战略转向区域均衡发展战略（1949—1978年）

新中国成立以来，我国政府实行高度集中的计划管理体制，遵循各区域经济发展的一致性和差异性，将全国分为沿海和内地两大经济地带，开始实行区域均衡发展战略。通过这一时期战略的实施，内地经济迅速发展，缩小了与沿海区域的经济差距，各地区逐渐形成了独立完整的经济体系。但这种经济战略没有遵循生产力发展的客观规律，过分强调内地区域的发展和区域的均衡发展，忽视了经济发展和区域生产力布局的效率原则。这一时期的区域划分包括以下几方面。

1. 沿海与内地的划分

新中国成立初期，毛泽东根据当时的中国国情和国际形势，制定了区域经济均衡发展战略，其核心内容是"均衡布局、共同富裕"。在1956年《论十大关系》中毛泽东提出了沿海和内地区域划分（"沿海"包括北京、天津、河北、辽宁、上海、江苏、浙江、福建、山东、广东和广西11个省、自治区、直辖市，其余18个省、自治区、直辖市为"内地"），这种划分方法在"一五"到"五五"计划时期国家处理区域经济关系时

[①] 高洪深编著：《区域经济学》，中国人民大学出版社2006年版，第83页。

基本上被采用。20世纪90年代初国家在制定国民经济和社会发展十年规划和"八五"计划纲要中，也沿用这种划分方法。

2. 六大经济协作区的划分

我国在1958年提出七大经济协作区，于1962年把华中区和华南区合并为中南区，成为六大经济协作区，即东北区、华北区、华东区、中南区、西南区和西北区。六大经济协作区的划分主要是为了缩小沿海与内地经济发展的差距，抑制地区经济发展的不平衡。

3. 三线地区的划分

20世纪60年代中期到70年代中期，由于西方国家对我国采取政治敌视、军事包围、经济封锁等政策，加上我国与苏联关系的恶化，为了备战和加强国防建设，按照各省、自治区、直辖市的战略位置，全国被划分为一、二、三线地区，强调把建设重点放在战略后方的大西南、大西北地区。

4. 十大经济协作区的划分

在1970年的全国计划会议上，依据各大军区将全国划分为西南、西北、中原、华北、华东、东北、华南、闽赣、山东和新疆十大经济协作区。

二 区域均衡发展战略转向局部区域优先发展战略（1978—1999年）

在充分认识到区域经济均衡发展战略的失误和中国的实际困境之后，邓小平果断调整发展思路，大胆创新，从随着我国改革开放的实施，区域经济开始由均衡发展向非均衡发展转变，即以沿海发达地区的优先发展，作为撬动整个国家经济的杠杆，在一定时间内保持地区之间适度的经济差距，然后有次序地发展中西部地区，最终实现全国经济的共同发展，这一时期的战略实施使得沿海地区的经济得以飞速增长。但同时，由于地区间经济发展的公平性不够，导致东西部差距不断扩大。在这一时期，出现了很多经济区划的方案，具有代表性的有如下几种。

1. 八大综合经济区的划分

1985年，刘再兴"依据全国生产力总体布局态势"结合区内近似性和区间差异性的基本原则，把全国划分为东北区、华北区、华东区、黄河中下游地区、长江中下游地区、东南沿海区、西南区和西北区八大综合经济区。[①]

---

① 刘再兴：《综合经济区划的若干问题》，《经济理论与经济管理》1985年第6期。

2. 六大经济区的划分

1986年，陈栋生从横向经济联合角度，把全国划分为东北、黄河流域、长江流域、南方经济区四大区域，新疆和西藏作为两个特殊的大区。① 这种划分标志着对经济地带的划分进入了区域经济研究的时代，强调了经济的内在联系在经济区组织中的重要作用，还注重综合发展和专业划分的结合，以大城市为主要依托的经济中心的作用，基础设施的建设和海陆对外开放口岸的作用。②

3. 东中西三大经济区的划分

1987年，国家"七五"计划首次提出经济区域按东部沿海、中部内陆、西部地区三大经济地带划分，东部包括辽、京、冀、津、鲁、苏、沪、闽、浙、粤、桂、琼12个省区市，中部包括蒙、晋、吉、黑、皖、赣、豫、鄂、湘9个省区，西部包括川、黔、滇、藏、陕、甘、青、宁、新、渝10个省区市。"七五"计划以来国家基本上是依据这种划分来制定相关政策措施的。在之后的全国"九五"计划和2010年远景目标纲要中，国家仍采用这种划分方法。③ 东中西三大地带划分，也是当代中国区域经济研究最有影响力且沿用至今的提法。我国区域经济的发展奉行的是对东部沿海地区实行特殊优惠政策，实现率先发展，从而带动中西部地区以实现共同发展。三大地带划分的实质是根据"梯度推移论"进行生产力布局，把经济建设的重心或生产力布局的重点由经济技术水平高、资源禀赋高的地区向技术水平低、资源禀赋低的地区滚动式转移。④

4. 十大经济区的划分

1990年，杨树珍在考虑我国地区差异、人口、民族等因素，中心城市及其经济吸引范围，以及沿海港口城市、内陆边贸中心在地区经济协作中的作用，将全国划分为东北区、华北区、华东区、华中区、华南区、西南区、西北区、内蒙古区、新疆区和西藏区。⑤

---

① 陈栋生：《我国工业地区布局战略问题》，《南昌大学学报》（人文社会科学版）1986年第3期。
② 靖敏：《呼伦贝尔市限制开发区发展研究》，中央民族大学硕士学位论文，2010年。
③ 张子珍：《中国区域经济划分演变及评价》，《山西财经大学学报》2010年第2期。
④ 范鹏飞、林桂珠：《我国经济区域布局的重构》，新华网，2013年4月。
⑤ 杨树珍：《中国经济区划研究》，中国展望出版社1990年版，第29页。

5. 九大城市经济区的划分

1991年，顾朝林根据全国城市综合实力和地区的特点提出了九大城市经济区的划分，即东北沈阳城市经济区、华北京津唐城市经济区、西北西安城市经济区、华东上海城市经济区、华中武汉城市经济区、西南重庆城市经济区、东南沿海广州城市经济区、西北乌鲁木齐城市经济区和青藏高原拉萨城市经济区。[①]

6. 七大流域经济区的划分

1992年，徐逢贤等人提出将我国划分为七大流域经济区，分别为：长江流域经济区、黄河流域经济区、西北五省经济联合开发、珠江三角洲经济发展区、闽南三角地带经济区、东北经济区和澜沧江流域经济区。

7. 十大经济区的划分

1992年，杨吾扬从动态的角度把我国划分为十大经济区，分别是：东北区、京津区、晋陕区、山东区、上海区、中南区、四川区、东南区、西南区、大西区。[②]

8. 七大经济区的划分

1992年，邹家华考虑到区域协调发展，提出了7个跨省（市）的经济区的战略构想，并在国家"九五"计划和2010年远景纲要中得到系统阐述。七大经济区分别为：长江三角洲及沿海地区、环渤海地区、东南沿海地区、西南和华南部分省区、东北地区、中部五省地区、西北地区。

9. 核心区与边缘区的划分

1994年，谷书堂教授等按地理的同质性和各地区在国民经济中的经济发展水平，提出代替三大经济带或大经济区的划分新方法，即把全国划分为核心区与边缘区。所谓核心区，是指北京、天津、上海三市与辽宁省，其余边缘区。其中，沿海地区的另外8省区为边缘区1，中部地区的9省为边缘区2，西部地区的9省区为边缘区3。

10. 九大都市圈划分

1996年，王建以我国经济力量较强的大城市为中心，把全国划分为九大都市圈，包括沈大都市圈、京津冀都市圈、济青都市圈、大上海都市圈、珠江三角洲、吉黑都市圈、湘鄂赣都市圈、长江中下游都市圈和成渝

---

① 顾朝林：《城市经济区理论与应用》，吉林科学出版社1991年版，第129页。
② 杨吾扬：《中国的十大经济区探讨》，《经济地理》1992年第3期。

都市圈。①

11. 七大片经济区

1996年3月17日，在八届人大四次会议上国家计委提出七大片经济区的设想，即长江三角洲及长江沿江地区、环渤海地区、东南沿海地区、西南和华南部分省区、东北地区、中部地区和西北地区，这种划分方法被国家"九五"规划采用。②

12. 沿海、沿边地区与内陆腹地三大经济带划分

1993年，魏后凯指出，应当依据沿边、沿江和内陆省会城市相继开放的新情况和新变化，把全国划分为沿海、沿边和内陆腹地三大经济带，可依据三大经济带的划分制定全国的区域经济发展战略，明确各地方的发展方向。③

三 东部优先到全面区域协调发展战略（2000年以来）

2000年以来，地区间差距的扩大已经成为我国区域经济发展的主要因素。我国相继启动了一些区域发展战略，初步形成东部发展、西部开发、中部崛起和东北振兴的四大区域经济合作发展的新格局。在中共十六届三中全会上，国家明确提出："要以科学的发展观来统筹区域发展，逐步扭转地区差距扩大的趋势，实现共同发展。"之后，在中共十七大上国家又进一步提出要以"五个统筹"为指导统筹区域经济协调发展，从而形成东中西互动、优势互补、相互促进、共同发展的新格局，区域的内涵也在不断演化，从核心向边缘再到外围的空间扩展进一步扩大。④ 国务院于2009年密集批复7个上升为国家战略的区域发展规划：《关于支持福建省加快建设海峡西岸经济区的若干意见》《关中—天水经济区发展规划》《江苏沿海地区发展规划》《横琴总体发展规划》《辽宁沿海经济带发展规划》《促进中部地区崛起规划》和《中国图们江区域合作开发规划纲要》7个规划，出台速度前所未有。获批的区域规划在注重沿海布局的基础上，开始开发其沿边地区，从东部、南部深入中部、西部、东北等地。这

---

① 王建：《"九大都市圈"世纪中国区域布局的设想》，《瞭望》1996年第37期。

② 刘忠颖：《中国经济区域划分——基于各省（自治区、直辖市）人均GDP曲线的划分》，东北师范大学硕士学位论文，2007年。

③ 魏后凯：《当前区域经济研究的理论前沿》，《开发研究》1998年第1期。

④ 刘晓慧：《中国区域发展战略的演变与趋势》，《新西部》2010年第14期。

些举动进一步表明中央不断在弱化区域政策的特殊性，以实现区域经济的协调发展。

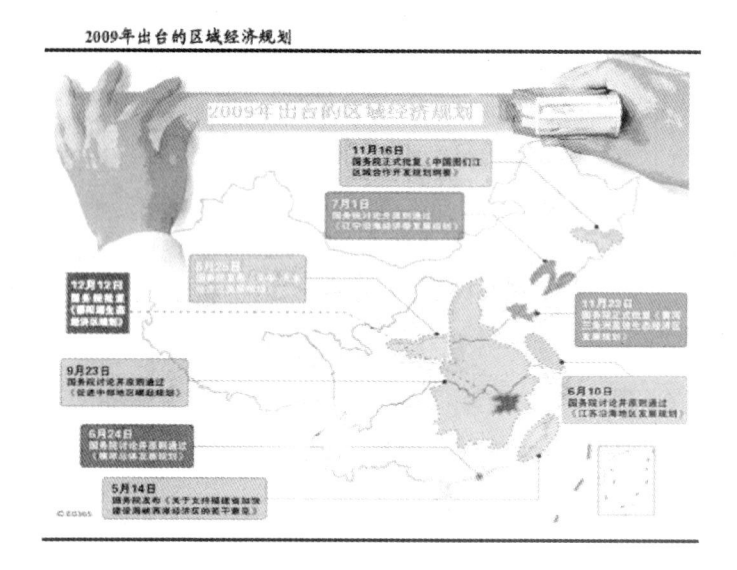

图 6　2009 年出台的区域经济规划

资料来源:《南方都市报》。

1. 八大社会经济区域的划分

2003 年，李善同、侯永志依据空间上相互毗邻、自然条件和资源禀赋结构相近等九大原则，把中国大陆划分为八大经济区域，包括东北地区、北部沿海地区、东部沿海地区、南部沿海地区、黄河中游地区、长江中游地区、西南地区和大西北地区。①

2. "十一五"规划四个层级区域的划分

国家"十一五"规划中，从国土空间角度出发将我国大陆区域划分为四个层级，第一个层级将我国大陆区域划分为四大板块；第二个层级将这四大板块划分为若干跨省区的经济综合区，共八大综合区，分别是东北综合经济区、北部沿海综合经济区、东部沿海综合经济区、南部沿海综合经济区、黄河中游综合经济区、长江中游综合经济区、大西南综合经济区、大西北综合经济区；第三个层级将跨省区的经济综合区划分为若干标准区域；第四个层级将跨地市的标准区域划分为若干基本空间单位。

---

①　李善同、侯永志:《中国大陆:划分八大社会经济区域》,《经济前沿》2003 年第 7 期。

3. "三大块"经济区域的划分

2005年,孙红玲等以缩小经济差距、统筹区域协调发展为目标,提出以东部沿海地区的珠三角、长三角和环渤海三大城市群为经济中心,以广大中西部地区为经济腹地,构建经济中心带经济腹地的泛珠三角、泛长三角和大环渤海"三大块"新经济区域。①

4. 八大综合经济区域

2006年,国务院发展研究中心发布的《地区协调发展的战略和政策》报告中提出新的综合经济区域划分设想,把内地划分为东北综合经济区、北部沿海综合经济区、东部沿海综合经济区、南部沿海经济区、黄河中游综合经济区、长江中游综合经济区、大西南综合经济区和大西北综合经济区。

5. "蝴蝶模型"经济区域划分

2007年,李忠民等为实现统筹区域发展的目标,依据资源禀赋和区位理论,遵循同质性与集聚性原则相结合的区域划分方法,构建出经济区划的"蝴蝶模型",其中,以泛珠三角经济区、大东北经济区为左右前翅,泛长三角经济区、环渤海经济区为左右后翅,新亚欧大陆桥中国经济区为蝴蝶去干的中国经济新区划。②

6. "五大"经济区域的划分

2009年,马庆林按照区域内部、区域之间协调发展的要求,采用外部扰动一致性标准划分经济区域,将全国31个省(自治区、直辖市)划分为5个经济区域,分别为北方经济区、长江流域经济区、东南经济区、西南经济区和西北经济区。③

在区域协调发展阶段,随着促进中部崛起战略的推进,我国已初步形成东部率先、西部开发、中部崛起、东北振兴的区域发展格局,区域的内涵也在不断演化,从核心向边缘再到外围的空间扩展进一步扩大。并且在继深圳特区、浦东新区、滨海新区成功模式后,2007年西部的成都和重庆、中部的武汉城市圈及长株潭城市圈也相继成为国家的综合配套改革试

---

① 孙红玲、刘长庚:《论中国经济区的横向划分》,《中国工业经济》2005年第10期。

② 李忠民、张子珍:《全球经济失衡下的中国经济区域重构》,《山西财经大学学报》2007年第5期。

③ 马庆林:《中国经济区域划分与区域经济协调发展问题研究》,《南方金融》2009年第7期。

验区，我国初步完成了由沿海到内陆综合配套的全面布局。①

"十一五"期间，中国区域发展战略随着区域发展格局的聚集与分散而进一步细化，区域经济发展形成了东部沿海"三大五小"和全国范围内6个核心经济圈（带）的空间格局。这一空间格局以沿海或沿江为依托，覆盖了从东北到西南的全部沿海地区，华北、华中、华南以及中部地区和部分西部、东北地区也被囊括在内。具体而言，"三大"是指环渤海地区、长三角和珠三角地区，"五小"则是指辽宁沿海、山东黄河三角洲生态经济区、江苏沿海经济区、海峡西岸经济区和广西北海经济区。这是继1984年国务院批准十四个沿海开放城市后，国家推动东部发展的又一重要布局，使得中国东部沿海地区的经济区连成一片。六个核心经济圈（带）包括首都经济圈、环渤海经济圈、东海经济圈、南海经济圈、长江中上游经济带以及黄河中游经济带。② 从"三大块"到"三大五小"和六个核心经济圈（带）的形成，区域经济格局提法的改变体现了中国区域发展战略由不均衡到均衡协调发展的转变。

第三节　国外区域发展政策

每个国家在经济发展的过程中，都会遇到区域发展不平衡、经济发展效率不高的问题，我们可以借鉴发达国家成功运用区域政策解决区域发展与效率问题的经验，制定有利于我国经济发展的区域发展政策。

一　美国

1. 美国区域经济发展历程

早期美国的区域发展历程就是一个不断解决国家间区域发展失衡的历程，区域发展的不平衡，不但影响了美国的经济发展，并且加剧了国内的种族矛盾，影响了社会的稳定性。美国政府从20世纪30年代就开始注意解决区域发展不平衡的问题，并先后制定了若干法案。其区域政策主要包

---

① 杨小军：《建国60年来我国区域经济发展战略演变及基本经验》，《现代经济探讨》2010年第9期。

② 杨龙、胡慧旋：《中国区域发展战略的调整及对府际关系的影响》，《南开学报》（哲学社会科学版）2012年第2期。

括四个阶段。

18世纪到20世纪30年代：以开发落后地区经济发展为主的区域经济政策。由于当时美国的制造业及商业活动大多集中在东北部地区，而西南部及诸山区则是落后的农业区，主要从事农业活动，且1929—1933年的经济危机恶化了当时美国的经济，因此，当时的美国总统罗斯福把扶持南部地区经济开发作为其"新政"的一个重要内容。其采取的手段主要是财政转移支付、政策优惠条件以及在南部地区发展工业建设。1933年，美国国会通过了《麻梭浅滩与田纳西流域开发法》，并成立了田纳西流域管理局（TVA），负责领导、组织和管理田纳西流域的综合开发，以推动这一地区工农业的发展。

20世纪50年代末60年代初：供给和需求相结合以提高公共干预的区域经济政策。当时美国连续两次遭遇经济危机，并且农业发展也迅速恶化，经济受到严重打击。为促进本国经济发展，1961年美国政府颁布了《地区再开发法》等一系列地区开发法，并成立了相应的地区再开发管理局（AKA），重点加大区域基础设施建设力度和就业岗位的增加。1965年，美国政府又颁布了《公共工程和经济开发法》及《阿巴拉契亚区域开发法》，并依法成立了阿巴拉契亚区域委员会（ARC）和在地区再开发管理局的基础上成立了经济开发署（EDA）。

20世纪70年代以来：利用市场机制改善地方经济发展的区域政策。此时期美国地区经济的格局开始变化，先进的北部开始衰落，而相对落后的南部则逐渐发展成为新兴工业的中心，为了缓解国内政治压力、提升全球竞争能力，美国联邦政府签署了《联邦受援区和受援社区法案》，这是美国第一个比较系统地解决欠发达地区发展问题的法案，开始发挥市场机制力量改善地方经济，培育授权地区的自我发展能力。这一时期的政策强调教育培训和环境因素，以实现地区经济的可持续增长与发展。

20世纪末：以培育产业集群为主导的区域经济政策。产业集群开始作为一批学者拥护的新政策思路被联邦政府和地方州政府广泛采纳，取代传统产业政策来刺激集群所在地区的技术创新和提升区域竞争力，使之成为繁荣区域乃至国家经济的新动力。

从20世纪30年代至今，美国的区域经济政策经历了四次演变，从区域经济政策体系角度，可以将政策的演变细分为五个方面——宏观经济环境、区域问题、生产要素、政策工具和理论依据的演变。

2. 美国区域经济发展原因

由以上美国区域经济政策的演变过程，我们可以看出，不同阶段的政策之间存在着前后递进的关系，区域经济政策的演变实质是区域政策工具的更新迭代过程。区域经济政策的演变最直接的体现就是区域经济政策工具的更替。由此可以看出，美国区域经济政策演变是受到以下作用的影响。

（1）宏观经济环境的变化。这是美国区域经济政策演变的外在原因。两次经济危机使美国认识到自由市场经济体制的缺陷，开始相信宏观经济干预的必要性，20世纪70年代又面临着经济全球化带来的竞争加剧问题。因此，该时期的区域经济政策核心是发挥人力资源和环境要素的优势。90年代，美国看到了集群对区域增长、经济发展和社会进步的重要作用，实行引导、支持集群发展的政策措施。

（2）区域问题的演变。美国著名经济学家约翰·弗里德曼（John Friedman）认为："区域经济政策处理的是区位方面的问题。即经济发展'在什么地方'。它反映了在国家层次上处理区域问题的要求。只有通过操纵国家政策变量，才能对区域经济的未来做出最有用的贡献。"弗里德曼强调在国家层次上处理区域问题，即区域经济政策是针对区域问题，区域问题是动态变化的，因此，从客观上决定了区域经济政策的动态演变。

（3）区域生产要素的整合升级。美国区域经济政策的重心集中在区域经济增长目标上，而区域经济要实现增长和发展，就必须构建区域的动态竞争优势，就必须对区域生产要素进行整个升级。区域生产要素的整合升级过程，即从初级到高级、从基本要素到高级要素，这一过程的演进为美国区域经济政策的演变提供了内在的动力。[①]

3. 美国区域发展战略的特点

（1）市场机制为主导

在美国区域政策的后期，政府确立了以市场机制为主导的经济发展战略，弱化了政府的主导地位。美国政府认识到市场对区域经济要素资源配段的重要性，因而退出市场，而将其区域政策要点转向解决由于市场机制

[①] 张力、夏露林：《美国区域经济政策的演变机理及其对我国的启示》，《当代经济》2010年第10期。

缺陷或失灵而导致的一系列区域问题及问题区域。①

（2）高度重视问题区域发展

美国政府高度重视问题区域发展，并在问题区域开发上形成了自己的开发理念，即旨在提高受援地区自身发展能力的"造血式"扶贫。长期以来，美国政府很少直接投资于生产性项目，而是致力于投资改善落后地区环境，引导和刺激民间投资、提高落后地区劳动力素质等，并非常重视落后地区教育培训事业发展及教育资金投入（田扬戈，2000）。在对落后地区的开发中，政府善用增长极和特色发展战略。如在西南部开发中，政府引导各地充分利用当地的自然资源优势发展当地特色工农业，在大湖平原和海湾平原运用当地特有的日照、雨量、土壤等优势形成了"小麦王国""棉花王国"（刘建芳，2002），成功带动当地的经济发展。

（3）完善的行政立法

在区域政策演变过程中，美国政府积极调整，依据实践逐步建立了健全的区域开发法律制度和管理机构，为实现经济发展提供了法律保障。

二 日本

1. 日本区域经济发展历程

日本的区域发展规划是战后在1950年全国国土综合开发法公布以后发展起来的。战后日本在短时间内迅速崛起成为世界经济强国，区域政策的制定和实施起到了重要的作用。其区域政策主要经历了两个不同阶段。

第一阶段：50年代区域非均衡发展战略阶段。为了经济尽快从战后复苏、增强国力，日本实行了区域非均衡发展战略。早期通过选择发展条件较好的21个地区为重点发展地区，后期又逐步将发展范围扩大到整个"太平洋狭长地带区"，以此带动整个日本地区的经济发展（刘勇，1995）。这一战略的实施使得日本经济飞速发展。

第二阶段：60年代至今的区域均衡发展战略阶段。1960—1974年，由于政策导向，太平洋沿岸经济获得了高速发展，但产业的过度集中和大都市膨胀造成了日本国民空间布局的失衡，出现了所谓的"过密"与"过疏"问题。为了缓和区域发展中过于不均衡矛盾，政府先后通过了

---

① 郑燕：《区域经济一体化视角下我国未来区域发展战略走向研究》，华东师范大学硕士学位论文，2013年。

"工业产地白皮书"及连续五个全国综合发展计划（郑京淑，2010），政府开始实行区域均衡发展战略，主要的政策有：全国综合开发计划、对公共基础设施加大投资以及对设立改革特区、促进社会经济的活性化等。

2. 日本区域发展战略的特点

战后，日本的区域发展经历由非均衡发展战略到均衡发展战略的转变，在这一过程中，其区域发展战略的特点如下。

（1）区域空间格局呈点—线—面—网络变化

日本六次全国国土综合发规划中的区域空间结构点—线—面—网络形态变化过程是一个区域空间结构逐渐迈向一体化的过程。区域发展战略目标也日趋综合化，将环境、生活质量等因素作为其重要战略目标（蔡玉梅，2008），并以从均衡发展转向特色发展为目标，逐步实现日本的全面均衡协调发展。

（2）重视问题区域的治理

为了治理区域问题，解决区域失衡，日本政府实施了五次国土综合开发规划，同时加强了地方开发。在北海道开发过程中，政府制定了《北海道开发法》，其对开发计划的制订、推动、优惠政策等内容做了具体的说明，并且每年进行修订。自计划实施以来，日本政府先后制订了六次"北海道综合开发计划"，并且每次综合开发计划重点都有所不同，如基础设施建设、产业结构调整、发展自身特色、资源环境社会协调发展（田庆立，2010）等。政府对问题区域的重视和逐步完善市场经济体制的工作才得以使日本的经济保持飞速、持续的发展。

（3）重视基础设施建设

日本政府历来注重交通、通信等基础设施的建设，在日本中央政府的财政支出中，大部分都用于基础设施的建设。基础设施投资约占日本政府财政总支出的40%—50%（宋东旭，2004），范围涉及道路、能源、水利、通信、港口等各个方面。同时，政府还制定了相应的鼓励性法律法规以鼓励私人或团体投资区域基础设施建设。正是这种基础设施先行的做法为经济发展提供了保障。

3. 日本区域经济发展举措

日本区域发展政策的主要目标就是各地区的平衡发展。为了实现这一目标，政府通过颁布法律法规、注重医疗和社会基础设施建设、注重环境保护等手段，取得了良好的成绩。日本主要推行了以下举措。

(1) 推进产业结构调整

2002年，日本经济产业省推出《产业集群计划》，以市场为目标，以区域发展战略为背景，根据技术转移链和区域产业链构筑的产业集群计划。以此形成了一批具有较大规模和优势的高新技术产业群，并产生了创办新产业、研发高新技术产品的热潮。日本政府通过实施创建知识集群项目，增强企业的自主创新能力。

(2) 推进体制改革

和美国政府一样，战后的日本由于政府对经济活动的过多干预，如审批方式、限制性的行政指导及制度安排等，在经济中这一体制的弊端逐渐体现。2002年，日本国会通过了《结构改革特别区域法》，开始了以规制改革为主的改革活动。从2003年4月第一次特区认定以来，到2004年6月第五次认定，共认定386项特区计划。据调查显示，以各区域为中心的特区改革计划，约占92.8%适合区域经济发展的需要。[1]

(3) 吸引外资

日本通过发挥地方的积极性，积极招商引资，并将利用外资的领域根据国内经济由制造业向服务业进行扩展，以促进本国经济的发展。

(4) 振兴旅游观光产业

在近年来的日本区域经济发展中，旅游观光产业一直备受重视。2002年日本政府制订了《全球观光战略》，2003年又制订了《观光立国行动计划》，将"观光立国"作为21世纪日本经济发展的切入点。各区域自主发掘，推行"一地域一观光"活动。

(5) 实施人才战略

早在2000年，日本就确立了"科学技术立国"的战略目标，并提出了培养优秀科技人才的方针，日本在其2003年的《科学技术白皮书》中明确提出，21世纪要培养和吸收五方面的科技人才：即专业技术人才、经营管理人才、科技成果社会化人才、科普人才和技能人才，形成广泛的科技人才队伍，以适应国际级区域发展的需要。日本政府还通过改革教育制度，吸收国外科技人才等方式，积极促进了区域经济的发展。

三 欧盟

作为目前为止世界上一体化程度最高的区域集团，早在欧盟形成超越

---

[1] 杨书晨：《日本区域经济发展的特点及举措》，《港口经济》2007年第11期。

国家层面的区域政策之前，其成员国已经实施了不同形式的区域政策以解决各成员国内部的区域发展不平衡问题。

1. 欧盟区域经济发展历程

自关税同盟以来，欧盟的区域经济政策大致经历了四个阶段。

1957—1975年：区域平衡发展兴起时期。在该时期，区域政策在西欧各国广泛兴起，对解决区域内不平衡问题起到了重要的作用，各国就区域问题的解决和区域政策的制定进行了一系列的争论，为欧盟的区域政策制定奠定了基础。1958年，欧共体设立了欧盟两个最早的区域经济政策基金：欧洲社会基金和欧洲农业指导与保障基金，以帮助落后地区的经济发展，更好促进区域间的平衡发展。但由于在欧盟层面上对区域问题的重视程度尚不够，此时期区域政策的实施没有发挥较大的作用。1967年，欧共体设立了区域政策总局，对形成统一的区域政策起到了巨大的推动作用。

1975年至20世纪80年代中期：区域平衡发展推进时期。1975年，欧共体部长理事会就全面实行共同区域发展政策达成一致，并设立了欧洲区域发展基金（ERDF）。该基金主要通过各成员国间的财政转移支付来扶持落后地区发展，由于其投资额度大，在促进落后地区经济发展方面发挥了非常重要的作用。欧洲区域发展基金的设立，标志着欧共体的区域政策进入了实质性的阶段。

20世纪80年代中后期：区域间平衡发展实施阶段。在这一时期，随着希腊、西班牙、葡萄牙的逐渐加入，欧盟区域间发展差距问题更为突显。欧共体出台了一系列区域经济政策改革。通过增加区域发展基金中非配额资金比重提高欧共体对区域环境保护、区域基础设施建设及相关产业发展项目的资助。虽然这一时期的区域政策几经改革，但仍是成员国区域发展计划的一种补充手段，此时期的政策仅局限于对各成员国的区域政策进行指导和协调，或在必须时提供一定的财政转移支付。1988年，结构基金改革成为欧共体区域政策的重要转折点，通过这次改革，形成了欧共体稳定的区域政策框架。

20世纪90年代以来：经济货币同盟（EMU）阶段。1990年以来欧盟的区域经济政策仍集中在解决欧盟区域发展差距上，但在此时期欧盟区域政策开始偏向于科技创新活动、区域竞争力的提升和区域可持续发展等方面，并进一步强化欧盟内部的社会经济整合。1999年，欧盟建立了经济货币同盟，欧元的设立给欧盟整体的经济带来了巨大的利益。在单一货币条件下，货物贸易和服务贸易能向更大规模扩展，一方面促进了相对落后国家和地区的经济发展；另一方面也会使先进国家和地区的优势进一步得到强化。① 此时期，欧盟已建立起完整的区域政策体系。

2. 欧盟区域经济发展的特点

（1）统一的区域政策工具

基金作为欧盟一种重要的区域政策工具，在欧盟一体化进程中发挥了非常重要的作用。欧盟根据不同时期的发展目标设置了各种用途的基金，用于解决失业问题、推动落后地区的经济发展、调整产业结构、进行基础设施建设和环境保护等各方面。欧盟统一基金的建立，用于解决欧共体内的区域发展不平衡问题，促进了欧盟的一体化发展。

（2）实行分级经济区划

欧盟区域政策的另一个重要特点是在欧盟国家层面上实行分级经济区划。欧共体委员会将整个欧盟区域划分成三个层次的分区，每个成员国被划分成一个或多个一级分区，每个一级分区又被划分成若干个二级分级，然后二级分区又被划分成若干个三级分区，区域政策按照分区进行执行（杨逢瑕，2009）。经济区划的实施，有效地干预和管理了经济一体化的运行、切实提高了欧盟的竞争力并促进了经济的增长。

（3）统一区域政策

欧盟在其发展中形成的统一区域政策，是其一体化得以顺利实现的一个重要工具。该统一政策包括对"有问题区域"的解释、建立地区基金、协调成员国和共同体地区间的政策（甘开鹏，2007）。欧盟特有的统一区域政策在缓解区域发展差距、促进欧盟一体化的过程中发挥了极大的作用。

3. 欧盟区域经济发展的成效

欧盟的区域政策在促进欧盟一体化、缩小区域差距方面发挥了重大的作用，主要表现在：

（1）成员国间差距不断缩小

欧元区内最高与最低收入国的人均收入比例由1960年的3.0∶1降低至1997年的1.6∶1，成员国之间的人均收入差距大幅度缩小。②

---

① 张广翠：《欧盟区域政策研究》，吉林大学博士学位论文，2006年。
② 李天德等：《欧盟区域政策及其效应研究》，四川大学出版社2003年版，第100页。

表7　　　　　欧元区最高与最低收入国人均收入比例的变化

年份	1960年	1970年	1990年	1997年
最高与最低收入国人均收入的比例	3.0∶1	2.3∶1	2.0∶1	1.6∶1

资料来源：http://www.europa.eu.int/。

（2）加速欧盟的经济增长

欧盟通过实施区域政策、提高了其成员国的经济规模，其受援国的经济得到了一定的增长，以欧盟凝聚基金的4个受援国为例，自1994年以来，西班牙、希腊和葡萄牙的增长值高于平均水平的1%，爱尔兰的增长值是平均速度的4倍。并且，农村地区的经济发展条件也得到了极大改善，进入20世纪80年代中期后，尽管欧盟用于农产品价格补贴的支出比重逐渐减少，农业担保部分支出在欧盟预算中的比重由1979年的70%降低到1999年的42.2%，但对农村地区和农业发展的结构基金支持却不断增加。[①]

（3）促进了各成员国的均衡发展

欧盟区域政策的实施，使欧盟各成员国的经济优势实现互补，有力地促进了落后国家和地区经济的更快发展，使欧盟内部的经济与社会发展出现明显的趋同态势，欧盟区域经济指标呈现出平均化趋势。[②]

目前，各个国家的经济都是以市场经济为主导，虽然各国由于区域发展的历史、水平及条件等因素的影响在区域政策的制定上各有侧重，但基本思路都是围绕市场经济体制不能解决的区域问题而展开的。

第四节　我国区域经济协调发展的现状对策

一　先进国家的成功经验

从发达国家的区域经济发展历程不难看出，虽然各国和地区的基本国情不同，但都在缩小地区差异、促进区域经济协调发展的过程中积累了丰富的经验，主要表现在如下几个方面。

1. 完善区域管理体制

完善的管理体制是实施区域发展规划的重要组织保证。发达国家在区

[①] 周淑景：《欧盟结构政策的保障措施及其实施效果》，《东北财经大学学报》2002年第3期。

[②] 国际开发协会主编：《世界银行2000》，第250—251页。

域经济发展过程中都高度重视区域管理体制创新。各个国家都通过设立专职管理机构来负责协调国家与部门、地区间的区域经济工作。如美国的地区再开发管理局和经济开发署，负责促进落后地区开发工作；日本的北海道开发厅、冲绳开发厅和国土开发厅，负责国土整治及区域规划工作；欧盟的区域政策总局负责制定和协调各成员国的区域经济发展政策、欧盟委员会下的地区政策总司负责区域经济政策的制定和执行以及区域委员会负责区域经济政策的顾问和建议工作。

2. 重视法制建设

通过立法把区域经济发展纳入法治化的轨道，是国外区域经济发展最成功的经验。如美国为了促进西部开发和土地利用制定的《沙漠土地法》《西部开垦法》《麻梭浅滩与田纳西流域开发法》；为解决地区失业和经济落后问题制定的《地区再开发法》及为促进落后地区经济发展制定的《公共工程和经济开发法》和《阿巴拉契亚区域发展法》。日本制定的《国土综合开发法》以及《北海道开发法》《东北开发促进法》《偏僻地区振兴法》《过渡地区振兴特别法》《新产业城市带建设促进法》等一系列关于特定落后地区振兴的法律，构成了一个完整区域发展法律体系；欧盟制定的《建立欧洲煤钢共同体的巴黎条约》《欧盟条约》《阿姆斯特丹条约》等。

3. 健全区域经济政策

发达国家都通过运用有效的区域经济政策来宏观调控区域经济的发展。美国政府主要采取了财政货币、社会福利和教育培训等政策来促进落后地区发展。日本政府通过向欠发达地区实行财政转移支付、为落后地区的企业提供优惠贷款、积极调整产业布局、鼓励发展高新技术产业和第三产业来促进新老产业更替和优化升级。欧盟通过财政转移支付、设立地区发展基金、成立欧洲银行等财政金融政策，来协调和促进成员国的经济发展，促进欧洲一体化的顺利发展。

4. 注重区域发展规划

区域发展规划对促进区域协调发展具有十分重要意义。20世纪50年代以来，日本政府为缩小地区差距，制定了《特定地区开发计划》，组织实施了六次全国国土开发计划，实现全部可开发国土的集约利用和区域经济的协调发展。20世纪60年代，美国政府为支持南部和西部的经济发展，制定了一系列区域综合开发规划，如阿巴拉契亚区域开发规划和田纳西河流域开发规划等。20世纪90年代开始，欧盟通过实施的"六年规划""七年规划"和"七年期支出计划",来协调成员国区域经济发展。①

5. 改善区域基础设施

作为经济发展的基础条件,基础设施的建设和改善可以提高劳动力和资本等生产要素的产出率,降低生产要素的投入成本和交易成本,特别是对欠发达地区吸引人才和引进资本尤为重要。美国在区域经济发展过程中高度重视基础设施建设,尤其是水电工程、全国公路网、全国信息网建设。在西部开发过程中,美国政府修建了横贯6个州的东西大干线、连通五大湖区和大西洋的伊利运河以及5条横贯美国的铁路干线。日本政府在历次国土开发过程中都投入大量的财力用于落后地区的交通体系建设,通过建设新干线、高速公路等现代化交通网络,将整个国土连成一体,形成了一个综合高速的交通体系。欧盟的区域发展基金、聚合基金等都对交通和通信基础设施、城市技术设施及健康和教育基础设施提供援助和支持。

二 区域经济发展战略的基本特征

根据经济活动主体的不同和经济发展战略作用范围的不同,可以将经济发展战略划分成不同的类型和层次。主要包括:企业经济发展战略、行业经济发展战略、城市经济发展战略、区域经济发展战略、国民经济发展战略等。区域经济发展战略作为众多类型经济发展战略的一种,既具有与其他类型的经济发展战略共性的特征,又具有与其他类型的经济发展战略不同的个性特征。区域经济发展战略的基本特征是关于区域经济发展战略共性特征与个性特征的总和。②

1. 区域经济发展战略所具有的共性特征

区域发展战略的共性特征主要表现在如下几点。

(1) 全局性。区域发展战略是从全局出发,研究、制定、执行该区域经济发展模式、经济发展政策,协调区域间关系、区域经济布局、投资规模以及经济运行机制等事关整个区域经济发展的问题。

(2) 战略性。区域经济发展战略是站在宏观的角度研究区域经济长期发展的思路、工作方针、行动纲领等,而不涉及具体的工作。

---

① 俞建群:《论中国特色区域经济新发展》,福建师范大学博士学位论文,2012年。

② 王建廷:《区域经济发展动力与动力机制》,上海人民出版社2007年版,第235—238页。

（3）稳定性。经济发展战略总体上必须具有稳定性，作为指导区域经济发展的指令，某些指标或策略上可以根据实际进行调整，但是一旦出台，不能朝令夕改，必须在一个较长的时期内发挥效用。

（4）层次性。区域经济发展战略不但包括区域的长期经济发展总战略，还包括区域内的企业经济发展战略、行业经济发展战略、城市经济发展战略等。这些不同层次的经济发展战略构成一个有机体系。下一个层次和较小范围的发展战略是上一层和更大范围发展战略的有机组成部分。

2. 区域经济发展战略的个性特征

区域经济发展战略的个性特征主要表现在如下方面。

（1）时空结合性。区域经济活动是发生在特定时间特定区域的，因此具有特定的时间特征和空间环境，在制定区域经济发展战略时，要综合考虑这两种因素，结合区域的历史、文化、现状制定适宜的经济发展战略。

（2）协调性。区域内部的经济活动主体众多，在经济活动中，各主体间既可能存在共同利益，又可能存在竞争关系。并且区域内的不同区位间也存在发展不平衡的状况，区域的经济发展战略在制定时必须要充分协调这些关系，同时也要注意协调区域间的关系，尤其是相邻区域间的合作、竞争关系等，以期达到区域经济均衡发展的目的。

（3）差异性。由于区域经济活动的时空特点以及历史、人文、资源、环境等的不同，导致各区域的发展存在不平衡，因此在区域经济发展战略的制定过程中，必须综合考虑各项因素，制定适宜的发展目标和发展对策。

（4）联系性。任何区域都不是孤立存在的，特定区域是国民经济体系或更大范围区域的子系统。区域之间存在广泛的区际联系，区际辐射与扩散能力是区域经济发展的重要标志之一。区域经济发展战略必须从系统的角度出发，站在更高的层次，充分靠区际联系，努力创造在区际竞争与区际分工中的优势地位。

三 我国区域经济发展的现状

"十一五"期间，随着区域发展总体战略的深入实施，我国区域发展差距由扩大转变为缩小，东、中、西部和东北地区经济发展呈现共同发展、相对均衡的态势，区域协调发展取得了较大成效。我国的区域经济发展呈现如下特点。

1. 区域经济出现一体化

中央提出的"加强东、中、西部经济交流和合作，实现优势互补和共同发展"以及"统筹区域发展"等指导思想，为制定区域合作政策、创新区域合作模式以及建立区域合作机制奠定了坚实的基础。目前，劳动力和资金两大要素基本能够在全国范围内流动，区域经济一体化已开始在市场化过程中显现。同时，地方政府理念也发生了一定的变化，希望区域合作的愿望越来越强烈。①

2. 区域发展格局基本形成

"十一五"期间，我国区域经济发展初步完成了"四大板块"的总体战略布局——"西部开发、东北振兴、中部崛起、东部率先"。② 2009 年以来，国务院先后批复了 30 多个国家战略性区域发展规划和促进有关省市或重点地区发展的意见。区域发展规划，始终围绕着落实区域发展总体战略、加快重点地区发展、促进特色区域板块崛起、培育区域经济增长极、推进国际区域合作和提高对外开放水平这条线索展开。

3. 区域经济政策不断完善

"十一五"时期，中央制定和出台了一系列重大区域发展规划和政策。区域发展目标从过去单纯追求经济增长向经济、社会、生态等方面协调发展转变，区域发展调控机制从原先相对单一的行政手段向综合运用政策支持、规划指导、合作机制等经济手段转变，区域政策体系逐步完善，经济结构明显优化，比较优势不断凸显，地方政府发展区域经济的自主性、积极性显著增强。初步形成了以协调发展为主题、以总体战略为主纲、以发展规划为主线、以经济政策为主导、以地方政府为主角的区域经济协调发展的新机制。③ "十一五"以来，我国针对"四大板块"出台的区域经济政策主要有：《关于落实中共中央国务院关于促进中部地区崛起若干意见有关政策措施的通知》（2006）、《东北地区振兴规划》（2007）、《关于中部六省实施比照振兴东北地区等老工业基地和西部大开发的有关政策范围的通知》（2007）、《西部大开发"十一五"规划》（2007）、《关于进一步实施东北地区等老工业基地振兴战略的若干意见》（2009）、《关于应对国际金融危机保持西部地区经济平稳较快发展的意见》（2009）、《珠江三角洲地区改革发展规划纲要（2008—2020）》（2009）、《关于促

---

① 赵峰：《我国区域经济发展现状、趋势及路径选择》，《中国行政管理》2007 年第 10 期。
② 俞建群：《"十二五"时期我国区域经济发展问题探析》，《福建师范大学》（哲学社会科学版）2010 年第 2 期。
③ 俞建群：《论中国特色区域经济新发展》，福建师范大学博士学位论文，2012 年。

进中部地区城市群发展的指导意见》（2010）、《促进中部地区崛起规划实施意见》（2010）、《国务院关于支持河南省加快建设中原经济区的指导意见》（2011）、《西部大开发"十二五"规划》（2012）等。

4. 区域合作步伐日益加快

首先，区域间通过领导会晤、经贸洽谈、技术联盟等合作形式，加快我国区域间合作的步伐；其次，国际区域间经贸合作全方位展开，我国与周边国家合作开展了多项国际业务，如与中亚的油气合作、与东盟的经贸合作、与东南亚的泛亚铁路建设等。

四 现有经济区域政策存在的问题

1. 区域政策形式化

近年来，我国的区域发展战略数量增加迅猛。自2008年以来上升为国家战略的区域规划和试验区就有20多个（何丹，2011）。这样的做法体现了政府调动地方积极性的意愿，但在此过程中，各地政府将竞争重心放在了如何得到国家在土地、环境及产业发展方面的政策优惠而不是自主创新、促进经济转型方面，导致了国家区域政策的形式化和泛化。

2. 区域发展战略缺乏整体协调性

随着经济的发展，我国的区域经济发展战略逐步分散到各省区间，虽然国家出台了一系列的全国性区域经济发展的战略规划，但由于其对象是整个国家，对个别地区间的整体衔接性问题关注不够，缺少区域协调机制，导致了各区域之间缺少协调和衔接，甚至是各区域各自为政，导致了区域间的竞争秩序严重扭曲，区域过度竞争的现象。从许多地区的实践看，一是从国家层面上对于经济区域协调发展管理仍缺乏政策引导和激励机制；二是地区合作机制中行政性要求较多，而制度性的安排较少；三是地区合作大多出于道义或遵从中央政策，缺乏相应的经济激励和约束手段。[①] 因此必须要通过建立一个统一的、跨区域经济协调发展的机制来真正实现经济区域的协调发展。

3. 法律、政策仍需完善

目前，我国在区域管理中尚缺少协调区域经济发展的法律法规，政府

---

① 张庆杰、申兵等：《推动区域协调发展的管理体制研究（专题报告）》，《宏观经济研究》2009年第7期。

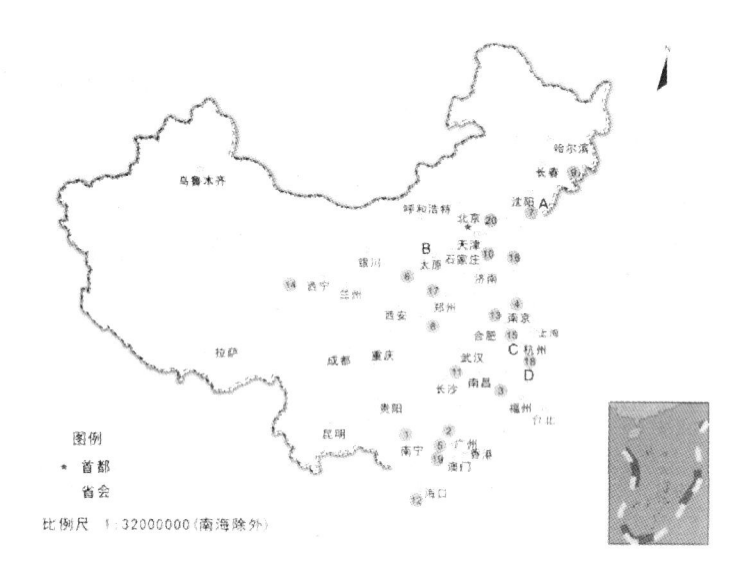

图7 2008年以来上升为国家战略的区域规划和试验区

资料来源：孙斌栋：《区域经济一体化视角下我国未来区域发展战略走向研究》，华东师范大学博士学位论文，2013年。

国家级区域发展规划：

1. 广西北部湾经济区发展规划；2. 珠江二柏洲地区改革发展规划纲要；3. 支持福建加快建设海峡两岸经济区的若干意见；4. 江苏沿海地区发展规划；5. 横琴总体发展规划；6. 关中—天水经济区发展规划；7. 辽宁沿海经济带发展规划；8. 促进中部崛起规划；9. 中国图们江区域合作开发规划纲要；10. 黄河三角洲高效生态经济区发展规划；11. 鄱阳湖生态经济区规划；12. 关于推进海南国际旅游岛建设发展的若干意见；13. 皖江城市带承接产业转移示范区规划；14. 青海省柴达木循环经济试验区总体规划；15. 长江三角洲地区区域规划；16. 山东半岛蓝色经济区发展规划；17. 全国主体功能区规划江中原经济区纳入国家规划；18. 浙江海洋经济发展示范区；19. 广州海洋经济综合试验区发展规划；20. 河北沿海地区发展规划。

国家级区域发展试验区：

A. 沈阳新型工业化综合配套改革试验区（2010）；B. 山西省国家资源型经济转型（2010）C. 义乌市国际贸易综合改革试验区（2011）；D. 温州金融改革实验区（2012）。

在制定政策、行使调控职能的同时缺少法律依据，因此许多机制都停留在了政策指导的层面上。同时，我国还尚未设立区域开发基金，区域的金融政策、配套政策等都有待开发完善。

4. 社会事业的公共服务水平仍需提高

当前，由于经济长期落后，西部地区不论是用于社会事业的公共财政支出，还是人们享受的公共服务水平，都大大低于东部地区。西部地区的教育、医疗、社保、城乡最低生活保障方面,虽然基本实现了全覆盖,但是东、西部地区保障水平差距悬殊。

五　对我国区域经济发展的建议

当下,我国经济社会发展进入历史性转折时期,面对新的国际国内形势,我们应该以"十二五"发展规划纲要为指导,坚持走中国特色的区域经济发展道路。

1. 健全法律法规

发达国家的区域发展经验表明,健全的法制制度可以为实现区域发展战略、推动区域经济可持续发展提供机制保障和动力,有利于区域政策实施。目前,我国还没有一部以实现国家区域发展总体战略、缩小地区差距为目标的促进区域协调发展的基本法制法规,更多的是运用区域的发展规划和经济政策来宏观调控区域发展,因此,区域发展的方向、范围等原则性问题无法得到法律保障,区域经济发展的管理工作也常常无法可依;各区域之间由于没有统一的法制章程,在区域经济发展过程中存在恶性竞争、地方保护等现象。因此,我国应尽快出台区域经济发展的相关法律制度,阐明长远目标、总体战略、指导思想、基本原则、主要思路、重点任务和政策措施等重大原则性问题;确立区域规划(开发)应有的法律地位,明确各级政府在区域发展规划管理中的职责和权限;针对国家重点开发地区和某些落后地区的发展,出台带有明显空间指向性的区域法律法规。[①] 只有做到有法可依,才能使我国的区域经济走向可持续发展的道路。

2. 改革区域管理体制

我国应从国家层面成立专职的区域发展管理机构,负责制定、实施国家级的区域发展战略、规划和区域经济政策以及协调区域间经济合作。各级区域也应成立专门的区域管理机构负责国家级区域发展战略、规划的落实;本区域具体区域经济发展规划的制定;以及区域间的经济合作与协调。只有统一、规范的管理才能改善目前区域管理机构不健全、职能不归口、步调不一致等现状,促进区域经济的发展。

3. 完善区域政策体系,注重协调发展

在以市场调节为主的指导思想下,我国的区域发展应加强政府的宏观

[①] 俞建群:《论中国特色区域经济新发展》,福建师范大学博士学位论文,2012年。

调控力度，完善区域政策体系、制定区域政策的分类指导，从区域经济的宏观调控、产业布局到援助政策、激励机制等方面全面进行干预，实现区域经济的协调发展。

4. 注重基础设施建设和环境保护

基础设施建设是促进经济发展必不可少的物质保证，是实现国家或区域经济效益、社会效益、环境效益的重要条件，是经济布局合理化的前提，对区域经济的发展具有重要作用，我国在区域发展过程中，要借鉴发达国家的经验，在基础设施、环境保护、社会公共服务方面加大投资和扶持力度，为实现区域经济的可持续发展提供基础保障。

第九章

知识产权与区域经济发展

第一节 创新与科技创新

从狭义的角度看,创新是指科技的创新。从广义的角度看,创新既包括科技的创新,也包括制度的变迁。随着科学技术突飞猛进的发展,科技创新越来越成为区域发展的主要推动力。[①]

一 创新及其特点

1. 创新的起源

亚当·斯密在其1776年出版的《国富论》中就明确指出:"国家的富余在于分工,而分工之所以有助于经济增长,一个重要的原因是它有助于某些机械的发明,分工的结果,各个人的全部注意力自然会倾注在一种简单事物上,所以只要工作性质还有改良的余地,各个劳动部门所雇的劳动者中,不久自会有人发现一些比较容易而便利的方法,来完成各自的工作。唯其如此,用在今日分工最细密的各种制造业上的机械,有很大部分,原是普通个人的发明。"从这段话中可以看出斯密已经开始了创新思想的萌芽。奥地利经济学家、"创新的鼻祖"熊彼特(J. A. Schumpeter)在其1912年出版的《经济发展理论》一书中,首次从经济学的角度提出了创新理论。他认为,一种经济若没有创新,就是静态的、没有发展与增长的经济,经济之所以发展,是因为在经济体系中不断地引入创新。熊彼特认为,创新是指建立一种新的生产函数,即把一种从来没有过的关于生产要素和生产条件的"新组合"引入生产体系。近年来随着对创新研究

---

① 魏后凯:《现代区域经济学》,经济管理出版社2006年版,第58页。

的不断深入，人们普遍认为，经济发展的主要动力来自技术的变化，而技术变化的核心就是创新，其本质是依赖于广泛的相关知识的积累和发展的创新过程（Fischer，2001）。

2. 创新的定义

按照熊彼特的理论，创新是生产要素的重新组合，包括：①引进一种新产品；②采用新的生产方式；③开辟新的市场；④开辟和利用新的原材料；⑤采用新的组织形式。这是一种广义的创新。创新是经济发展和社会进步的重要原动力，是个体和群体根据一定的目的和任务并用一些已知的条件产生出的新颖的有价值的成果和认识行为的一项活动。朱京慈认为，创新涵盖了社会的各个方面和领域，如思想创新、理论创新、技术创新、服务创新、文化创新、教育创新、制度创新、体制创新、管理创新等。但是综合起来可以基本归纳为三方面，即知识创新、技术创新、智力创新。知识创新是技术变革的基础，技术创新可以拓展知识创新，并为加速知识创新提供技术手段，智力创新是知识创新和技术创新的保证。

3. 创新的特点

创新具有以下特点：

（1）新颖性。创新的新颖性是创新的最主要的特征。

（2）系统性。创新往往包含了许多相互关联的过程，这一过程并不是孤立的，而是与其他组织、外部资源相互依赖和合作的过程。

（3）趋前性。创新是随着社会和经济的进步而不断向前发展的。

（4）不确定性。创新的过程和结果并不是确定的，创新对社会、经济的影响可能是积极的，也可能是消极的。

（5）价值性。创新有明显、具体的价值，往往会对经济、社会产生一定的效益。

（6）目的性。任何的创新活动都有其特定的目的。

4. 创新的阶段

创新可以分为 8 个阶段：①产品发明阶段即创造基础产品；②分裂性创新阶段，即新产品可以凭借着较高的革新性价值进入市场；③渐进性发明阶段，即在基础产品上增加新的功能特性而产生的创新；④正向渐进性创新阶段，即通过增强其革新性价值而出现创新；⑤重复第三到第五阶段，一直到革新性价值没办法进一步提升位置；⑥负向渐进性发明阶段，即对于基础产品增加的功能特性已经超出消费者接受能力范围，从而导致产品的革新性价值降低；⑦重复第六阶段，直到其革命性的革新价值逐渐与市场中其他对手相当；⑧破坏性发明：进一步的发明反而将加快革新性的创新价值的不断丧失。[①]

二 科技创新

一般认为，科技创新主要包括原创性技术创新、知识创新以及管理创新。科学发现不但是知识创新的基础，而且是知识创新的组成部分。技术创新的理论基础是知识创新，技术创新又为知识创新创造了物质基础。发明创造和技术革新都是实现技术创新部分目的（如开发新产品和提高产品质量）的两种不同层次上的重要创新。

从发达国家的先进经验来看，科技创新能力的培育依赖以下因素。

（1）良好的文化环境。良好的文化环境有利于培养热爱科学、尊重知识的文化氛围，没有良好的文化环境，很难形成科技创新能力成长的土壤。

（2）较强的基础条件。如教育体制、资源积累、科研设备、技术队伍、人才机制等，都会影响科技创新能力的培育。

（3）有效的制度支持。有效的制度、政策、激励机制都会对科技创新产生积极的影响。

第二节 知识产权自主创新

一 自主创新

自主创新，就是从增强主体的科技原始性创新能力、集成创新能力和引进消化吸收能力，所进行的再创造活动。

从与知识产权密切相关的企业技术创新的角度看，是指企业一种新产品或者新工艺的产生、研究开发、商品化生产、市场销售等一系列过程的总称。其要点有三：一是使制度、机制和资源配置更有利于原始性创新，

[①] David Croslin, *Innovate the Future: A Radical New Approach to IT Innovation*, Prentice Hall, 2010.

使企业涌现出更多的科学发现和技术发明;二是加强集成创新,使相关科技成果有机融合,形成具有市场竞争力的产品和产业;三是在引进消化吸收国外先进技术的基础上进行二次创新。[①]

"自主创新"与"技术创新"既有区别,又有联系。就区别而言,自主创新是指创新主体独立依靠自己的能力创造出来的新东西,包括原始创新、集成创新和在引进消化基础上的再创新;而技术创新是指企业应用新知识、新技术和新工艺,采用新的生产工艺和经营管理模式,提高产品质量,开发生产新的产品,提供新的服务,占据市场并实现市场价值的活动。在这一活动中,既包含完全以自己的能力实现的创新,也包括将所购买的他人的技术用于自己的产品、工艺等的创新。

自主创新有以下特征:

首先,自主创新是创新主体的自主性、主动性行为。"自主"体现在这一活动是由创新主体主导的,不受制于他人的创新活动。虽然在创新中也包括与他人合作,但合作的对象及合作方式是由创新主体自主选择,合作的具体内容是相互需求的,而不是无选择或单向有求于人的;"主动"体现在这一活动是创新主体为了获得创新收益、实现创新主体的价值而自觉的、有目的的、积极进行的科技探索、知识创新及开拓市场的行为。

其次,自主创新的成果具有自主知识产权。傅家骥认为,自主创新是指企业通过自身的努力和探索产生技术突破,攻破技术难关,并在此基础上依靠自身的能力推动创新的后续环节,完成技术的商品化,获取商业利润,达到预期目标的创新活动[②]。自主创新是以创新主体为主的,通过获取自主知识产权来提高创新能力的活动。从法律上讲,创新主体是创新的首创者、率先者,而其他主体则是通过授权、扩散的渠道成为该创新的跟随者,因此,能够抢占市场的自主知识产权是自主创新的一个标志。

再次,自主创新具有层次结构。自主创新的层次结构主要包括三个方面:一是加强原始性自主创新,努力获得更多的科学发现和技术发明;二是加强集成自主创新,使各种相关技术有机融合,形成具有市场竞争力的产品和产业;三是在引进国外先进技术的基础上,积极促进消化吸收和再

---

① 蒋坡主编:《知识产权管理》,知识产权出版社 2007 年版,第 57 页。
② 傅家骥:《技术创新学》,清华大学出版社 2006 年版,第 96 页。

创新①。在三个方面中,"引进消化再创新"属于初级阶段,"集成创新"是中级阶段,"原始创新"是高级阶段②。从发达国家的发展历程来看,它们都是通过引进先进技术、消化吸收进而走上自主创新的道路。

最后,自主创新具有产业异化的特征。根据创新模式的研究,自主创新有两种截然不同的模式,即科学技术主导型创新模式和实践应用主导型创新模式。前者强调科学技术研究对创新的推动作用,而后者则更关注科学知识在具体实践和应用过程中产生的创新。对应具体的产业类型,主要存在5种产业创新联系模式,即供给主导型产业创新模式、规模集中型产业创新模式、信息密集型产业创新模式、以科学为基础的产业创新模式和专业供应商型产业创新模式③。由于所关注的创新焦点不同,不同的产业类型会表现出明显差异的创新模式特征。

二 自主创新与知识产权

1. 自主创新与知识产权的关系

知识产权是法律赋予智力成果所有人依法享有的独占权利,知识产权制度与有形资产保护制度相似,是为无形资产提供保护的一种制度,用于保护专利权、商标权、著作权和商业秘密等。从本质上来说,知识产权保护制度就是通过法律手段,确认自主创新成果的权利归属,规定对自主创新成果的保护措施,以法律的形式赋予了自主创新成果的权利人对其在自主创新领域内所创造的智力成果享有的权利,以促进企业的发展,推动企业竞争力。④

知识产权可以促进技术创新,创新取得的技术成果通过知识产权制度得到全面的法律保护,从而实现治理成果人的经济利益,同时促进新的创新的产生。因此,知识产权的保护,是自主创新中的一项重要环节,它不但是技术创新的基础与衡量指标,也是非常重要的一项市场竞争手段。

经济学家认为,技术变革是经济增长的主要动力,知识的扩大再生产几乎不需要成本,有必要予以特殊的即垄断性的保护,以补偿他们在发明

---

① 陈至立:《加强自主创新促进可持续发展》,《中国软科学》2005年第9期。
② 赵玉林:《创新经济学》,中国经济出版社2006年版,第325页。
③ PAVITT K. "Sectoral Patterns of Technical Change: Towards a Taxonomy and a Theory," *Research Policy*, 1984 (13), pp. 343–373.
④ 杨志祥:《论企业自主创新与知识产权保护》,《学术论坛》2007年第9期。

中时间、资金和精力方面的投入并确保他们从其发明创造中获得经济效益，通过这种超额垄断利润鼓励发明创造并使公众从科学的发展中受益。并认为为鼓励新知识的创造，促进人类社会文明传播与科学繁荣的目的而要求社会公众暂时让渡一定的权利，把知识产权设定为垄断性的权利，赋予权利人自由交易或不交易的权利[1]。他们将垄断性知识产权的激励功能区分为以下几个方面：首先，它为新产品、新发明等新知识产品的出现提供了主要的动力；其次，通过对革新的这种激励，实现了与专利等知识产品相关的主要的社会利益，当代急速的技术变化和技术革新都是在垄断性专利制度之下发生的；最后，知识产权制度通过技术公开机制增进了人类技术知识和信息的公共储存[2]。

2. 知识产权对创新成果保护的必要性

自200多年前资本主义国家开始对其有关发明创造实施专利保护开始，随着科学技术的不断发展，人们越来越意识到知识产权对创新成果保护的必要性。

知识产权制度从其诞生之日起就对人类的创新发挥了极大的激励作用，美国前总统林肯曾经对美国的专利制度给予高度评价："专利制度给智慧之火加上了利益之油。"欧根·狄塞尔在评价1624年的《英国专利法》时称这一年是"近代最重要的一年"，因为，后来产业革命中的许多技术因此而诞生，并得到了有效保护。如果没有知识产权制度的保护，将不会出现如今这样的近代文明。在经济全球化的趋势下，知识产权制度的作用日益突出。

目前，随着全世界经济贸易合作的开展，我国民族品牌面临着的一个重要问题是：我国自主创新的品牌或商标频频遭到海外企业的抢注。据国家工商总局公布的统计资料显示，目前已有15%的我国知名商标在国外被人抢注。从"英雄"金笔、"大宝"护肤品、"安踏"运动鞋、"红星"二锅头到《红楼梦》等我国四大古典名著，海外抢注的商标遍及各个行业。其中"英雄"商标在日本被抢注，"大宝"商标在美国、英国、荷兰、比利时、卢森堡被抢注，"红星"在瑞典、爱尔兰、新西兰、英国被

---

[1] 龙文懋：《知识产权法哲学初论》，人民出版社2003年版，第65—68页。

[2] 冯晓青：《激励论——专利制度正当性的探讨》，《重庆工商大学学报》（社会科学版）2003年第1期。

抢注,"大白兔"奶糖商标在日本、菲律宾、印度尼西亚、美国、英国被抢注,中国老字号"郫县豆瓣""桂发祥十八街麻花"在加拿大被抢注,"安踏""六神""雕牌""小护士"等商标在香港被抢注……无数驰名商标都难逃被海外抢注的厄运。在加拿大甚至还出现了"老字号商标转让公司",专门做中国老字号商标的"买卖",北京"同仁堂""全聚德",广州"王老吉",绍兴"女儿红",山西"杏花村"等老字号都遭到过海外企业的商标抢注,就连云南卷烟品牌"阿诗玛""红塔山"等也在菲律宾遭到了抢注。继技术壁垒、专利壁垒后,我国企业"走出去"又面临着国外企业设置的商标壁垒[1]。所以在企业的自主创新活动中,必须通过知识产权制度来保护创新成果、维护知识产权主体的经济利益。

3. 知识产权的管理与保护

作为激励和保护自主创新的法律制度,知识产权制度是实现自主创新的必要手段。为了有效地实施自主创新战略,就必须加强对知识产权的管理和保护。

首先,知识产权保护是实现自主创新的重要标志。在经济全球化的背景下,自主创新能力和技术实力直接决定了企业的核心竞争力,因此,在自主创新的过程中,企业必须通过取得一定数量和质量的知识产权来维护自己的相关权益,提高其市场竞争力。无论是原始创新、集成创新和引进消化吸收再创新,都应当注意根据实际需要以技术秘密的方式保护好创新成果。

其次,对知识产权的管理是保护自主创新成果的前提。一般来讲,除著作权在作品完成后可自动取得外,专利权和商标权必须经过申请、审查批准程序才能取得,技术秘密必须以采取保密措施为前提。因此,并不是取得了创新技术成果就等同于拥有自主知识产权,知识产权保护必须通过申请专利、采取保密措施等法律途径获得。只有通过加强对知识产权的管理才能对自主创新成果得到相应的保护。此外,自主创新成果的实施和利用离不开知识产权管理。创新涵盖从研发到市场化、产业化的全过程,创新成果的市场化、产业化离不开知识产权许可、转让、诉讼等一系列策

---

[1] 冯晓青:《激励论——专利制度正当性的探讨》,《重庆工商大学学报》(社会科学版) 2003年第1期。

略，而这些正是知识产权管理的核心内容。①

再次，较高的知识产权管理能力是促进自主创新的重要保障。知识产权的创造、管理、运用和保护是企业、科研机构、高校等创新主体共同关心的话题，但由于制度、重视度、激励机制等原因，我国企业和科研机构对知识产权申请还有偏差：有的企业根本就没有知识产权，有的企业虽然申请了知识产权，但只是为了获得政府相应的政策倾斜或奖励，并没有将其进行产业化；在高校，重论文轻专利这一现象尤为普遍，即使有专利，也很难实现其产业化的价值，大都搁置在一旁。《中共中央关于制定"十一五"规划的建议》提出"建立以企业为主体、市场为导向、产学研结合的技术创新体系，形成自主创新的基本体制架构"，因此，提高企业和科研机构的知识产权管理能力尤为迫切。

最后，知识产权的政策引导是促进自主创新的重要环境。政府的正确引导为产业的自主创新指明了发展方向、提供了资金支持及激励机制，这些都有利于全面提升我国自主创新能力和国际竞争能力，调整经济结构、转变经济增长方式，使我国尽快成为创新型国家。

三　知识产权自主创新的模式

知识产权自主创新模式是指企业为了实现关键核心专利等知识产权的突破，取得自主知识产权而建立的模式。知识产权自主创新是一个开放式的创新体系。

1. 知识产权自主创新的形式

《国家中长期科学和技术发展规划纲要（2006—2020）》中提出：自主创新，就是通过加强原始创新、集成创新和引进消化吸收再创新三种手段，增强国家的竞争力。知识产权自主创新的内容包括：原始创新、引进消化吸收再创新及合作创新。原始创新是指那些能够在世界前沿科技占有一席之地的自主发明；引进消化吸收再创新则通过技术跟踪和吸收，将世界最新科研成果化为我有；而合作创新是指通过和其他知识产权主体通过订立目标、合同等，进行合作研发，获取新的知识产权。

（1）原始创新

知识产权原始创新是指创新主体完全依靠自身研发能力，获取创新成

---

① 蒋坡主编：《知识产权管理》，知识产权出版社2007年版，第60页。

果并对其取得的成果进行知识产权保护。在原始创新中，创新是在企业内部完成的，该创新成果完全被企业独占，企业通过知识产权制度的保护对该成果享有一切权利。企业通过原始创新获取自主知识产权，有以下原因。

首先，原始创新是企业核心竞争力和创新能力的根本体现。原始创新的知识产权是企业引进创新、合作创新的基础，只有企业拥有强大的核心竞争力和自主创新能力，才能增加企业合作创新和引进创新获得知识产权的机会，减少其通过合作和引进知识产权所投入的成本，使企业更好地发展壮大。其次，原始创新是企业提高自身核心竞争力的关键。通过原始创新掌握关键核心技术、取得自主知识产权，有助于企业快速占领市场、成为行业龙头，形成较强的知识产权壁垒。并且取得关键的知识产权突破有助于形成知识产权创新的集群和簇射，从而创造更好的经济效益。

(2) 引进创新

知识产权引进创新是指企业通过引进先进的知识产权，并在此基础上进行消化、吸收和再创新的过程。引进并不代表模仿，因为模仿创新并没有本质上的创新且不能形成新的技术创新，而在引进知识产权进行创新的过程中，取得他人先进知识产权的许可应用权并不是最终目的，更要注重的是通过引进消化再吸收提高企业自身的知识产权创新能力，并在其基础上进一步形成新的知识产权。

企业选择引进创新，一方面可以节约企业的研发时间、成本和资源；另一方面可以通过引进学习增强企业的自主创新能力，更好地把资源放在后续的研发中，为取得新的知识产权打好坚实的基础。企业并不享有引进的知识产权的权利本身，而只能在对方的许可范围内加以利用。因此，引进并不是最终目的，只有通过消化吸收再创新，才能进一步增强企业的竞争力。

(3) 合作创新

合作创新是指企业与高校、科研院所间相互通过协商、沟通达成相互合作的共识，确立一个共同的目标，按照合同各自投入自身的优势资源共同进行合作研发，获取新的知识产权。合作者之间可以根据自身情况，选择其参与研发合作的时间、人力、投入等，达成共识，从而实现共赢。在合作创新中，各合作者可以充分利用其他合作方的优势资源，扬长避短，加速技术研发的过程，提高研发的效率。

在合作创新中产生的知识产权是按照合同或共同约定来确定其归属，一般情况下是合作者共同持有的；也有其他合作者愿意出售自己的份额从而实现某一合作者独占的情况。

在自主创新过程中，更多的是集成创新和消化吸收再创新。这是因为，在大量的实践表明，在关系到国家安全和国计民生的重要战略领域中，是买不来真正的核心技术的。如宽带无线系统通信、下一代网络等核心技术、集成电路及其关键原配件等，在这些重要的战略领域中，我们必须坚持原始创新。但由于原始创新成本巨大，且市场开拓极具风险，因此对于跟随者而言，引进消化吸收的再创新是更佳的选择，因此这种形式成为许多处于发展初期的企业的选择。

一般来说，在以企业为主体的创新体制中，处于发展初期的企业，由于经济、技术实力等方面的原因，通常是以引进消化吸收再创新为主，辅以合成创新，通过这一过程，企业积累了大量的经验和一定的经济和技术实力，逐渐将其创新形式演变为原始创新为主，吸收创新和集成创新为辅。

不同地区、不同行业、不同企业、不同时期选择的创新方式虽然不同，但其选择都应立足于市场规律，以市场需求引领创新、驱动创新，因地制宜，从而形成技术创新的良性循环。

2. 知识产权自主创新的类型

知识产权自主创新包括以下类型。

（1）基本发明

即原始性创新，这一创新常常打破基础研究与应用研究的两分处理方式，强调基础研究的用户导向和应用型研究的重要性，常常能开启新的市场。例如爱迪生的留声机，在完成之前不存在任何记录人声音的装置，像这样具有划时代意义的发明就是基本发明。又如，晶体管取代电子管，聚乙烯、纳米技术的产生等都属于基本发明。但是基本发明创新一般研究开发周期较长，必须投入大量资金并要有雄厚的研发实力，而且风险很大、成功率也较低。基本发明的创新模式在我国主要适用于从事基础研究的科研院所和高校，科研实力较强的企业可以与之进行联合研发。[①]

（2）核心技术创新

核心技术创新是指企业通过自主研发取得产品关键部件或模块、元器

---

① 陈昌柏：《知识产权管理》，知识产权出版社 2006 年第 1 版，第 65 页。

件等的制作工业、技术，并在此基础上继续推动核心技术创新的后续环节，完成技术和产品商品化的创新活动。如电视机的显像管技术、计算机CPU技术、DVD的光驱读取技术等都是核心技术创新的典型。

核心技术创新有三个基本特点：一是创新的核心技术来源于企业内部的，是企业依靠自身力量，通过独立研发所获得的知识产权；二是核心技术的知识产权具有独占性，即在技术开发的竞争中，其他晚于该知识产权成果人的同类成果都不会受到知识产权法律的保护；三是在研发、设计、制造等创新过程中，都需要相关的知识和技术的支持。目前，我国企业越来越重视核心技术的创新，尤其是在生物医药、电子通信、能源化工等高科技产业，已经兴起了核心技术创新和产品转化研究的热潮。

（3）改进技术创新

改进技术创新是指企业在引进相关技术后，通过消化吸收，逐步提高自身的研发能力，根据市场需求对引进技术进行改进和创新，从而摆脱对原技术的依赖。

改进创新具有自身特点：①技术的继承性。改进创新是吸收与继承在先研发人的技术成果，通过创新实现该技术新的价值。在市场开发上，改进创新也可以充分利用在先研发人已经开辟的市场而不用开辟新的市场，从而节省了时间以及先期的开发费用。②非模仿性。改进创新并不是模仿，它不是对先研发人技术的简单照搬，而是在引进的基础上投入人力、物力进行研发，对在先研发人的技术进行进一步的完善和开发。③资源投入的中间聚积性。改进创新规避了前期开发的投资和风险以及后期开辟市场的投资和时间，将更多的资源集中在吸收再创新、产品设计、工艺改造等创新链的中游环节中。④制约性。由于改进创新也是在先技术的跟随者，不但受到时间的限制，也受到在先研发人的在技术使用条件方面的知识产权制约。

（4）产品设计创新

产品设计，是对产品的外在造型、内在结构和整体性能等方面进行综合型的设计，包括内部设计和外部设计。产品设计对产品自身的外观和性能，对提高企业生产技术，以及企业品牌建设都会产生直接的影响。

（5）传统文化创新

胡锦涛指出："一个没有文化底蕴的民族，一个不能不断进行文化创新的民族，是很难发展起来的，也是很难自立于世界民族之林的。"我国拥有 56 个民族、广阔的地域以及特色鲜明的传统文化为我国企业提供了许多优势，便于企业在传统的文化领域进行创新。在这一方面，已有许多企业进行了有益的探索，并取得了成功。如苏州的服饰制造企业，利用其传统文化以及桑蚕种植技术的优势，已经打造成了中式服装的领军企业。企业如果能够利用好传统文化这一独特的资源进行深入开发，必定能够走上独特的创新道路。

3. 企业创新模式的选择原则

（1）符合企业发展的战略目标

战略目标是影响企业选择不同创新模式的一项重要因素。企业的技术创新战略目标包括了产品和市场开发战略目标、技术发展战略目标以及生产投入发展战略目标等。在不同时期，企业发展战略目标的重点是不同的。如企业定位是开发新产品、开拓新市场，则其首选模式是原始创新、核心技术创新；如企业把改进产品质量、巩固扩大市场地位定为战略目标，则应侧重于改进技术创新、产品设计创新等。

（2）符合企业的经济及技术实力

企业应根据其经济实力和研发实力来选择创新模式，制定适合企业发展的战略目标。企业在选择创新模式时要考虑的自身因素包括经济实力、科研开发投入、科研机构的设置及人员组成、科研管理体制、产品市场需求等。

（3）立足于降低成本、降低风险

企业的自主创新活动在为企业带来经济效益、提升企业核心竞争力的同时，也存在很多风险。因此在选择创新模式时，企业应充分考虑成本、研发、开辟新市场、购买技术等带来的风险。

第三节　创新与区域发展

创新是推动区域经济发展的根本动力，已经成为区域意志和利益的体现与特征，不仅可以促进区域经济增长，提高区域生产率和竞争力，而且有助于产业结构调整和升级，推动区域经济发展方式的转变，提高区域增长质量和福利水平。

一 创新对区域经济发展的影响

科学技术是第一生产力,科技进步与创新是推动经济和社会发展的决定性因素。在熊彼特看来,创新促进经济发展的机理在于:创新,尤其是根本性的创新,一旦冲破一定的壁垒后,就会引发创新群的出现,投资高潮随之出现,较多的资本被投放于新企业,这种冲击一浪传一浪,波及原材料、设备、劳务等市场,犹如凯恩斯的投资乘数效应,经济表现出一派繁荣的景象。

创新所反映的,是社会、技术、经济、科学相结合的综合效应。正是这种综合,将经济和社会向前推进。

创新对区域经济发展的根本影响,在于知识经济化和经济全球化的基本趋势,使区位优势逐步淡化,代之而起的是知识资源的巨大作用以及知识基础上的全面竞争。[①] 科技创新是区域经济发展的极为重要动力。主要体现在:创新为区域经济发展开拓了新的发展空间、发展的经验以及提供了新的发展途径。

二 区域创新能力

Cooke(1994)最早提出了相对全面的区域创新系统理论。之后,Stem、Porter 和 Fumian(2000)将区域创新能力定义为一种潜力:一个区域生产一系列相关创新产品的潜力。他们强调了在生产过程中 R&D 存量的重要作用,通过自主地控制新技术、发明、设计和创新生产方式,控制 R&D 边际产出达到控制市场的目的。区域创新作为一个区域性、社会性的互动过程,它不仅依赖于当地的创新网络和创新环境,更依赖于当地的知识结构和存量,特别是地方性的、隐含性的知识,还依赖于与其他地区的相互作用,包括资源流动、知识扩散、制度学习(李青等,2004)。

区域创新能力体现在技术创新、产业创新和区域创新三个层次。影响区域创新的因素包括以下几点。

(1)自然资源。一个国家或区域的自然资源储备、地理位置、气候条件等因素将直接影响该国家或地区专门从事特定的某种产品生产。比如

[①] 谷国锋:《区域经济发展的动力系统研究》,东北师范大学博士学位论文,2005 年,第 119 页。

依托不同的自然资源会形成截然不动的特色产业,并因长期积累而形成优势产业集群,区位优势对区域创新能力的提升作用也非常明显。

(2) 制度因素。制度经济学认为,健康的制度体系能够妥善解决社会发展不断出现的各种问题并通过制度创新适应时代发展,约束社会行为。有效的政治制度和经济制度会激励区域的创新活动,提高区域的科技创新热情。

(3) 文化因素。一个区域的习俗性格、宗教信仰、审美观念、价值取向、消费习惯、对待新事物的态度等都是影响区域创新的文化因素。区域特色文化中隐含的经验和知识,会随着人们的工作、生活、交流在创新主体身上集中。创新资源只有与当地文化有机融合并捕捉到文化因素的积极特性,区域创新活动才能展开,区域创新能力才能得到提升。[①]

三 区域自主创新

1. 区域自主创新的内涵

区域自主创新是区域经济发展的一种模式,是以区域作为整体,依靠自身具有特色的创新系统,通过协调区域间的技术竞争与合作、优化配置区域内外部创新资源创造出拥有自主知识产权的技术知识,并将技术知识转化为新产品、新工艺和新服务以推动区域经济发展的过程。其内涵主要体现在如下几方面。

(1) 区域自主创新具有明确的目标。区域自主创新的目的是为了提升该区域的核心竞争力,促进区域的经济发展。因此,自主知识产权是区域自主创新的关键、核心和重要标志只有掌握自主知识产权的创新才是真正意义上的区域自主创新,没有自主知识产权的创新很难具有自主性[②]。

(2) 区域自主创新具有完整的内在体系。区域自主创新功能是通过其内在体系实现的。这种内在系统主要包括区域自主创新动力系统、条件系统、过程系统、调控系统。动力系统赋予区域自主创新以动力;条件系统赋予区域自主创新以支撑;过程系统赋予区域自主创新以发展;调控系统赋予区域自主创新以方向和规范。因此,区域自主创新的成功实现正是

---

① 米嘉琪:《区域创新对区域发展关系研究——以中部六省为例》,华中师范大学硕士学位论文,2014年。

② 王燕:《区域经济发展的自主创新理论研究》,东北师范大学博士学位论文,2007年。

区域自主创新动力系统、条件系统、过程系统、调控系统之间相互联系、相互作用的结果。正是这些系统及要素之间的相互作用与协同，从而提升了区域的自主创新竞争优势，推动了区域依靠自主创新保证区域经济安全、促进区域经济发展的实现，使区域呈现出区域自主创新持续发展的必然趋势。①

（3）区域自主创新是一个长期的过程。区域自主创新是区域依靠自身力量，通过引进、吸收、再创造、原始创造等方式开发出有用自主知识产权的技术与知识，并将这些技术、知识转化为新产品、新工艺和新服务，使之产生经济效益，从而推动区域经济发展的过程。这是一个动态的、演进的过程，这一过程虽然是动态的、演进的，但同时也受到宏观调控、资源、资金、制度、产业等多方面因素的影响。

2. 区域自主创新的意义

（1）自主创新是决定区域经济发展的关键

在资本主义前期，欧洲的意大利、尼德兰、英国、德国等都曾各领风骚，第二次世界大战后赢家却是美国和日本，而西欧、苏联等区域经历了战争的洗礼后也重新兴起。冷战结束，美国摆脱了里根时代的经济"滞胀"，而且发展势头依然强劲，而日本经济发展趋缓，但一些小国家，例如北欧的芬兰、瑞典、挪威、丹麦等，经济却出现了迅猛的发展势头。20世纪末发生的一场影响遍及全球的金融风暴——1998年的亚洲金融危机，一直强调技术立国的新加坡和韩国所受到的破坏力要远远小于其他国家，而印度尼西亚则引发了国内政治危机。探究这些区域崛起和衰落的原因，无不与创新密切相关，正是创新打造了美国的第一强国地位；正是创新使日本摆脱金融危机的阴影；也正是创新使名不见经传的芬兰成为世界上最具有竞争力的国家之一。② 这些事实充分表明，自主创新已经成为一个区域经济发展兴衰成败的关键因素。

（2）自主创新是区域意志和利益的体现与象征

据统计，2009年美国仍然是科学技术研发投入最多的国家，占全世界的31%，占国内生产总值（GDP）的2.87%，而以色列、瑞典、芬兰、日本、韩国和瑞士的科技研发投入都占到GDP的3%甚至更高。以美国为

---

① 王燕：《区域经济发展的自主创新理论研究》，东北师范大学博士学位论文，2007年。

② 同上书，第40页。

例，2012年的世界国民生产总值为71.7万亿美元，其中美国就占15.54万亿美元，不足世界人口5%的美国，创造了世界国民生产总值的22%。这些国家的高新技术产业都已经成为产业贸易的主导，具有自主知识产权的核心技术已经成为影响国家现代化进程的关键因素。因此，在现阶段发展的本质是创新能力的提高。无论是从国家战略利益的角度还是从区域经济利益的角度来看，自主创新已经成为区域意志和利益的体现与象征。

(3) 自主创新是区域调整产业结构、转变区域经济增长方式的原动力

产业结构的调整必须要有自主创新的能力。自主创新引起的产业结构变动主要体现在新兴产业的形成和落后产业的淘汰两个方面。这种变动的原因是：由于自主创新，使产品的成本降低，如果该产品的需求弹性较小，那么产品的产量受这种产品价格变化的影响就会较小，从而造成产品利润下降的情况，该产业的某些生产要素（如劳动力、资金）就会流到其他产业部门，最终导致该产业的萎缩；对于产品需求较大的行业，由于自主创新带来的产品刚进入市场，其价格对成本的反应以及需求对价格的反应都比较敏感，产出数量的提高将有可能获取较高的收益，因此，当自主创新导致某一部门的收益提高，该部门就可以获得高于一般产业部门的平均收益的超额收益，社会生产要素就通过利润率平均化原理，向该部门转移，从而使要素的供求结构发生变化，最终影响到产业结构的变化[1]。因此，只有通过增强自主创新能力，形成自主知识产权，才能实现产业结构的调整、增强区域的核心竞争能力。

(4) 自主创新是推动经济区域系统不断优化的重要途径

不断优化的经济区域系统是区域经济持续发展的保证，而自主创新正是通过对经济中心的导向机制、对经济腹地的改进机制、对经济网络的耦合机制来推动经济区域系统的发展[2]。由于自主创新有利于吸引投资、得到相关的优惠政策、增强企业创新能力，因而能够形成先进的生产力、带动经济中心产业结构的优化和提高。

(5) 自主创新是区域转变经济增长模式的必然选择

区域经济增长通常是指一个地区在一定时期内，由于生产要素投入的

---

[1] 孙丽文、李国卿：《区域创新能力与区域经济发展》，《经济研究参考》2005年第52期。
[2] 黄寰：《自主创新与区域产业结构优化升级》，中国经济出版社2006年版，第128—133页。

增加或效率的提高等原因，使经济规模在数量上的扩大，即商品和劳务产出量的增加。根据这个概念可以推断，区域经济增长的源泉来自两个方面：一是要素投入的增长，二是要素使用效率的提高。若经济增长主要依靠投入的增长来推动，则可称为粗放型经济增长方式；若经济增长主要依靠要素使用效率的提高，则可称为集约型增长方式[①]。自主创新所带来的技术创新与技术减弱了资源供给对区域经济发展的限制，扩大了区域经济发展的途径，是区域转变经济增长模式、加快区域经济增长的有效途径。

四 区域创新系统

英国 Philip N. Cooke 和 Kevin Morgan（1992）在《区域创新系统：新欧洲的竞争规则》一文中首次提出区域创新系统的概念，也开创了区域创新研究的新领域。Cooke 对区域创新系统的解释中指出，区域创新系统是有相互分工与关联的生活企业、研究机构和高等教育机构的支撑而产生创新的区域性组织体系。

1. 区域创新系统的特征

区域创新系统是指在特定的经济区域内，各种与创新联系的主体要素、非主体要素以及协调各要素之间关系的制度和政策网络。它的特征如下。

（1）区域创新系统由若干个子系统构成。从创新的结构上看，区域创新系统由创新主体子系统、创新基础子系统、创新资源子系统和创新环境子系统构成；从创新对象上看，它是由技术创新系统、制度创新系统、组织创新系统和管理创新系统构成。

（2）区域创新系统与国家创新系统既有联系又有区别。国家创新系统主要是由开放的各个区域创新系统联结而成，区域创新系统的建设是国家创新系统运行的前提和组成部分。

（3）区域创新系统各有侧重。由于受所在区域条件的限制，会出现某种创新资源的相对缺乏，创新基础设施不完备，创新环境有待完善的情况，这些条件都决定了区域创新系统必须有所侧重。

2. 区域创新系统的内容

区域创新系统从广义上讲，本质是社会经济系统。区域创新系统主要

---

① 邹再进：《欠发达地区区域创新论——以青海省为例》，经济科学出版社 2006 年版，第 248—249 页。

包括：区域市场、创新主体和创新资源。区域市场包括人才市场、金融市场、产品市场、信息市场等；创新主体主要包括政府机构、高校及科研机构、企业以及中介机构；创新资源包括科技基础设施资源、科技人才资源、信息资源、人文环境资源等（见图8）。

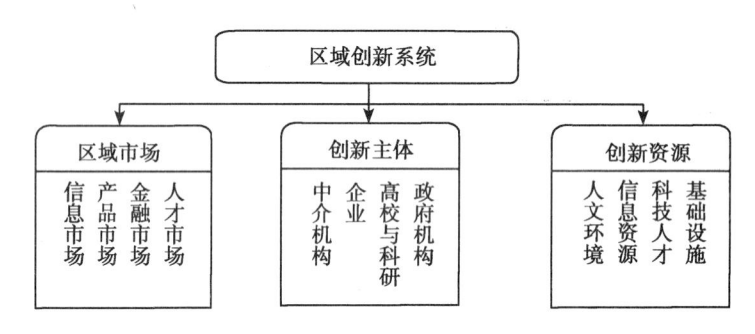

图8 区域创新系统的构成要素

资料来源：米嘉琪：《区域创新对区域发展关系研究——以中部六省为例》，华中师范大学硕士学位论文，2014年。

在区域创新系统中，不同的创新要素发挥着不同的作用。创新主体是区域经济发展中创新活动的实践者，区域市场为创新活动提供保障，而创新资源为区域创新活动实践提供了必要储备。

（1）创新主体

在区域创新主体中，政府机构是领导者。政府通过调动各项社会资源、规划区域发展路径、完善基础设施、财政扶持等手段为区域创新提供基础保障。企业是区域创新系统中的主要载体，是科技与经济的结合点。任何投资和科技研发只要通过企业这个载体，创造产品和服务实现利润，对利润的追求反过来促进投资和研发。高校与科研机构通过人才输出、产品开发、技术咨询等方式为企业提供服务。而中介机构是连接区域创新的纽带，包括信息服务、咨询机构、仲裁机构和交流平台等，促进了创新资源的优化配置。

（2）区域市场

区域市场是人才市场、金融市场、技术市场、产品市场、信息市场等的有机结合。政府制定的政策、企业的新产品、高校和科研机构的科技成果通过区域市场才能体现其价值、优劣；同时区域市场为企业、中介机构、高校和科研机构等提供沟通交流的平台。

(3) 创新资源

创新资源包括科技人才、资金、专利技术以及有效信息等。创新资源是区域创新系统运转的必要条件。为区域经济发展提供基础和必要的保障。

第四节　知识产权与区域经济发展

一　知识产权对区域经济发展的推动作用

随着国家和区域对知识产权认识的加深以及在战略上的重视，知识产权在区域经济发展中的作用也越来越不可忽视，主要体现在如下方面。

(1) 知识产权是提升区域经济竞争力的有效途径

"竞争战略之父"波特把经济发展概括为四个阶段：生产力要素导向阶段、投资导向阶段、创新导向阶段和富裕导向阶段。随着经济发展由要素导向、投资导向向创新导向阶段的过渡，自主创新和知识产权已成为提升区域经济竞争力的决定性因素。加强知识产权保护，激励更多的企业运用知识产权保护自主创新成果，有利于提高企业的创新能力、提高经济运行的质量和效率，从而带动经济的发展。通过发挥知识产权的核心作用，提高地区经济的核心竞争力，促进经济增长方式的转变，是目前区域经济发展最有效的途径。

(2) 知识产权是促进区域内技术创新的制度保障

知识和创新是经济发展的原动力，是国际竞争力的具体体现。各国的实践表明，知识产权与自主创新呈现正比关系。从世界各国的情况来看，鼓励技术创新最根本的是要建立一种机制和制度，为技术的创新提供长期稳定的法律政策环境。实践证明，知识产权制度是推动和保护技术创新长期稳定的强有力的基本法律制度和有效机制，是政府推动技术创新的核心政策手段。市场经济是竞争经济，也是法制经济，企业要在市场竞争中求得生存和发展，就必须重视对其知识资源的运用和保护。[1] 知识产权保护能为企业带来市场竞争上的优势。

---

[1] 杜立聪：《区域经济发展中的知识产权保护研究——以山东半岛蓝色经济区为例》，《特区经济》2012年第5期。

(3) 知识产权是衡量企业核心竞争力的重要指标

随着科技创新和知识产权对经济贡献的日益扩大,越来越多的企业意识到了知识产权对于企业的意义和作用,只有通过知识产权的刺激与保护,提高企业运用知识产权的能力,促进企业形成自主的知识产权,才能推动企业利用知识资本取得竞争优势,真正提高企业的核心竞争力,进而全面提高区域的综合竞争力。核心竞争力包括了企业的核心技术研发能力、产品制造能力、市场推广能力等,这些环节都离不开知识产权的保护。

(4) 知识产权是建立良好的投融资环境的基础

随着国际国内经济格局的变化、区域之间的竞争已经从比区位、比资源向比环境、比服务转变。加强知识产权保护有利于构建经济发展、科技进步、文化繁荣的法律制度和良好的社会环境。进而增强区域对外的影响力和竞争力,有利于吸引投资,加快对外经济合作和贸易,从而加速经济的发展。

(5) 知识产权为参与国际竞争提供有力支持

知识产权事业的发展,有利于增强区域内企业的自主创新能力,拓展科技、经济和文化的合作领域,对提高区域内企业在国际上的地位起到积极的推动和促进作用。

(6) 知识产权是区域战略性新兴产业发展的关键

战略性新兴产业是引导未来经济社会发展的重要力量,发展战略性新兴产业已成为世界主要国家抢占新一轮经济和科技发展制高点的重大战略,战略性新兴产业的竞争核心是关键技术的竞争[1],关键在于自主知识产权的创造与保护。

二 促进区域经济协调发展的知识产权对策

(1) 弘扬自主创新文化,构建区域经济发展的创新环境

知识产权文化是知识产权制度的积淀和升华,只有增强区域的知识产权意识,培育尊重知识、崇尚创新、诚信守法的知识产权文化,加强对科技创新人才的培养,提高自主创新的全民素质,通过知识体系、制度规则

---

[1] 顾晓燕:《论知识产权创造对区域经济增长的影响——基于省际数据的检验》,《南京社会科学》2011年第12期。

和价值观念，逐步形成良好的知识产权秩序，不断培育和增强地区发展的"软"实力，为区域经济发展营造一个良好的氛围。

（2）加强知识产权政策引导和扶持，提高对区域自主创新的支撑力度

政府应该结合产业结构以及区域经济的发展重点，通过加强知识产权政策的引导、资助、扶持以及适当的激励机制，深化科研体制改革，充分发挥产学研结合的作用，为经济发展提供有力支撑。

（3）加强知识产权人才培养和培训，提高区域的软实力

作为管理应用自主创新、保护自主创新成果的直接参与人，知识产权人才是自主创新中不可或缺的人才，企业、高校和科研院所应通过专业设置、专业培训等方式，培养专业的知识产权人才，以满足区域经济发展的需求。

（4）完善区域市场体系，提高区域创新系统的效率

区域市场是区域内人才市场、金融市场、技术市场、产品市场、信息市场等的有机结合，是区域内部所有创新要素的流动和信息交换的渠道和媒介。只有完善的区域市场体系才能保持人才、科技、资本、信息和产品流动，使各创新主体更积极地参与创新活动，从而提升区域创新能力。

第五节　协同推进区域知识产权发展战略

当前，在国家知识产权战略实施全面推进的关键时期，难点和关键点还是战略实施的协同问题。在总体定位上，区域知识产权战略是在国家知识产权战略与企业知识产权战略之间一个承上启下的连接点，是一种中观性质的知识产权战略。一方面，区域知识产权战略对当地企业知识产权工作具有直接指导和规范作用；另一方面，区域知识产权战略是国家战略的一个重要组成部分，是国家知识产权战略的延伸和细化，其通过深入落实国家战略，为国家战略的实施营造具体的政策环境和运行空间，是全面推进实施国家知识产权战略的重要领域。

一　协同理论

1. 协同理论的定义

协同论（synergetics）亦称"协同学"或"协和学"，是由原联邦德

国斯图加特大学理论物理学教授哈肯（Herman Haken）创立的一门交叉学科，是系统科学的重要分支理论。哈肯定义的协同是：一个开放系统（系统与外界有能量、物质和信息的交换）在一定条件下（但非特定干预），通过系统内部子系统间非线性相互作用能够产生一定功能的自组织有序结构。通过子系统之间的相互作用，整个系统将形成一个整体效应或者新型结构，这个整体效应具有某种全新的性质，而在子系统层次上可能不具备这种性质。哈肯还强调：协同就是系统中诸多子系统的相互协调的、合作的或同步的联合作用，集体行为，系统整体性、相关性的内在表现。

2. 协同理论的主要特征

协同理论具有如下特征。[①]

（1）目标性。协同是以实现系统总体演进为目标的，没有这个目标就无须各个子系统或各部门之间的相互合作、相互支持和相互促进，系统也就失去了方向性。

（2）联系性。如果没有系统内部各子系统或各个部门之间的相互联系，系统就无法组织协同，无法使各种子系统或各个部门构成一体，也就没有必要组织它们相互合作、相互配合。

（3）网络性。协同是以系统外部环境与内部各子系统或各个部门为基础的，只要全面掌握、详细划分系统总体中的事物或现象，并形成多层次、多角度、全方位的立体网络体系，才能有效地组织系统协同工作。

（4）动态性。系统协同是动态的，而不是静止不变的。

（5）协同与竞争的共生性。竞争不能离开协同而存在，协同和竞争是相互连接、相互依赖的。

3. 协同理论的基本原理

（1）不稳定性原理

不稳定性是相对于稳定性而言的。协同学认为任何一种新结构的形成都意味着原先状态不再能够维持，系统变成不稳定的。即某一系统当控制参数达到临界值时，系统旧的状态失去稳定性，新的稳定状态出现。这样，不稳定性在结构有序演化中具有积极的建设性作用，不稳定性充当了

[①] 任红丹：《协同视角下的我国企业知识产权管理研究》，黑龙江大学硕士学位论文，2013年。

系统新旧结构交替的媒介。这就是协同学的不稳定性原理的基本含义，而这种系统的不稳定性不止发生一次，随着系统的发展，外界环境的变化，系统会再次出现不稳定状态，而新的稳定状态会再次形成，这也说明了系统是开放的、动态的，不断与外界交流的（见图9）。

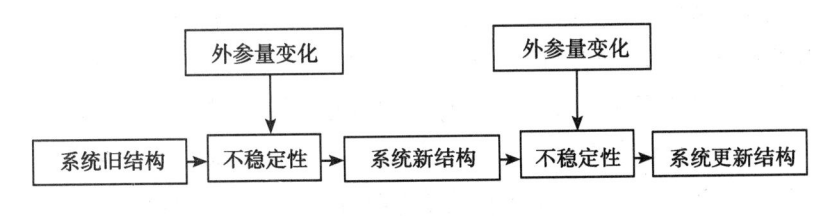

图9　协同理论的不稳定性原理

资料来源：刘介明：《供应链企业知识产权协同管理研究》，《武汉理工大学学报》2009年第4期。

（2）序参量原理

哈肯为序参量下的定义为：（开放的系统中）单个组元就像由一只无形之手促成的那样自行安排起来，但相反，正是这些单个组元通过它的协作才创造出了这只无形之手，我们称这只将一切事物有条不紊地组织起来的无形之手为序参量。也就是说，不论什么系统，如果某个参量在系统演化过程中从无到有地产生和变化，系统处于无序状态时它的取值为0，系统出现有序结构时它取非0值。即序参量具有指示或显示有序结构形成的作用，它是系统内部自组织地产生出来的，一旦产生又会成为系统内部的他组织者，支配其他组分、子系统、模式。①

序参量具有以下几个特征：第一，序参量是一个宏观参量，它能描述系统的整体行为；第二，序参量是由系统中各子系统、各因素协同运动产生的；第三，序参量支配着子系统的行为，决定整个系统的演化过程。

（3）伺服原理

协同学认为，在临界点系统内部的各子系统或诸参量中，存在两种变量，即快变量和慢变量。所谓伺服原理，即快变量服从慢变量，序参量支配子系统行为。其实质在于规定了临界点上系统的简化原则——"快速衰减组态被迫跟随于缓慢增长的组态"，即系统在接近不稳定点或临界点时，系统的动力学和突现结构通常由少数几个集体变量即序参量决定，而

---

① ［德］H. 哈肯：《高等协同学》，郭治安译，科学出版社1989年版。

系统其他变量的行为则由这些序参量支配或规定。① 慢变量和快变量各自都不能独立存在，慢变量使系统脱离旧结构，趋向新结构；而快变量又使系统在新结构上稳定下来。

（4）自组织原理。

自组织是相对于他组织而言的，在协同理论中，自组织原理旨在分析整体和部分的关系。它将整体分为没有组织的整体和有组织的整体，在有组织的整体中各部分之间存在着密切的互动关系，而无组织的整体和各部分之间几乎没有相互作用。通常把有组织的整体看作由一些相互联系的子系统组成，系统会通过大量子系统之间的协同作用而形成新的时间、空间或功能有序结构。

4. 协同理论的意义

协同学有如下的理论意义。②

（1）协同学完全从相对的意义上重新定义宏观和微观的概念，宏观是指一个系统，微观乃指构成系统的大量子系统，这种微观子系统可以是一个工厂、一个人，也可以是动物、植物，乃至分子、原子，完全以选择系统的性质而定。这样，就使宏观和微观这对哲学范畴具有了更加普遍的意义。

（2）协同学提出的协同、有序度和序参量、慢变量和快变量等概念，对有序和无序矛盾转化的分析，以及采用的类比研究方法，不仅具有重要的哲学意义，而且对自然科学和社会科学都有指导作用。

（3）不同学科（物理学、化学、生物学、社会学、经济学等）都在不同的角度研究协同现象，研究从混沌中产生有序现象的机制和规律。协同学则抓住了不同系统中存在的共性，用共同的数学模型去研究各个学科的不同现象，寻求普遍原理。因此，协同学成了连接不同学科的桥梁和纽带，具有明显的方法论意义。

1981年，哈肯在《二十世纪八十年代的物理思想》一文中揭示出，一切开放系统，无论是微观系统、宏观系统还是宇观系统，也无论是自然系统还是社会系统，都可以在一定的条件下呈现出非平衡的有序结构，都

---

① 白列湖：《协同论与管理协同理论》，《甘肃社会科学》2007年第5期。
② 《协同学：自然成功的奥秘》，http://zhidao.baidu.com/share/589b11507bdbdfca554042f5a771ad79.html。

可应用协同学①。如今,协同学正广泛应用于各种不同系统的自组织现象的分析、建模乃至预测和决策过程中。协同学在经济领域的许多应用,如摊贩自发地聚集在一起形成集市;一些城市利用协同作用在自发的基础上,促成美食街、文化街、五金街和服饰街等特色商业街。它们以集体规模效应吸引顾客,尽管竞争激烈,却生意兴隆,经济效益明显。更高层次的区域产业集群,尤以说明其科学性。不言而喻,社会协同学就是在社会分工的基础上,为促进如何通过社会协同,实现社会系统跃迁,将无序变为有序,这一宏伟事业而研究其核心机制的一门学问。②

二 区域经济的协同发展

1. 区域的经济协同发展的含义

现代汉语词典对"协同"的解释是,各方互相配合或甲方协助乙方做某件事,区域经济协同发展则是指区域内各地域单元(子区域)和经济组分之间协和共生,自成一体,形成高效和高度有序化的整合,实现区域内各地域单元和经济组分的"一体化"运作与共同发展的区域(或区域合作组织)经济发展方式。协同发展的区域体系有着统一的联合与合作发展目标和统一的规划,区域之间有着高度的协调性和整合度,共同形成统一的区域市场,商品及生产要素可以自由流动与优化组合,具有严谨和高效的组织协调和运作机制,内部各区域之间是平等和相互开放的,同时也向外部开放。从而使协同发展的区域体系形成一个协调统一的系统,既有利于内部子系统的发展,也有利于外部系统(如全国性经济系统或全球经济系统)的对接和互动(黎鹏,2003)。

区域经济的协同发展,强调区域间的开放性、商品和要素的流动性及区域间的合理分工与协作。通过协同发展,区域关系将更加紧密有序,这主要表现在如下方面。

首先,区域经济的协同发展能促使各区域子系统更加合理的承担其在整个区域系统中的分工和职能,使各区域子系统之间根据自身情况发展不同的经济和产业体系,避免区域经济和产业的"同构化"现象,促进区

---

① [德] H. 哈肯:《二十世纪八十年代的物理思想》,《自然杂志》1984年第7卷第8期。
② 冯伫光:《公共选择下的山区农村经济协同发展问题研究》,西南大学博士学位论文,2012年。

域经济结构的优化。

其次,区域间的开放性及商品和要素的流动性有利于形成以市场导向为主的区域经济体系,使区域间各要素能够自主地进行流动和优化配置,提高区域经济的发展速度。

再次,区域经济的协同发展强调区域间的合作,这有利于整合区域间的资源和要素、加强区域间的产业和企业合作交流、构建跨区域规模的企业集团、企业联盟,促进区域间经济的协调发展。

最后,区域间的协同发展有利于缩小区域经济发展的差距,区域经济协同发展,实质上也就是各区域以相互关联、相互依存和有序整合的方式"整体行进",这种"整体行进"是一种集"整体"之力、优势互补与互相促进的发展。在这种"整体行进"过程当中,落后地区的潜力和发展空间大,又能共享或利用发达地区的人才、资金、技术、管理与市场开拓能力等有利条件或要素,使其发展速度大大加快,并必将朝着逐渐接近、赶上乃至超过发达区域发展速度的轨道前进,从而逐步缩小与发达区域的经济发展差距。[①] 通过同向促进、共同进步、优势互补与整合,区域间经济实现整体大于部分之和,从而实现区域间的互利共赢。

2. 区域经济协同发展的条件

依据系统科学理论,系统出现协同现象的基本条件是:首先,系统是开放性的,即系统与外界存在着物质、能量和信息等的交换。其次,系统处于非平衡的状态。如果系统处于一种平衡状态,则系统内部不会发生宏观的迁移。开放系统若处于非平衡状态下,则系统会借助外部环境提供的能量与物质作用于内部系统,实现系统结构从无序到有序,从低层次向高层次的转变。

区域经济系统的协同发展,需要满足以下三个方面。

首先,区域内部与区域外部存在广泛的经济联系,是一个开放型的经济系统。这是实现区域经济系统协同发展的基础。开放型的经济表现在区域经济系统与区外部存在着经济上的以市场要素、商品及服务等形式的交换与流动。通着这些交换与流动,区域经济系统实现了资源的优化配置,提高了经济发展效率。在开放型的区域经济系统受到外部经济要素的

---

① 彭荣胜:《区域经济协调发展的内涵、机制与评价研究》,河南大学博士学位论文,2007年。

交换与流动影响的同时，它不但会对区域内部经济要素之间的关联运动产生积极的影响，促使区域间各经济要素向更好的方向整合、发展，从而加强该区域经济系统的优势，也会通过经济要素的输出影响其他区域经济系统的发展，从而达到协同的目的。

其次，区域内各个经济要素存在的差异和不平衡。区域经济系统各个经济要素的差异性和不平衡性，是实现区域经济系统协同发展的有力支撑。区域经济系统要素间的差异和不平衡，为各个经济要素之间相互作用提供了多种可能，丰富了经济要素之间联系的内容和形式，为区域经济系统的协同发展奠定了基础。在区域经济系统中，由于受到历史、自然资源、环境、政治等因素的影响，经济要素的种类及其发展水平是不相同的。正是这种经济要素间的差异性和不平衡性丰富了经济要素间的内容和形式，为经济要素间的协同创造了有力支撑。

最后，区域内各经济要素间的联系不存在不可克服的障碍。区域经济系统各个经济要素联系的无障碍性，是实现区域经济系统协同发展的重要条件。区域经济系统各个经济要素之间的联系是客观的，但是，由于经济活动离不开人的参与，这就使区域经济系统各个经济要素之间的联系可能会受到人为因素的影响。有时，人为因素可能成为区域经济系统各个经济要素之间联系的障碍。强调区域经济系统各个经济要素之间联系的无障碍性，并不是说要完全排除人为因素对区域经济系统的影响，而是要把人为因素放在符合区域经济发展的客观规律作用之下[1]。为了实现区域经济系统经济要素间的无障碍联系，就必须充分尊重经济要素及其相互作用的客观规律，在计划、制定政策和宏观调控时注意以市场为导向，为实现区域经济系统的协同发展创造良好的条件。

3. 区域经济协同发展的主要特征

从区域经济系统协同发展的目的来说，区域经济协同的协同发展是一个从初级协同到高级协同，从低级结构状态向高级结构状态发展的过程。在这一过程中，区域经济系统呈现出资源耦合、区域开放、目标一致和结构匹配等一系列主要特征。

（1）区域经济发展的资源共轭

区域经济资源共轭是区域经济系统协同发展的一个重要特征。这一特

---

[1] ［德］H. 哈肯：《高等协同学》，郭治安译，科学出版社1989年版，第257页。

征表现的是区域经济系统通过经济资源的共轭效应,把优势资源转化为优势产业,推进区域经济系统实现初级协同,并向高级协同转化。充分利用区域内现有各种优势资源条件,进行资源共轭,使各种经济资源之间保持相互依赖的状态,并将区域内的资源优势转化为产业优势;进而,在开放的条件下,以区域经济发展目标为核心,以区域优势产业为主导,引导其他经济要素围绕优势产业进行协作发展,产生协同效应,使区域经济发展获得了比所有经济资源综合叠加还要大得多的倍增的协同力量,共同推进整个区域经济的发展(见图10)。①

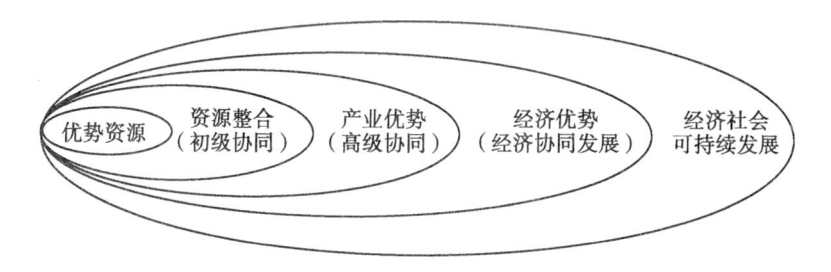

图10 区域经济资源共轭示意

(2) 区域经济发展的环境共享

区域发展环境共享是区域经济系统协同发展的又一个显著特征。在区域经济这一开放型经济系统中,系统要素与外部环境存在着物质、信息、资源的交换与交流,通过这种交换和交流,区域经济系统获得新的信息与资源,从而影响系统的发展。同时,系统也会对其他区域经济系统提供物质、信息、资源等,给区域间的经济发展创造一个资源、信息共享的共同发展环境,最终使得整个区域经济系统趋向经济的协调发展。虽然外部环境条件不是区域经济系统发展的决定因素,但它却能激发各个经济要素协同起来共同发展。

(3) 区域经济发展的目标相对一致

区域经济发展目标一致也是区域经济系统协同发展的一个重要特征。区域经济发展目标的确立,是区域经济系统各种经济利益关系的反映。目标一致的主要表征是:其一,通过调整区域经济系统中的各种利益关系,使各个经济要素各自的发展目标相对统一,使经济要素的发展目标与系

---

① 王力年:《区域经济系统协同发展理论研究》,东北师范大学博士学位论文,2012年。

的发展目标相对一致；在利益不一致时，寻找阶段性的利益相对一致性目标。其二，在经济利益一致的基础上，推进区域经济系统各个经济要素之间、经济要素与系统之间，形成发展目标上的协同。① 在区域经济系统中，各产业的构成及各产业相互之间的联系和比例关系不尽相同，其对经济发展的贡献也各不相同。产业结构不合理则明显地对经济增长具有抑制作用②。

4. 我国区域经济协同发展存在的问题

在我国区域经济协同发展的探索道路中，目前还存在如下一些问题。

（1）政府方面

首先，政府出于经济协调发展的目的制定的财政倾斜政策不利于一些地区经济观念的思想转变。长期以来，一些贫困落后地区缺乏主动进取意识，依赖思想严重，认为外部支持和国家援助是天经地义和理所当然的，而不重视对当地优势资源的积极开发以及利用，从而并不利于这些地区向着市场经济体制思想的彻底转变（上海财经大学区域经济研究中心，2003）。其次，政府政策导向和发展规划不够细致深入，导致了产业结构的"同构化"，据统计，我国中部地区与东部地区工业结构的相似率高达93.15%，中部与西部地区工业结构相似率高达97.19%（马广琳、刘俊昌，2005）。最后，目前我国的区域经济协同制度建设以及政策落实方面还有待深入加强。制度是实现经济增长的重要保障，在我国的区域经济协同发展过程中，许多开展协同发展的领域并没有形成完整的制度体系来指导、规范经济的合作与交流。

（2）地方方面

由于地方政府出于税收、发展等方面的考虑，以及片面追求本地区产业结构的完整性和独立性，采取了一些手段对区域内市场过度保护、对外商品的封锁，造成了市场的地方性价格，在减少了社会福利、产生产业"同构化"现象的同时也导致了全国范围的市场失衡，不利于加强区域间、国家间的经济与产业的联合与合作。以我国各省支柱产业建设的雷同化为例，有资料以各省制定的"九五"规划和"2010年远景目标规划"

---

① 王力年：《区域经济系统协同发展理论研究》，东北师范大学博士学位论文，2012年。
② 干春晖、郑若谷、余典范：《中国产业结构变迁对经济增长和波动的影响》，《经济研究》2011年第5期。

作出分析，据统计，把汽车产业列为支柱产业的地区有22个，把电子工业列为支柱产业的地区有24个，把机械、化工工业列为支柱产业的地区有16个，把冶金工业列为支柱产业的地区有10个[①]，各地区存在较为严重的产业"同构化"现象。

（3）思想意识方面

不同地域、不同发展水平的地区之间文化与观念的差异是客观存在的。这种差异将直接影响不同地区之间的沟通与合作，给区际协同发展带来障碍。宏观领域主要体现在传统观念、价值观、宗教信仰、民族团体优越感、创新或变革精神等方面，微观领域主要体现在经营理念企业文化、管理模式等的差异（张绪胜、朱文兴，2001）。帕斯卡尔和阿索斯将企业文化看成一个以最高价值观为核心的，由最高价值观或核心价值观、战略、结构、制度、技能、人员、作风七个因素构成的生态体系。不同地区的不同企业中这七个因素具体内涵的构成、侧重点等诸多方面是明显不同的，企业的经营理念也会明显不同。这些文化或理念的差异是在长期中形成的，是企业制度机制、组织和心理冲突的集中表现，也是难以轻易改变的，它们会给不同地区的不同企业之间的沟通与合作带来明显的障碍。[②]

5. 区域经济协同发展的措施建议

（1）设立跨区域组织协调机构

通畅的联系机制是实现区域经济协同发展的基础。目前在我国，还没有跨区域间的政府协调组织机构负责区域间经济合作的研究规划、政策导向、沟通联系、法律咨询以及指导实施等工作。因此区域经济协同发展容易停留在表面，很难落到实处。因此，国家可以设立一个跨区域组织协调机构专职负责区域间经济合作工作，实际推动和引导区域间经济的全方位、多层次和有效益的全面展开。

（2）建立跨行政区的点轴开发与增长的网络体系

增长极是具有推动性的主导产业和创新行业及其关联产业在地理空间上集聚而形成的经济中心，区域中的中心城市就是增长极。增长极通过支配效应、乘数效应、极化与扩散效应，影响和改变区域空间结构。J.R.

---

① 资料来源：有关我国产业结构趋同的数据，http://wenda.tianya.cn/question/548d77c1801bd69e。

② 刘海明：《福建省区域经济协同发展机制构建研究》，福建农林大学硕士学位论文，2011年。

弗里德曼的中心外围理论也指出：中心与外围地区界线会随着经济发展的高水平而逐渐消失，并最终达到区域空间一体化。基于以上理论认识，大力发展区域中心城市并将其培育成为增长极，甚至培育、发展跨行政区域大城市群，这是实现跨行政区域经济协同发展的有效途径之一。[①]

我们可以通过灵活地运用点轴开发模式和增长极模式，通过重视"点"（中心城镇或经济发展条件较好的区域）的增长极作用的同时，还强调"点"与"点"之间的"轴"即交通干线的作用，从而形成一个"点""轴"交织的网络体系。通过交通要道沿线的发展，一方面可以扩大区域经济合作的范围；另一方面可以冲破区域行政界线的限制，降低跨地区商品及资本、技术、信息、人才等资源和要素流通的成本和门槛，实现跨区域的优势互补和各类资源的优化配置。

（3）构建行业与企业的自组织协调机制

通过构建行业、企业间的自组织协调机构，有利于积极引导国内产业的协调发展、加强企业间的合作与交流、规范和约束行业的自我行为，引导企业的良性发展。我们可以通过建立行业协会、产业联盟、跨区域大型企业集团等方式，增进区域间的合作交流及资源配置的优化。

三 区域知识产权战略协同

1. 区域知识产权战略实施协同的特点

区域知识产权战略实施系统具有开放性、复杂性、多系统等的特点，这为将协同学原理应用于区域知识产权战略实施体系提供了理论基础。区域知识产权战略实施协同是指战略实施主体利用组织内外部资源，通过运用科学的协同管理思想和手段，实现不同层面、不同环节和不同部门之间协同合作，以达到战略实施最优推进效果的过程。区域知识产权战略实施协同有如下几个特点。[②]

（1）复杂性

区域知识产权战略实施体系的一个重要特征就是在战略实施系统的各主体间存在联系紧密的、复杂多元的网络关系。区域知识产权战略实施的

---

① 徐丽：《我国区域经济协同发展的策略思考》，新疆师范大学硕士学位论文，2006年。
② 金明浩：《区域知识产权战略实施协同机制体系构建及其实现路径》，《南京理工大学学报》2013年第2期。

各子系统间的运行也存在自组织、自适应过程，子系统的独立运动以及它们之间可能产生的局部耦合，加上外部环境因素，都会反映出"涨落"的特点。区域知识产权战略实施协同问题不仅存在于部门之间、上下级之间，还存在于协作群体之间，协同关系既有集中式协同关系，也有平等自主式协同关系。这都使得区域知识产权战略实施过程充满着复杂性，需要建立合理的协同运行机制。

（2）耦合性

根据区域经济的理论，社会网络化的程度越高，网络连接越紧密，创新能力越强，战略实施系统耦合状态就越复杂。耦合作为物理学的概念，通常是指两个（或两个以上的）体系或运动形式通过各种相互作用而彼此影响的现象。区域知识产权战略实施过程中，各资源要素和组织要素之间彼此存在着利益关联关系和匹配关系，它们相互作用，影响着区域知识产权战略实施的协同进程和最终效果。协同运作的目的在于完成区域知识产权战略实施设定的任务，弥补协同主体自身资源及创新能力的不足，减少协同主体独立运行引发的高成本、高风险等。

（3）协同竞争性

区域知识产权战略实施是以区域内关联组织、机构为协同主体，以地理靠近为特征，以设施配套、机构完善为支撑条件，以文化融合为连接纽带的地区性协作网络，在此基础上连接外部主体协同创新，共同完成协同目标。区域知识产权战略实施的有关政策通常会在一个区域内不同地区具有很快的传导效应，参与协同运作的每个协同主体都要接受区域知识产权政策的管制。跨行政区划的区域知识产权战略实施协同运作在强调合作的同时，必然存在一定程度的竞争。在竞争中融合协同，在协同中渗透竞争，这是战略实施协同运作的显著特征。

2. 区域知识产权战略实施协同的范围

根据协同学的基本原理，区域知识产权战略实施的协同范围主要体现在两个主体、三个层面上。

两个主体是指政府主体和市场主体。政府是区域知识产权战略的制定者和实施推动者，在区域知识产权战略的实施中起着主导作用，而区域中的市场主体作为知识产权的创造者、应用者，在区域知识产权战略的实施过程中也同样起着重要的作用。

三个层面是指宏观层面、中观层面和微观层面。第一个层面是宏观制度层。这一层面主要是指区域知识产权战略与国家战略、其他区域发展政策间协同。首先是国家和地方的知识产权政策与法律协同环境,其次是区域知识产权战略和区域科技政策、产业政策、贸易政策和区域发展政策等之间的政策协同。第二个层面是中观组织层。这一层面主要是区域知识产权战略实施的各参与主体之间的组织协同。区域知识产权战略的实施应当从政府层面设立专门的组织协调机构,统筹战略实施的各项事务,不过还应当考虑知识产权实施社会中间层的协同功能。第三个层面是微观项目层。这一层面主要是区域知识产权实施各方面内容的协同。这一层面的协同主要是通过建立企业知识产权创造、管理、保护和利用等方面的公共信息服务平台和知识产权工作协同平台,以求信息互通、资源共享、人才互用。这也是区域知识产权战略实施的基础性工作。①

3. 中国区域知识产权战略实施协同存在的问题

为了加强区域的知识产权战略工作,中国先后发布了《关于加强知识产权工作,实施知识产权战略,促进长江三角洲地区改革开放和经济社会发展的若干意见》《关于加强地方知识产权战略实施工作的若干意见》等文件,并在 2012 年发布的《全国地方知识产权战略实施工作要点》中明确提出"强化实施体系建设,确保战略协同推进全国各地积极探索构建适合区域发展实际需要的知识产权战略实施机制"。截至 2012 年,全国已经有 28 个省、自治区、直辖市和新疆生产建设兵团设立了各种类型的知识产权战略制定或实施领导机构,其中 27 个机构由省、自治区、直辖市领导直接牵头,有力加强了知识产权战略实施的组织领导和协调力度;有 28 个省、自治区、直辖市和新疆生产建设兵团已经制定出台了实施知识产权战略的纲领性文件;有 159 个地级市(区)制定了知识产权战略纲要或实施意见。②

目前来看,中国区域知识产权战略协作主要特点是:以签订契约性协议为主、从专利执法协作到全面的知识产权合作、由单一政府主导扩展为市场主体参与并从增强区域竞争力转向区域经济的协调发展。

但在这一工作中,还存在如下问题:首先,合作机构的协同力还有待

---

① 金明浩:《区域知识产权战略实施协同机制体系构建及其实现路径》,《南京理工大学学报》2013 年第 2 期。

② 数据来源:知识产权局网站。

提升，由于我国知识产权行政管理部门尚未统一，导致知识产权协同的协调和组织工作相对困难。合作协议尚且笼统。其次，合作协议的内容有待完善。据了解，目前区域的知识产权合作协议一般只规定合作的目的、基本方式和内容，具体的合作项目的达成还需要在协议签订后由各签约方进一步沟通和确定。合作协议还缺乏明晰的权利义务拘束力、权威性和可操作性，履行通常只能由各签约方（通常是知识产权局）自觉履行，相关权利人不能主动要求相应的机构履行。[1] 最后，协作方式有待扩充。目前，中国的区域知识产权合作主要是通过联席会议、调研以及跨区联合执法，并没有实质性、创新性的合作方式，也没有发挥出市场的导向作用。

4. 中国区域知识产权战略实施协同的现实路径

（1）建立区域知识产权战略实施协同体系

为了提升区域自主创新能力、推动区域经济的发展和产业结构的转变，必须结合区域的经济发展水平、区位特点、产业结构以及知识产权运用能力等方面的因素，制定和实施特色各异的知识产权战略协同机制。区域知识产权战略实施协同可根据区位条件、创新能力、区域经济发展水平的高低分为高度协同、中度协同以及低度协同。区域的协同程度越高，说明该区域内的经济发展水平、创新能力等条件越好，发展经济的基础也就越好，因此在制定和实施区域知识产权战略协同机制时，可因区域制宜地调整政策导向、法律法规、激励机制等内容。

（2）建设区域知识产权战略实施协同网络

区域间的知识产权合作是考量区域协同的一个重要元素，因此合作项目在一定程度上可以反映出区域知识产权战略协同的水平。政府应通过各种方式鼓励企业在市场导向下通过各种手段，如知识产权管理部门牵头、产业联盟、产业集会、产学研讨论会、企业考察与合作等形式构建一个区域知识产权战略的协同网络，增强区域间、企业间市场主体的交流与合作；增强信息的交流与共享。

（3）完善区域知识产权战略协同的服务体系

目前，中国的区域知识产权战略协同主要是由政府主导并以签订契约性协议为主、以专利执法协作为辅。要完善区域知识产权战略协同体系，

---

[1] 金明浩：《区域知识产权战略实施协同机制体系构建及其实现路径》，《南京理工大学学报》2013年第2期。

就必须改变这一单一模式,强化市场主体在经济发展中的作用,调动各市场主体的参与积极性。从这一方面来说,制定区域知识产权协同服务体系的服务目标、服务范围、服务方式,加强宣传、加强中介代理机构的作用、强调知识产权部门的沟通协调作用,对企业、产业联盟给予更多的导向等,完善区域间知识产权部门的协作与沟通,制定良性的知识产权服务体系以更好地推动区域知识产权战略协同服务体系的建设与完善,同时,通过推进"专利池"的建设与应用,以最直接、最有效的方式加快知识产权主体间的信息交流与经济合作。

(4) 完善协同治理的工作联动机制

在我国,政府部门是规划、制定和实施各种政策的主导部门,但正是由于这一原因,往往在政策的制定过程中偏离了实际、忽略了市场主体的客观需要。因此在制定区域知识产权战略实施协同体系的过程中,应重视企业、产业的需求并发挥出它们在政策制定中的作用,在提高政策制定效率的同时使政策更适合区域经济发展的需求。

(5) 推动企业的自主创新能力

企业的自主创新能力是提高区域核心竞争能力的一项重要手段,在构建区域知识产权战略协同体系的同时,一定要通过对企业自主创新能力的培养和提高增加企业的合作竞争优势,通过产业联盟、战略联盟、产学研结合等方式推动企业自主创新,为构建区域的知识产权战略协同创造良好的基础。

参考文献

白列湖：《协同论与管理协同理论》，《甘肃社会科学》2007年第5期。

包海波：《韩国的知识产权战略、管理及启示》，《杭州师范学院学报》2004年第3期。

包海波：《试析美国版权战略与版权业发展的互动》，《科技与经济》2004年第6期。

曹建明、贺晓勇：《WTO第二版》，法律出版社2004年版。

陈昌柏：《知识产权管理》，知识产权出版社2006年第1版。

陈栋生：《我国工业地区布局战略问题》，《南昌大学学报》（人文社会科学版）1986年第3期。

陈娜娜：《马克思经济增长理论研究》，西安理工大学硕士学位论文，2007年。

陈秀山、张可云：《区域经济理论》，商务印书馆2003年第1版。

陈宇山：《从海外比较研究看广东知识产权发展与战略》，《现代情报》2007年第1期。

陈至立：《加强自主创新促进可持续发展》，《中国软科学》2005年第9期。

道格拉斯·诺斯：《经济史中的结构与变迁》，上海人民出版社1991年版。

邓翠薇、陈家宏：《企业知识产权人才实证研究——以四川省知识产权示范企业为例》，《企业经济》2013年第7期。

邓聿文：《中国经济时报：中国不应被非关税壁垒难倒——访非关税壁垒研究专家赵春明》，http://www.people.com.cn/GB/jinji/36/20020718/778821.html。

东灵通：《发明专利之实用新型和外观设计》，http：//blog.sina.com.cn/s/blog_ 6140ad5a90100hosm.html。

董颖：《数字空间的反共用问题》，《电子知识产权》2001年第12期。

杜立聪：《区域经济发展中的知识产权保护研究——以山东半岛蓝色经济区为例》，《特区经济》2012年第5期。

范德成、贾爱梅：《我国企业知识产权管理中存在的问题及其对策分析》，《商业研究》2004年第5期。

范鹏飞、林桂珠：《我国经济区域布局的重构》，新华网，2013年4月。

范在峰：《企业技术创新与知识产权法律》，人民法院出版社2004年版。

方堃、张鸣、谢德琼：《专利标准化的探讨》，《口腔护理用品工业》2011年第4期。

冯佺光：《公共选择下的山区农村经济协同发展问题研究》，西南大学博士学位论文，2012年。

冯晓青：《激励论——专利制度正当性的探讨》，《重庆工商大学学报》（社会科学版）2003年第1期。

冯晓青：《美、日、韩知识产权战略之探讨》，《黑龙江社会科学》2007年第6期。

冯晓青：《全球化与知识产权保护》，中国政法大学出版社2008年版。

冯晓青：《我国企业知识产权战略现状与对策研究》，《中国政法大学学报》2013年第4期。

冯晓青：《知识产权法利益平衡理论》，中国政法大学出版社2006年版。

冯晓青：《专利权的扩张及其缘由探析》，《湖南大学学报》（社会科学版）2006年第5期。

冯晓青、邵冲：《我国知识产权行政管理现状及其市场规制功能完善研究——以知识产权行政管理机构设置为视角》，冯晓青知识产权网，2012年。

付长江：《基于科技发展的我国知识产权战略研究》，吉林大学硕士学位论文，2009年。

傅家骥：《技术创新学》，清华大学出版社2006年版。

干春晖、郑若谷、余典范：《中国产业结构变迁对经济增长和波动的影响》，《经济研究》2011年第5期。

高洪深编著：《区域经济学》，中国人民大学出版社2006年版。

高燕云：《企业在专利竞争中的进攻与防御战略》，《经济管理》1996年第4期。

葛莉、王先锋：《陕西高校知识产权管理存在问题浅析》，《渭南师范学院学报》2013年第5期。

葛天慧：《日本"知识产权立国"战略及启示》，《前线》2009年第7期。

贡朋燕：《中国经济发展与知识产权：理论与实证》，西南财经大学硕士学位论文，2013年。

谷国锋：《区域经济发展的动力系统研究》，东北师范大学博士学位论文，2005年。

顾朝林：《城市经济区理论与应用》，吉林科学出版社1991年版。

顾晓燕：《论知识产权创造对区域经济增长的影响——基于省际数据的检验》，《南京社会科学》2011年第12期。

国际开发协会主编：《世界银行2000》。

国家标准化管理委员会编著：《国际标准化教程："知识产权和标准"》，中国标准出版社2004年11月。

国家知识产权局副局长甘绍宁在2013年我国发明专利授权及有关情况新闻发布会上的讲话，中华人民共和国国家知识产权局门户网站。

《韩国的知识产权战略、管理及启示》，《国务院发展研究中心调查研究报告》2007年第45期。

韩国知识产权局，http://www.kipo.go.kr。

黄本笑主编：《科技进步与区域发展》，武汉大学出版社2002年版。

黄红建：《江苏省区域经济协调发展的知识产权对策研究》，南京理工大学硕士学位论文，2010年。

黄寰：《自主创新与区域产业结构优化升级》，中国经济出版社2006年版。

黄平：《美国的力量变化：十年来的一些轨迹》，《中国党政干部论坛》2012年第4期。

季风：《论日本科学技术创造立国》，东北财经大学硕士学位论文，2005年。

姜海洋：《企业知识产权战略初探》，《科学管理研究》2011年第3期。

蒋坡主编：《知识产权管理》，知识产权出版社2007年版。

金林素：《工业化进程中技术学习的动力》，《国际社会科学杂志》（中文版）2002年第2期。

金明浩：《区域知识产权战略实施协同机制体系构建及其实现路径》，《南京理工大学学报》2013年第2期。

《经济增长理论概述》，http://ternjack.blog.163.com/blog/static/496558062008111805457661/。

靖敏：《呼伦贝尔市限制开发区发展研究》，中央民族大学硕士学位论文，2010年。

莱宾斯坦：《经济落后与经济增长》，1957年，转引自车维汉主编《经济发展学》，清华大学出版社2006年版。

李广强、甘路：《标准化和知识产权初探》，《军民两用技术与产品》2007年第7期。

李建昌：《贯彻落实〈国家知识产权战略纲要〉大力推进商标战略试试和加快〈商标法〉第三次修改进程》，《知识产权》2010年第115期。

李立、邢光、张占贞等：《企业专利管理状况调查及特征分析——以青岛284家重点企业为例》，《经济理论与经济管理》2009年第4期。

李明德：《美国的竞争禁止协议与商业秘密保护及其启示》，《知识产权》2011年第3期。

李明德：《美国商业秘密法研究》，http://www.chinaiprlaw.cn/file/200410043296.html。

李善同、侯永志：《中国大陆：划分八大社会经济区域》，《经济前沿》2003年第7期。

李天德等：《欧盟区域政策及其效应研究》，四川大学出版社2003年版。

李小建：《经济地理学》，高等教育出版社2006年第二版。

李忠民、张子珍：《全球经济失衡下的中国经济区域重构》，《山西财经大学学报》2007年第5期。

厉宁：《知识经济时代国家专利发展战略研究》，国家行政学院出版社2002年版。

梁晨：《陕西省高校知识产权的管理现状及对高校技术创新的影响》，《科技资讯》2011年第35期。

林小爱、林小丽：《欧洲创新计分榜的新进展——对构建我国国家知识产权战略实施绩效评估指标的启示》，《研究与发展管理》2009年第5期。

刘春霖：《论工业产权与著作权的重叠》，http：//www.doc88.com/p-3107555873544.html。

刘海明：《福建省区域经济协同发展机制构建研究》，福建农林大学硕士学位论文，2011年。

刘介明：《供应链企业知识产权协同管理研究》，武汉理工大学博士学位论文，2009年。

刘露：《我国知识产权的未来发展态势及发展路径研究》，《科技进步与对策》2011年第4期。

刘满强：《技术进步系统》，社会科学文献出版社1994年版。

刘茂林：《知识产权法的经济分析》，法律出版社1997年版。

刘尚华：《现代企业知识产权战略之二——商标战略》，www.56kg.com/public/post/355.html。

刘尚华：《现代企业知识产权战略之四——商业秘密保护战略》，上海尚华知识产权有限公司网站，2006年。

刘晓慧：《中国区域发展战略的演变与趋势》，《新西部》2010年第14期。

刘勇、周宏：《知识产权保护和经济增长：机遇省际面板数据的研究》，《财经问题研究》2008年第6期。

刘再兴：《综合经济区划的若干问题》，《经济理论与经济管理》1985年第6期。

刘忠颖：《中国经济区域划分——基于各省（自治区、直辖市）人均GDP曲线的划分》，东北师范大学硕士学位论文，2007年。

龙文愁：《知识产权法哲学初论》，人民出版社2003年版。

马海群、文丽、周丽霞等编著：《现代知识产权管理》，科学出版社

2009年版。

马克：《力撼标准》，《南方周末》2001年第6期。

马庆林：《中国经济区域划分与区域经济协调发展问题研究》，《南方金融》2009年第7期。

马一德：《创新驱动发展与知识产权战略实施》，《中国法学》2013年第4期。

《美国专利法改革最新动向》，http：//www.sipo.gov.cn/dtxx/gw/2011/201109/t20110905_619144.html。

萌芽、曾长虹：《简析我国地方政府促进中小企业技术创新的政策》，《工业技术经济》2007年第5期。

米嘉琪：《区域创新对区域发展关系研究——以中部六省为例》，华中师范大学硕士学位论文，2014年。

彭荣胜：《区域经济协调发展的内涵、机制与评价研究》，河南大学博士学位论文，2007年。

任红丹：《协同视角下的我国企业知识产权管理研究》，黑龙江大学硕士学位论文，2013年。

《日本的知识产权战略与管理》，http：//www.3edu.net/lw/czlw/lw_41390.html。

桑德斯：《标准化的目的与原理》，科学技术文献出版社1974年版。

上海科学技术情报研究所ISTIS。

《试析知识产权战略化研究》，http：//www.doc88.com/p-2995578258247.html。

斯密：《国民财富的性质和原因的研究》上卷，商务印书馆1983年版。

宋雪莲：《标准化不足——中国外贸每年损失超万亿》，《中国经济周刊》2010年第48期。

孙丹峰、季幼章：《国际电工委员会（IEC）简介》，《电源世界》2013年第9期。

孙红玲、刘长庚：《论中国经济区的横向划分》，《中国工业经济》2005年第10期。

孙丽文、李国卿：《区域创新能力与区域经济发展》，《经济研究参考》2005年第52期。

孙亮：《知识产权战略推动技术创新》，《科技创新导报》2014年第27期。

谭崇台：《发展经济学的新发展》，武汉大学出版社1999年版。

谭力文：《国际企业管理》，武汉大学出版社2002年版。

谭晓、丛玲，《浅析我国实施知识产权战略的必要性》，《情报杂志》2009年第2期。

唐恒、付丽颖、冯楚建：《高新技术企业知识产权管理与绩效分析》，《中国科技论坛》2011年第5期。

万鄂湘：《国际知识产权法》，湖北人民出版社2001年版。

王传丽：《国际贸易法——国际知识产权法》，中国政法大学出版社2003年版。

王德生：《美国知识产权保护制度及监管》，http：//www.istis.sh.cn/list/list.aspx？id=7478。

王记恒：《技术标准中专利信息不披露行为的反垄断法规制》，《科技与法律》2010年第4期。

王建：《"九大都市圈"世纪中国区域布局的设想》，《瞭望》1996年第37期。

王建廷：《区域经济发展动力与动力机制》，上海人民出版社2007年版。

王黎萤、陈劲、杨幽红：《技术标准战略、知识产权战略与技术创新协同发展关系研究》，《科技政策与管理》2004年第12期。

王力年：《区域经济系统协同发展理论研究》，东北师范大学博士学位论文，2012年。

王绍媛：《日本知识产权战略特点与借鉴》，《现代日本经济》2006年第6期。

王晓先、文强、黄亦鹏：《专利标准化的正当性分析及推进对策研究》，《科技与法律》2014年第4期。

王燕：《区域经济发展的自主创新理论研究》，东北师范大学博士学位论文，2007年。

王燕、张宗益：《区域自主创新知识资源利用的机理及路径研究》，东北师范大学博士学位论文，2007年。

魏芳：《企业知识产权战略研究》，武汉理工大学硕士学位论文，

2006年。

魏后凯：《当前区域经济研究的理论前沿》，《开发研究》1998第1期。

吴景泰：《经济增长若干问题研究》，东北大学博士学位论文，2005年。

奚晓明：《当前我国知识产权司法保护的政策与理念》，《知识产权》2012年第3期。

《协同学：自然成功的奥秘》，http://zhidao.baidu.com/share/589b11507bdbdfca554042f5a771ad79.html。

熊彼特：《资本主义、社会主义和民主主义》，商务印书馆1979年版。

徐丽：《我国区域经济协同发展的策略思考》，新疆师范大学硕士学位论文，2006年。

徐明华、包海波：《知识产权强国之路》，知识产权出版社2003年版。

徐元：《知识产权与技术标准相结合的趋势、法律问题与解决途径》，《当代经济管理》2010年第10期。

许春明、单晓光：《知识产权制度与经济发展之关系探析——兼论我国知识产权战略的背景和原则》，《科技进步与对策》2007年第12期。

许学强、周一星、宁越敏：《城市地理学》，高等教育出版社2009年版。

杨帆：《技术标准中的专利问题研究》，中国政法大学博士学位论文，2006年。

杨龙、胡慧旋：《中国区域发展战略的调整及对府际关系的影响》，《南开学报》（哲学社会科学版）2012年第2期。

杨书晨：《日本区域经济发展的特点及举措》，《港口经济》2007年第11期。

杨树珍：《中国经济区划研究》，中国展望出版社1990年版。

杨吾扬：《中国的十大经济区探讨》，《经济地理》1992年第3期。

杨小军：《建国60年来我国区域经济发展战略演变及基本经验》，《现代经济探讨》2010年第9期。

杨新华：《我国企业知识产权管理现状与发展浅析》，《热点观点》

2011 年第 6 期。

杨志祥：《论企业自主创新与知识产权保护》，《学术论坛》2007 年第 9 期。

杨竹莘：《区域经济差异理论的发展与演变评析》，《工业技术经济》2009 年第 8 期。

叶京生：《国际知识产权学》，立信会计出版社 2004 年版。

《有关我国产业结构趋同的数据》，http：//wenda.tianya.cn/question/548d77c1801bd69e。

于君伟：《论我国知识产权战略的制定与实施》，中国政法大学硕士学位论文，2011 年。

俞建群：《"十二五"时期我国区域经济发展问题探析》，《福建师范大学学报》（哲学社会科学版）2010 年第 2 期。

俞建群：《论中国特色区域经济新发展》，福建师范大学博士学位论文，2012 年。

张广翠：《欧盟区域政策研究》，吉林大学博士学位论文，2006 年。

张建平、李红梅、田东霞等：《区域经济理论与实践》，中央民族大学出版社 2007 年版。

张建武：《中药标准化与知识产权战略的协同发展研究》，北京中医药大学博士学位论文，2010 年。

张静敏：《知识产权战略化研究》，《北京电力高等专科学校学报》2012 年第 7 期。

张力、夏露林：《美国区域经济政策的演变机理及其对我国的启示》，《当代经济》2010 年第 10 期。

张龙钢：《实施知识产权战略与健全知识产权法制的理论探析》，《法制博览》2014 年第 1 期。

张乃根：《国际贸易的知识产权法》，复旦大学出版社 1999 年版。

张平：《对知识产权若干问题的认识》，人民网理论频道，2006 年 9 月。

张平：《技术性贸易壁垒与知识产权》，《中国政法大学学报》2004 年第 1 期。

张茜、张成龙：《高校科研活动中的知识产权管理》，《知识经济》2012 年第 14 期。

张庆杰、申兵等：《推动区域协调发展的管理体制研究（专题报告）》，《宏观经济研究》2009 年第 7 期。

张延栓：《我国制定国家知识产权战略的背景形势及重大意义》，《科技信息》2008 年第 10 期。

张玉敏：《我国地理标志法律保护的制度选择》，《知识产权》2005 年第 1 期。

张子珍：《中国区域经济划分演变及评价》，《山西财经大学学报》2010 年第 2 期。

赵峰：《我国区域经济发展现状、趋势及路径选择》，《中国行政管理》2007 年第 10 期。

赵莉：《知识产权与现代经济增长模式之选择》，《上海经济研究》2006 年第 5 期。

赵玉林：《创新经济学》，中国经济出版社 2006 年版。

郑凯：《中国知识产权保护问题及对策》，《湖北师范学院学报》（哲学社会科学版）2008 年第 4 期。

郑燕：《区域经济一体化视角下我国未来区域发展战略走向研究》，华东师范大学硕士学位论文，2013 年。

知识产权局，http://www.sipo.gov.cn/。

《知识产权战略：实现跨越式发展的重要路径》，http://www.sipo.gov.cn/ztzl/ywzt/zscqzl/zlmt/zwcx/200804/t20080424_392556.html。

中顾法律网：《我国商业秘密的保护及方法》。

中国保护知识产权网：《美国知识产权保护和反倾销借鉴》。

周淑景：《欧盟结构政策的保障措施及其实施效果》，《东北财经大学学报》2002 年第 3 期。

朱国传：《区域经济发展——理论、策略、管理与创新》，人民出版社 2007 年版。

朱翔华、王益谊：《发达国家标准与知识产权结合现状及启示》，《信息技术与标准化》2009 年第 1 期。

祝晓莲：《美日两国知识产权战略：比较与启示》，《国际技术经济研究》2013 年第 4 期。

邹云潞：《我国知识产权政府管理问题对策研究》，哈尔滨理工大学硕士学位论文，2013 年。

邹再进:《欠发达地区区域创新论——以青海省为例》,经济科学出版社 2006 年版。

左中梅、王智源、盛四辈:《中日韩知识产权战略比较研究》,《学术界》2011 年第 152 期。

［德］H. 哈肯:《二十世纪八十年代的物理思想》,《自然杂志》1984 年第 7 卷第 8 期。

［德］H. 哈肯:《高等协同学》,郭治安译,科学出版社 1989 年版。

［日］斋藤优:《发明专利经济学》,专利文献出版社 1990 年版。

Aghion, P. and P. Howitt, "A Model of Growth through Creative Destruction," *Econometrica*, 1992, 60.

Carl Shapiro: Navigating the Patent Thicket: Cross Licenses, Patent Pool, and Standard-Setting, http: repositories. cdliborg/iber/cpc/cpc00-001.

Carlos A. Primo Brago Carsten Frink Claudia Pazsepulveda:《知识产权与经济发展》,载《专利法研究》,知识产权出版社 2002 年版。

Dana R. "Wagner: The Keepers of the Gates: Intellectual Property, Antitrust, and the Regulatory Implications of Systems Technology," *Hastings Law Journal*, August, 2000.

David Croslin, "Innovate the Future: A Radical New Approach to IT Innovation", *Prentice Hall*, 2010.

Grogsman G. M. and E. Helpmaa, *Innovation and Growth in the Global Economy*, Cambridge, M. A.: The MIT Press, 1991.

H. W. Odum, H. E. Moor:《美国的区域经济》1938 年,转引自高玉芳《区域经济发展与我国社会主义市场经济》,湖北教育出版社 1995 年版。

http: // www. wto. org.

http: //baike. baidu. com/view/159311. htm? fromtitle = IEC&fromid = 4790515&type = syn.

http: //gb. cri. cn/42071/2014/08/22/7651s4663674. htm.

http: //tech. sina. com. cn/other/2004-07-10/1640385994. shtml.

http: //www. cfstc. org/sites/main/preview/preview. htm? columnid = 44&tid = 20120217224621531334813&page = 1.

http: //www. europa. eu. int/.

http: //www. iec. ch.

http：//www.iec.ch/dyn/www/f? p=103：5：0##ref=menu.

http：//www.iso.org.

http：//www.iso.org/iso/home.html.

http：//www.itu.int/en/about/Pages/overview.aspx.

http：//www.itu.int/en/pages/default.aspx.

http：//www.itu.int/ITU-T/ipr/.

http：//www.qstheory.cn/jj/hqsy/201209/t20120908_180199.htm.

http：//www.sipo.gov.cn.

http：//www.wipo.int/members/en/.

http：//www.wipo.int/treaties/en/general.

http：//zh.wikipedia.org/wiki/知识产权.

ITU 中国，http：//www.ituchina.cn/。

Kang-Hyun：The Econommic and Technological Impact of the Industrial Property System：the Experience of the Republic of Korea，http：//www.kipo.go.kr.

Leonard Berkowitz, *Getting the Most from your Patents*, Marxwells, 1989.

Lucas R.，"On the Mechanics of Economic Development," *Journal of Monetary Economics*，1988，22.

LWJ：《简析区域经济增长与区域发展之间的关系》，区域经济学研究生论文，2013 年。

Paul Claus, "Survey of the Annual Technical Reports on the Trademark Information Activities of Industrial Property Offices in the year 2000," *World Patent Information*, 2002, 3.

Pavitt K., "Sectoral Patterns of Technical Change：Towards a Taxonomy and a Theory", *Research Policy*, 1984, 13.

Robert H. Pitkethly, "Intellectual Property Strategy in Japanese and UK Companies：Paten Licensing Decision and Learning Opportunities," *Research Policy* 30, 2001.

Romer, P., "Endogenous Technological Change," *Journal of Political Economy*, 1990, 98.

Romer, P., "Increasing Returns and Long-run Growth," *Journal of Po-*

litical Economy, 1986, 99.

Segertrom, P., "Innovation, Imitation, and Economic Growth," *Journal of Political Economy*, 1991, 99.

U. S. Patent and Trademark Office, The 21st Century Strategic Plan, http://www.uspto.gov.

WTO: International Trade Statistics, 2013PRESSRELEASES, PRESS/688, Trade to remain subdued in 2013 after sluggish growth in 2012 as European economies continue tos truggle, 10 April 2013.

www.compete.org/pdf/NII_ Interim_ Report.